목록으로 본 성경 맥(脈)

1권 모세오경

저자 장봉의

- 배재고등학교 졸업
- 숭실대 졸업
- 연세대 교육대학원 졸업
- 대한신학교 졸업
- 전 장당선돌교회 시무
- 교직생활 36년
- 서울홀리클럽 부회장
- 현 창조회복 대표

지은이 장봉의
초판 1쇄 인쇄 2009년 3월 21일
초판 1쇄 발행 2009년 3월 25일
발행인 장봉의
발행처 창조회복(등록번호 319-2009-1)
서울시 동작구 신대방2동 366-193
☎ 02)821-9102, 017-201-9102
E-mail : bongouchang@naver.com
값 15,000 원
ISBN 978-89-962280-0-4 03230

책머리에

기독교인의 교과서는 하나님이 주신 계시의 말씀인 성경입니다. 하나님이 주신 성경 말씀을 제외하고 신앙생활을 한다는 것은 물고기가 물 없이 살아가는 것과 같습니다.

그러므로 성경을 날마다 읽고 묵상하고, 특별히 그 말씀을 꾸준히 지키고 살아가려고 할 때 성령님이 같이 동반해주시고 역사해주십니다. 왜냐하면 말씀 속에 생명이 있기 때문입니다. 하나님의 요구는 우리가 하나님의 은혜로 하나님의 백성이 되었으니 "내가 거룩하니 너희도 거룩하라"고 말씀하고 계십니다. 우리가 거룩한 삶을 살 때 하나님의 창조물의 회복이 이루어집니다. 그러므로 하나님의 말씀인 성경이 삶에 적용될 때 우리에게는 놀라운 변화와 갱신이 이루어져 하나님의 뜻에 합당하게 살 것 입니다.

이 책은

첫째로, 성경 전체의 흐름을 잘 알 수 있습니다.

둘째로, 각 목록을 한글 자음 모음 그림으로 나타내어 기억하기 쉽습니다.

셋째로, 각 목록마다의 내용을 한눈에 볼 수 있습니다.

넷째로, 각 장마다 주제 관련 그림을 넣어 하나님께서 우리에게 주시고자 하는 메시지가 무엇이며 나아가 이 민족과 전 인류에게 주는 메시지가 무엇인지 쉽게 알 수 있습니다. 기독교인의 신앙생활과 믿음 성장을 하는데 큰 도움이 될 거라 믿습니다.

이 책이 하나님의 도움으로 쓰여졌으므로 하나님께 감사드리고 영광을 돌려드립니다. 이 일을 위하여 수고해주신 최순옥 권사님과 장성은 양과 세줄기획 여러분들에게 감사를 드립니다.

2009년 2월

장 봉 의 드림

목록으로 본 성경 맥(脈)

1권 모세오경

이 책의 목차

035 _ 창세기

079 _ 출애굽기

119 _ 레위기

151 _ 민수기

187 _ 신명기

책을 펴내며

목록과 지도, 그림으로 읽는 하나님의 말씀

필자가 어릴 때에는 기독교인들을 볼 때, 지식이나 학벌이 없는 사람들이 예수님을 믿는 것 같았다. 그런데, 어른이 되고 보니, 많은 세상 지식이 있거나, 학벌이 높은 사람들이 주님을 더 많이 믿는 것을 깨닫게 되었다. 아마도, 공부를 하면 할수록, 학문을 하면 할수록 하나님의 존재나 하나님의 역사하심이 더 잘 느껴지기 때문일 것이다.

필자는 대학원에도 다녔고, 교직생활을 35년이나 했으며, 신학도 했는데 성경을 읽어도 잘 이해가 안 가는 경우가 많았다. 읽으면 읽을수록 모르겠고, 또 한쪽 부분에는 심령이 어두운 것 같고, 심령이 허전한 것 같았다. 어떨 때는 '구약은 읽어서 무얼 하나 신약만 읽지' 하고 신약만 읽었다. 그러다 보니 무언가 허전한 느낌이 들었다.

나아가, 성경을 통독하려고 읽어 나가다 보면, 중간에 걸리고, 막히는 데가 많았다. 예를 들어, 창세기부터 출애굽기 24장까지는 그럭저럭 잘 읽어 나갔다. 그런데 출애굽기 25장에 들어서면 꽉 막히는 것이었다. 장은 몇 규빗이고, 고는 몇 규빗이고... 갑자기 성막의 설계도가 등장하기 때문에서다. 성막을 짓는 재료들도 등장한다.

낯선 내용들에 머리가 지끈지끈 아프다가, 제사법이 나오는 레위기에 도달하면 더 혼란스러워 진다. 레위기에서 늪으로 빠지고, 민수기에 이르면 사람 숫자 세기가 머리를 어지럽게 한다. 그러다 보니 신년 초에 성경을 통독하겠다고 결심하고, 대부분 일주일도 채 못 되어서 중도 하차하고 말기 마련이다.

성경은 성령의 역사하심으로써 쓰여 졌다는데, 인간을 위해 쓰여진 말씀인데 왜 잘 이해가 안 될까? 말씀 하나 하나 속 깊이는 몰라도 어떻게 하면 성경을 한눈에 전체의 맥을 잡아 볼 수 있을까?

이렇게 생각하고 있을 때, 두 군데서 모세오경의 강의를 들었다. 참 좋은 것 같다. 머리 회전이 잘 안 되서 그런지 잘 외어지지 않는다. 좀 더 쉽게 이해하며 외울 수 있는 방법이 없을까?

그전에는 보이지 않던 책들이 보이기 시작하였다. 『어? 성경이 읽어지네!』(이애실 저)

를 읽고 많은 도움을 받았다. 문봉주 대사의 『성경의 맥을 잡아라』에서도 많은 도움을 받았다. 그러나 내 가슴엔 무언가 아직 허전하였다. 어떻게 좀 더 잘 외우고, 오래 기억에 남고, 이해가 잘 되서 성경을 쉽게 접근하고 접하면서 하나님의 그 큰 뜻을 깨달아 하나님 뜻대로 살 수 없을까? 하나님 말씀을 쉽게 파악할 수 있는 방법이 없을까?

"주여 이 문제를 해결할 방법이 없을까요?" 기도하는 중에 성령님께서 깨달음의 한 음성을 들려 주셨다. "왜 목록마다 이름을 주었겠느냐?"

"예, 무슨 말씀입니까? 아니 그게 될까요?" 그래, 밑져야 본전인데 하는 생각으로 성경의 한글 목록으로 장을 맞추어 보니, 웬 일인가! 기가 막히게 맞아가는 것을 발견하였다.

"주님, 다른 사람처럼 그림이나 풍습, 지리적 환경, 지도 등 다양하게 들어가면 더 오래 기억에 남겠는데요?" 기도를 하던 중에, 이번에도 깨달음이 왔다. 그리하여 성경의 목록과 지도와 그림을 맞추어 가면서 그려 나갔다.

성경 66권 전체의 흐름을 파악하고, 성경을 읽으면, 말씀의 주인이신 예수님도 만날 수 있고, 기도의 제목도 성경 속에서 응답받게 된다. 고린도후서 3:6, "의문은 죽이는 것이요 영은 살리는 것이니라." 하나님의 말씀을 읽을 때, 그 말씀 가운데서 역사하시는 성령님의 진한 감동이 우리의 마음을 움직여 믿음도 생기게 된다. 그리고 믿음이 생기면 말씀을 더 사모하고 흘려보내지 않게 된다.

성경을 읽을 때, 무엇보다 중요한 것은 하나님의 근본적인 뜻을 아는 것이다. 하나님의 뜻을 알지 못한 채, 하나님께 드려지는 모든 기도와 헌신과 열정은 모두가 하나님과 상관이 없는 무지한 열심에 불과하다. 사도 바울도 시대에 따라 바뀌어 지는 하나님의 구원섭리의 방법과 뜻을 몰랐을 때, 하나님을 위하여 예수님을 핍박하는 일에 앞장섰었다.

우리가 하나님을 위하여 생명을 걸고, 많은 일을 하는 것보다 더 중요한 것은 하나님이 기뻐하시는 뜻을 올바로 분별하는 것이다. 예수님은 "누구든지 하늘에 계신 내 아버지의 뜻대로 하는 자가 내 형제요, 자매요, 모친이니라."(마 12:50) 말씀하셨다.

세상에서 가장 근본적인 문제는 무엇인가? 바로 천지 창조에 관한 것이다. 즉, 천지 창조 목적이 곧 하나님의 근본적인 뜻이다.

천지 창조에 대해서 생각하려면 먼저 하나님이 어떤 분인지에 대해서 생각해 보아야 한다. 하나님을 표현하는 수많은 단어 중 가장 대표가 되는 것이 바로 창조주라는 말이다. 하나님은 천지만물을 창조하신 창조의 근본이요, 창조의 주체이시며, 피조 세계를 존재케 하는 제1원인자가 되시는 분이시다.

하나님께서 천지 만물을 창조하실 때는 분명한 목적이 있으셨다. 또한 인류의 조상인 아담과 하와를 지으실 때에도 그들에게 두신 하나님의 뜻이 계시다. 그래서 예수님께서는 아직까지 이 땅에 이루어지지 않은 하나님의 창조의 뜻을 위해 기도하라고 "나라이 임하옵시며 뜻(창조의 뜻)이 하늘에서 이룬 것 같이 땅에서도 이루어지이다."(마 6:10) 라고 기도를 가르쳐 주셨다.

하나님의 근본적인 뜻은 창조의 뜻이다. 구원의 뜻은 창조의 뜻을 이루기 위해 필요한 부분적인 뜻이다. 타락한 인간에게 필요한 것은 구원이다. 하나님께서는 궁극적으로 창조의 뜻을 이루시기 위해 구원의 뜻을 이루어나가신다. 이것을 알아야 예수님을 보내시고, 성경을 주신 하나님의 참뜻을 올바로 이해할 수 있다.

이 책으로, 성경공부를 시작한 모든 분들이 어떠한 환경에 있든지 성령님의 인도하심을 받기를 소망한다. 성경은 우리에게 우리를 향하신 하나님의 뜻이 무엇인지, 어떻게 살아야 하는지, 성령님의 인도함을 어떻게 받고 살아야 하는지 등을 깨우쳐 준다. 성경 말씀인 주님을 만나 삶이 변화되는 첫걸음 되어 천국생활이 될 수 있도록 소원한다.

"너희가 성경에서 영생을 얻는 줄 생각하고 성경을 상고하거니와
이 성경이 곧 내게 대하여 증거하는 것이로다"(요 5:39).

성경은 하나님의 말씀이다. 성경 연구의 이해를 돕기 위하여 성경의 의의와 특성, 성경의 형성, 성경의 명칭 및 분류, 성경 전체의 줄거리, 성경의 배경 등에 관하여 먼저 살펴보자.

Ⅰ. 성경의 의의와 특성

1. 성경의 의의

1) 하나님의 말씀

성경은 여러 계층의 사람들이 기록하였지만 그 중심 사상은 예수 그리스도의 성육신 및 십자가 사건으로 통일되어 있다. 이는 성경이 하나님의 말씀임을 우리에게 알려주는 증거다(히 1:1~2).

2) 신앙과 생활의 표준

성경에는 교훈과 책망과 바르게 함과 의로 교육하기에 유익한 내용이 포함되어 있다(딤후 3:16).

3) 영생의 진리

죄로 인하여 죽었던 인간들이 예수님을 구주로 믿음으로써 대속받고, 영생을 얻게 되는 비결이 성경에 있다(요 20:31).

4) 메시아에 대한 증거

구약에서 예언된 메시아 사상은 예수님의 모든 사역 즉 성육신, 십자가 고난과 죽음, 부활, 승천 등의 사건을 통하여 성취되었다(눅 24:44; 고전 15:3,4; 히 10:7).

2. 성경의 특성

성경은 성령으로 말미암아 영감받은 기록자들에 의해 쓰여 진 하나님의 계시이다. 그러므로 성경을 읽을 때에는 성령의 조명을 받아야 한다.

1) 계시(Revelation)

계시는 인간의 지혜와 지식으로는 알 수 없는 영적인 일들을 성령을 통해 깨닫게 하는 것으로서 여기에는 일반 계시와 특별 계시로 분류된다.

- 일반계시: 하나님께서 모든 사람에게 공통적으로 주시는 계시로서 자연, 역사, 양심을 통해 나타난다. 인간은 하나님께서 창조하신 자연계를 통하여 하나님의 성품을 알 수 있으며, 인간의 역사 속에 나타나는 하나님의 섭리를 통하여 하나님께서 절대 주권자이심을 깨닫게 되고, 양심을 통해 인간의 한계성을 느끼고 절대자 하나님을 인정하고 찾게 되는 것이다. 그러나 이것만으로는 하나님을 확실히 알 수 없기에, 하나님께서는 특별계시를 주신다.
- 특별계시: 하나님께서 특별한 때에 특별한 사람에게 하나님 자신을 나타내시는 것으로써 기적과 예언, 성육신하신 예수 그리스도, 성경, 성도들의 신앙체험을 통하여 나타난다. 특히, 성경은 자연, 역사, 양심 곧 일반계시를 통해 얻을 수 있었던 하나님에 대한 지식은 물론 기적과 예언, 성육신하신 예수님, 믿음의 선조들의 신앙체험도 기록하고 있다는 점에서 가장 탁월한 계시라고 할 수 있다. 이것은 인격자인 하나님께서 인격체인 인간과 교제하시면서 구원으로 인도하는 것이다

2) 영감(Inspiration)

영감은 성경 저자들에게, 그들이 기록한 모든 것이 하나님의 말씀이라고 불리기에 합당하도록 기록하는 데 사용하셨던 성령님의 초자연적 감화를 가리킨다.

3) 조명(Illumination)

성경을 읽는 인간의 마음을 성령이 밝혀 비추시는 사역을 말한다. 하나님께서 성령으로 인간에게 스스로를 계시하셨지만, 인간이 이를 이해하고 받아들이기에는 한계가 있다 따라서 인간이 진리를 올바로 이해하고 받아들이기 위해서는 성령님의 조명이 필요하다(고전 2:10~11)

4) 성경의 완전성

- 다양성과 통일성: 성경은 약 1, 500년에 달하는 오랜 기간에 걸쳐 40여 명의 기록자들에 의해 다양하게 기록되었음에도 불구하고, 성경 전체의 내용은 조화를 이루며

하나의 주제 즉, 예수 그리스도로 통일되어 있다

- 무오성: 이것은 성경의 '틀림이 없는 것'을 의미한다. 성경은 절대 무오한 하나님의 말씀이며 성경에 나타나는 인물, 장소, 역사적 사건, 족보, 관습 등이 이를 증거하고 있다.
- 우월성: 성경은 역사성이 있으며 구원의 길을 구체적으로 명시하고 있다는 점에서 타종교의 교리나 책들에 비하여 우월하다.
- 역사적 증거와 예언의 성취: 고고학적 자료의 발굴과 연구를 통하여 성경에 기록된 사건들이 사실임이 입증되었으며, 성경의 예언들이 성취되었고, 현재에도 계속 성취되고 있다.
- 영원성: 성경은 주전 1,400년경부터 주후 100년경까지 약 1,500년에 걸쳐 기록된 책임에도 불구하고, 21세기를 바라보는 오늘날에도 계속 읽히고 있다. 이러한 사실은 성경이 하나님의 인도와 섭리 가운데 보존되어 왔음을 증거해 주며, 인류의 역사 속에서 어제나 오늘이나 영원토록 동일하게 역사하고 계심을 나타낸다.

Ⅱ. 성경의 형성

구약성경은 주전 1,400년경부터 주전 400년경까지 약 1,000년간 선지자, 왕, 제사장, 농부 등 여러 부류의 사람들에 의해 기록되었다. 그러나 기록된 많은 문서들 중 정경화 과정을 거친 39권의 책만이 정경으로 채택되었다. 이와 같이 정경으로 채택되는 데에는 두 가지 기준이 충족되어야 한다. 첫째는 그 기록이 하나님의 말씀이어야 하는 것이며, 둘째는 그 책이 백성들에 의해 공인 받아야 하는 것이다.

정경은 다른 것을 판단하는 표준이 되고 믿음의 표준이 되며 하나님의 말씀으로 권위가 부여된다. 구약의 정경은 주후 90년 얌니아(Jamnia)회의에서 정경으로 확정되어 주후 1세기에 이르러 현재의 형태로 완성되었다.

신약성경은 주후 363년 라오디게아 종교회의 포고령에 첨부된 목록에는 요한계시록을 제외한 신약의 모든 책들을 정경으로 채택하고 있다. 이것은 아다나시우스가 그의 부활서신에 요한계시록을 포함한 신약 27권을 정경으로 채택한 것과 차이가 있다.

그 후, 히포 종교회의(주후 393)와 칼타고회의(주후 397)에서 아다나시우스의 신약 성경 목록에 만장일치의 견해를 표방하고 현재의 신약 정경 27권이 확정되었다. 신약의 정경으로 채택되는 데에는 다음과 같은 네 가지 원칙이 적용되었다.

- 사도성: 저자가 사도이거나 또는 사도와 관계를 가진 자의 기록이어야 한다.
- 영감설: 성령의 영감으로 기록된 것이어야 한다.
- 보편성: 초대교회에서 보편적으로 받아들여진 것이어야 한다.
- 내용성: 영적인 내용이어야 한다.

Ⅲ. 성경의 명칭 및 분류

1. 명칭

성경(Bible)은 헬라어 '비블리온'(작은 책)에서 유래되었다.

2. 분류

66권의 크고 작은 성경들이 집대성되었다.

A. 구약 39권의 내용

1) 역사서 분류 17권

눈치가 있으신 분은〈역사서〉! 할 때, 벌써 감 잡으셨을 것이다. 역사라는 것은 시간을 타고 흘러간다는 사실을 … . 그렇다. 이 역사서 17권의 책들은 앞에 있을 책인지 뒤에 놓일 책인지 아주 분명한 순서가 있다. 그래서 이 17권을 비슷한 시기끼리 모아서 보통 다음과 같이 정리한다.

- 창조시대 → 창세기 1~11장: 인류 일반역사
- 족장시대 → 창세기 12~50장: 이스라엘 국사의 시작
- 모세시대 → 출애굽기/레위기/민수기/신명기
- 사사시대 → 여호수아/사사기/룻기/사무엘상/사무엘하
- 왕정시대 → 열왕기상/열왕기하/역대상/역대하
- 포로시대 → 에스라/느헤미야/에스더

(앞 글자만 따서 창족모사왕포가 된다.)

① 율법서(5권) : 창세기, 출애굽기, 레위기, 민수기, 신명기

성경 처음 5권은 이스라엘의 위대한 지도자였던 모세가 기록한 오경(Pentateuch:5권

을 의미)으로 창세기, 출애굽기, 레위기, 민수기, 신명기가 여기에 속한다.

- 창세기- '시작의 책' 인 창세기에는 천지 창조와 인간 창조, 인간의 죄, 그리고 구속의 기원에 관한 내용을 담고 있다.
- 출애굽기-이스라엘 백성들이 400년간 종살이하던 애굽으로부터 해방되어 하나님의 인도하심 아래 지도자 모세를 따라 약속의 땅 가나안을 향하여 가는 과정을 기록하고 있다.
- 레위기-레위인의 제사장 직분과 제사장의 직무, 그리고 제사에 관한 율법을 다루고 있다.
- 민수기-출애굽 후, 불순종으로 인하여 40년간 광야에서 유리하는 생활을 하던 이스라엘 백성들의 두 번에 걸친 인구조사를 내용으로 한다.
- 신명기- '두 번째 율법' 이라는 뜻으로 모세가 임종을 앞두고 다시 한번 율법을 강조하고 있다.

② 역사서- 역사서는 이스라엘 백성들의 가나안 정착부터 사사시대, 왕국시대, 바벨론 포로시대 그리고 포로 귀환까지의 이스라엘 역사의 흥망성쇠를 내용으로 한다.

- 여호수아-모세의 후계자인 여호수아의 지도 아래 이스라엘 백성들이 가나안 땅을 정복, 분할하여 정착하는 내용을 담고 있다.
- 사사기-가나안 정착 후 약 400년간 계속된 사사시대에 관한 기록으로서 이스라엘의 실패와 하나님 은혜 구원이 반복되고 있음을 보여준다.
- 룻기-사사시대의 이방인으로서 하나님을 경외하며 그리스도의 계보에 오른 이방 모압의 여인 룻에 대한 기록이다.
- 사무엘상-마지막 사사였던 사무엘의 일생과 초대 왕 사울, 그리고 사울의 뒤를 계승하는 다윗의 이야기를 다루고 있다.
- 사무엘하-이스라엘의 전성기를 연 다윗이 치리하던 약 40년 간의 역사에 관한 기록이다.
- 열왕기상-솔로몬의 치세와 왕국의 분열을 내용으로 한다.

• 열왕기하–분열왕국의 쇠퇴와 멸망을 다루고 있다.

• 역대상–다윗의 치리와 성전 건축 준비의 내용을 담고 있다.

• 역대하–솔로몬의 왕위 계승으로부터 남왕국 유다의 역사와 바벨론 포로 귀환까지의 역사적 사실들을 기술하고 있다.

• 에스라–고레스 칙령이 있은 후 두 번에 걸친 이스라엘의 귀환과 성전 재건에 관한 내용이다.

• 느헤미야–세 번째 포로 귀환과 예루살렘 성벽의 재건을 기록했다.

• 에스더–바사의 왕비가 된 유대 여인 에스더를 통하여 바사에 남아 있던 유대인들을 구원하시는 하나님의 섭리를 내용으로 한다.

2) 시가서 분류 5권

시가서는 히브리 운율로 쓰여진 시로서 성경의 다른 책들에 비해 영적으로 많은 교훈을 준다.

• 욥기–성경 중 가장 먼저 기록된 책으로서 '의인의 고난' 에 대한 시이다.

• 시편–교훈, 기도, 찬양, 감사, 메시아에 대한 예언, 역사, 회개, 믿음, 고난 등을 주제로 한 '찬미의 노래' 이다.

• 잠언–의롭고 성공적인 삶의 지침이 되는 지혜 문서이다.

• 전도서–하나님을 떠난 인간의 삶은 모든 것이 헛되고 헛됨을 기록하고 있다.

• 아가–솔로몬 왕과 술람미 여인의 사랑을 통해서 하나님과 그의 백성의 관계를 노래한 '노래 중의 노래' 이다.

3) 예언서 분류 17권

예언서는 선지자들이 기록하였다 하여 선지서라고도 부르며, 선지서는 책의 길이에 따라서 대선지서(5권)와 소선지서(12권)로 나누어진다.

① 대선지서(5권)

• 이사야–이스라엘 백성들의 죄에 대한 지적과 심판, 그리고 회복에 관하여 예언하고

특히 장차 오실 메시아에 대하여 상세하게 예언하고 있다.

• 예레미야-남 왕국 유다의 죄를 책망하고 회개를 촉구하며, 바벨론의 포로가 되었다가 귀환할 것을 예언하고 있다.

• 예레미야 애가-예루살렘의 패망에 대한 예언이 성취됨에 따르는 비통함을 읊은 다섯 편의 시이다.

• 에스겔-예루살렘의 멸망과 회복, 그리고 영광스러운 미래에 대하여 기록하고 있는 예언서이다.

• 다니엘-역사적인 부분과 예언적인 부분으로 구분되어 있으며, '구약의 요한계시록'으로서 요한계시록을 이해하기 위한 기본서의 역할을 한다.

②소선지서(12권)

• 호세아-선지자 호세아와 그의 음란한 아내 고멜과 관계를 통하여 이스라엘에 대한 하나님의 사랑을 보여 준다.

• 요엘-메뚜기 재앙에 비교하여 장차 다가올 하나님의 심판을 선포하고, 오순절 성령 강림과 대부흥에 대해 예언하고 있다.

• 아모스-불의한 사회에 대하여 하나님께서 공의의 심판을 행하실 것을 예언하고 있다.

• 오바댜-이스라엘의 대적자 에돔에 대한 하나님의 심판을 경고하고 있다.

• 요나-불순종했던 요나 선지자를 통한 니느웨성의 회개 운동을 하고 있다.

• 미가-이스라엘의 죄와 이에 따르는 심판을 예언하고, 특히 메시아의 탄생에 대하여 예시하고 있다.

• 나훔-니느웨성의 멸망을 선포하고 있다.

• 하박국-죄악된 이스라엘을 더 죄악된 갈대안인들을 사용하여 심판하시려는 하나님의 계획을 계시하고, "의인은 믿음으로 살리라"는 교훈을 준다.

• 스바냐-'여호와의 날'에 유대에 임할 하나님의 심판을 예언하고 회개를 촉구하고 있다.

• 학개-바벨론 포로 귀환 이후의 첫 번째 소선지서로서 성전 재건을 재촉하고 있다.

• 스가랴-성전 재건에 대한 권고와 예수 그리스도의 재림의 내용을 담고 있다.
• 말라기-종교, 사회, 도덕적으로 타락한 이스라엘을 책망하고, 세례 요한과 예수 그리스도의 강림에 대하여 예언하고 있다.

소선지서 12권 중 학개, 스가랴, 말라기 3권은 바벨론 포로 이후 기록되었고, 나머지 9권은 포로기 이전에 기록된 것들이다.

B. 신약 27권의 내용

① 복음서(4권)-복음서는 예수 그리스도의 성육신과 지상에서의 생애 및 사역을 기록하고 있다. 복음서 중 마태복음, 마가복음, 누가복음은 서로 보는 관점에서 비슷하므로 공관복음이라 하고, 그리스도의 신성을 강조하고 있는 요한복음은 제4복음서라고 분류하기도 한다.

• 마태복음-율법과 언약을 강조하고, 예수 그리스도를 '이스라엘의 왕' 으로 묘사하고 있다.
• 마가복음-능력과 섬김에 강조점을 두고, 예수 그리스도를 '고난 받는 주의 종' 으로 묘사하고 있다.
• 누가복음-예수 그리스도를 '사람의 아들' 로 표현하고 있으며 은혜와 사귐을 강조하고 있다.
• 요한복음-영광과 생명에 대하여 강조하고, 예수 그리스도를 '하나님의 아들' 로 묘사하고 있다.

② 역사서(1권)-신약성경에서는 누가가 기록한 사도행전 한 권만이 유일하게 역사서로 분류되고 있다.

• 사도행전-예수 그리스도의 승천 이후, 초대 교회의 역사에 대한 기록이며, 특히 성령강림을 증거하고 있다.

③ 서신서(21권)-신약성경의 서신들은 크게 바울의 서신과 공동 서신으로 구분된다.

-바울의 서신(13권)

바울이 기록한 서신들은 바울 서신이라고 하는데 이는 다시 교리서신(로마서, 고린도전서, 고린도후서, 갈라디아서, 데살로니가전서, 데살로니가후서), 목회서신(디모데전서, 디모데후서, 디도서), 옥중서신(에베소서, 빌립보서, 골로새서, 빌레몬서)으로 나누어진다. 바울의 서신중에서, 히브리서는 히브리 성도들에게 보낸 서신으로서 저자가 밝혀지지 않고 있다. 그러나 초기의 전통과 성경의 내용에 따라, 바울의 저작이라고 보는 견해가 옳다고 할 경우에 바울의 서신은 총 14권이 된다.

- 로마서-'오직 믿음으로 구원받을 수 있다' 고 강조하는 기독교 교리의 진수이다.
- 고린도전서-고린도교회의 분열, 음란, 이단으로 인한 혼란 상태를 책망하고 있다.
- 고린도후서-바울 서신 중 개인적인 성격을 가장 강하게 띠고 있는 고린도후서에는 참된 복음사역과 청지기 직분, 그리고 바울의 사도적 권위에 대하여 쓰고 있다.
- 갈라디아서-바울의 사도직의 정당성을 밝히고, 율법의 행위가 아닌 오직 믿음으로 구원받는다는 내용을 담고 있다.
- 에베소서- 구원론과 교회론, 그리고 교회의 일치와 그리스도인의 생활에 관한 권면의 내용을 쓴 서신이다.
- 빌립보서-그리스도 안에서의 기쁨을 강조하고 있다.
- 골로새서-거짓 교사들의 가르침을 반격하고 교회의 머리되시는 그리스도의 신성과 능력을 강조하고 있다.
- 데살로니가전서-그리스도인의 삶에 대한 충고와 그리스도의 재림에 대하여 기록하고 있다.
- 데살로니가후서-그리스도의 재림과 이에 대비할 성도들의 생활에 관한 권면의 말씀이다.
- 디모데전서-교회의 올바른 질서를 확립하기 위한 권면의 내용을 담고 있는 서신이다.
- 디모데후서-예수 그리스도의 참된 일꾼에 관한 기록이며, 말세에도 불변하는 영원한 하나님의 말씀의 권위와 능력을 기록하고 있다.
- 디도서-구원 받은 자들의 경건한 삶을 제시해주고 있다.

• 빌레몬서–신실한 성도의 예의와 모범을 보여준다.
• 히브리서–예수 그리스도의 우월성을 강조하고 있는 '신약의 레위기'이다. 그리스도의 성품과 사역 그리고 하나님과 인간 사이의 유일한 중보자이며 대제사장인 예수 그리스도를 묘사하고 있다.

–공동 서신(7권)

공동 서신에는 예수님의 동생 야고보가 기록한 야고보서, 베드로가 쓴 베드로전 · 후서, 사도 요한의 요한 일서, 요한 이서, 요한 삼서, 그리고 유다가 기록한 유다서 등 모두 7권의 서신이 있다.

• 베드로전서–그리스도인이기 때문에 고난과 핍박을 당하는 자들을 위로하고 격려하는 내용을 담고 있다.
• 베드로후서–거짓 교사들의 가르침에 대하여 성도들이 대항하고 말씀에 굳게 서도록 하는 데 목적을 두고 있다.
• 요한 일서–참된 그리스도인의 삶에 있어서의 기쁨을 강조하고 영생에 대한 확신을 주고 있다.
• 요한 이서–교리적인 오류와 절대 타협하면 안된다는 경고와 더불어 진리는 사랑 안에서 지켜져야 함을 강조하고 있다.
• 요한 삼서–배도와 거짓 교리에 대하여 경고하고 있으며, 특히 2절에서는 복음의 핵심을 집약적으로 기술하고 있다.
• 유다서–이단에 대한 경고와 믿음의 선한 싸움을 하라는 권고의 서신이다.

④ 예언서(1권)–신약의 유일한 예언서인 요한계시록은 사도 요한이 밧모섬에서 유배생활을 하던 중에 계시를 받아 마지막 날들에 관하여 기록한 책이다. 요한계시록은 장래에 일어날 일들을 보여주기 때문에 '묵시록'이라고 한다.

• 요한계시록–예수 그리스도의 재림 이전에 일어날 일들과 세상의 결국, 그리고 마지막에 있을 심판과 신천 신지에의 소망을 계시하고 있다.

C. 구약과 신약의 관계

구약과 신약은 하나님의 영감에 의해 기록된 하나의 유기적 결합체이며, 예수 그리스도와 그의 구속사역을 통한 인간의 구원에 대하여 계시한 하나님의 특수계시이다. 신구약이 통일된 하나의 책이라는 사실은 다음 사항들을 고찰해 볼 때 더욱 확실히 나타난다.

① 신구약은 성령의 영감으로 기록된 책이기 때문에, 한 부분이 다른 부분을 보충해준다. 그러므로 성경 말씀은 서로 짝을 이루고 있으며, 구약에서 예언된 말씀이 신약에서 성취되고 있다.

② 구약은 신약에서의 그리스도의 사역과 선교에 대하여 점진적으로 계시하고 있다.

③ 구약과 신약은 그 배열 순서에도 통일성을 보여 주고 있다.

- 구약-율법서, 역사서, 시가서, 예언서
- 신약-복음서, 역사서, 서신서, 예언서

④ 구약과 신약의 메시지는 동일한 하나님에 의한 계시의 말씀이다. 구약에서는 율법이 신약에서는 은혜가 강조되고 있으나, 하나님의 구원의 계획이 공통으로 기본을 이루고 있다. 신약에서는 종종 구약을 인용하는 경우가 있는데, 이는 구약의 계시와 예수 그리스도 안에서 성취된 하나님의 역사 사이에 동일성이 있다는 사도들의 주장을 입증해 주는 것이다.

Ⅳ. 성경 전체의 줄거리

구약 줄거리: 오실 메시아

구약 39권의 내용을 요약하면 무엇일까? 하나님께서는 사랑의 대상인 사람을 지으시고, 이 땅에 하나님의 나라를 이루기 위해 에덴동산을 만드셨다. 그런데 얼마 못 가 에덴동산에서 인간이 하나님과의 계약을 파기하고 만다. 결국, 구약성경은 인간이 하나님과의 계약을 파기함으로 이 땅에서 하나님 나라가 사라지고 세상 나라가 시작됨에 따라, 하나님이 이스라엘을 통해 이 땅에 하나님 나라를 다시 만들고 회복해 나가시는 이야기이다.

이러한 이야기를 통해 우리에게 주시려는 구약의 메시지는 오실 메시아, 예수 그리스도에게 모든 초점이 맞추어져 있다. 하나님의 아들 예수님의 오심을 설명하기 위해서 구약이 존재하는 것이다.

구약에 신약이 어떻게 예표되어 있을까? 창세기에서 아담과 하와가 뱀의 유혹으로 말미암아 선악과를 따먹고 타락했을 때 하나님이 뱀을 저주하면서 이렇게 말씀하셨다. "내가 너로 여자와 원수가 되게 하고 너의 후손도 여자의 후손과 원수가 되게 하리라 여자의 후손은 네 머리를 상하게 할 것이요 너는 그의 발꿈치를 상하게 할 것이니라 하시고"(창 3:15).

뱀을 저주한 말씀이지만 이것은 사람에게 하신 큰 축복의 약속이기도 하다. 앞으로 사탄의 세력을 완전히 멸하실 예수 그리스도가 여인의 후손으로 오실 것이 예언되어 있다. 그래서 이 말씀을 에덴의 복음이라고도 한다. 구약의 전 과정은 뱀의 머리를 완전히 상하게 할 메시아 예수를 보내실 계시라는 창세기의 약속을 성취해 나가는 과정이다. 우리는 이러한 예를 구약 성경의 각 권으로 확인할 수 있다.

- 창세기: "내가 너로 여자와 원수가 되게 하고 너의 후손도 여자의 후손과 원수가 되게 하리라 여자의 후손은 네 머리를 상하게 할 것이요 너는 그의 발꿈치를 상하게 할 것이니라" 라는 것으로 예수님을 증거함.
- 출애굽기: 유월절 어린양의 피와 성막 제사법으로 십자가의 대속을 미리 말함
- 레위기: 피의 대속을 통한 제사법으로 예수님을 증거
- 민수기: 광야의 놋뱀을 바라보는 자가 구원을 얻는 것으로 예수님을 증거
- 신명기: 축복과 저주를 몸으로 다 이루실 분이 예수님이심을 증거
- 여호수아: 약속의 땅으로 인도할 지도자가 예수님이심을 말함
- 사무엘상 · 하: 하나님 나라 왕으로 ,다윗의 자손으로 예수님을 증거

그런데 예언서를 보면, 구약의 결론은 오실 메시아의 증거로 끝나지 않고, 그의 십자가

의 죽음과 부활로 말미암아 우리 안에 오실 성령님을 증거한다. "또 새 영을 너희 속에 두고 새 마음을 너희에게 주되 너희 육신에서 굳은 마음을 제하고 부드러운 마음을 줄 것이며, 또 내 신을 너희 속에 두어 내 율례를 행하게 하리니"(겔 36:26~27). 부활하신 주님의 승천으로 말미암아 오실 성령님은 성도들의 돌밭 같은 마음을 좋은 밭으로 만드실 것이며, 우리는 그때 비로소 말씀에 순종할 수 있게 된다는 것이다.

신약 줄거리 : 오신 메시아

그러면 신약의 줄거리는 무엇일까? "아브라함과 다윗의 자손 예수 그리스도의 세계라"(마 1:1)로 시작되는 복음서는 모든 율법과 선지자들을 통해 하나님이 하신 약속(구약), 그러니까 아브라함과 다윗 언약을 통해 약속하신 메시아가 오셨음을 선포한다.

신약은 보이지 않던 아버지 하나님의 형상과 사랑이 예수님의 탄생과 3년의 공생애를 통해서 나타나는 과정에 대한 것이다. 십자가의 대속과 부활과 승천을 통해 성령님을 이 땅에 보내심으로 교회가 탄생하고, 모든 족속으로 제자를 삼아 나가는 선교사역이 계속되고 있음을 보여준다. 이것이 신약의 역사서(사복음서와 사도행전)의 줄거리이다.

그렇다면, 실제로 신약에서 말씀하시는 하나님의 메시지는 무엇일까? 한 마디로, "예수님의 형상을 닮아 변화되라"는 것이다. 어떤 율법사가 예수님께 나와서 물었다. "계명 중에 가장 큰 것이 무엇입니까?" 이 질문은 구약을 한 마디로 요약하면 무엇이냐는 의미의 물음이다. 예수님이 대답하셨다. "네 마음을 다하고 목숨을 다하고 뜻을 다하여 주 너의 하나님을 사랑하라 하셨으니 이것이 크고 첫째 되는 계명이요 둘째는 그와 같으니 네 이웃을 네 몸과 같이 사랑하라 하셨으니"(마 22:37~39).

예수님은 이 땅에서 사셨던 공생애 동안 어느 누구보다도 마음을 다하고 목숨을 다하고 뜻을 다해서 하나님을 사랑하셨다. 그래서 십자가에서 죽기까지 복종하셨다. 이처럼 하나님 사랑과 이웃 사랑의 본을 보여주신 예수님의 삶을 본받아(롬 8:29) 변화되는 삶을 살라는 것이 신약 전체의 메시지이다.

Ⅴ. 성경의 배경

1. 역사적 배경

1) 창조시대

성경의 역사는 인류의 역사라고 할 수 있다. 창세기에는 우주만물의 시작에 대하여 말씀하고 있다. 그러나 이스라엘 역사의 기원은 아브라함으로부터 시작된다.

2) 족장시대(주전2000~1290년경)

족장이란 가족이나 씨족의 할아버지, 또는 부족의 어른, 추장 등을 의미하며, 대표적인 족장으로는 아브라함, 이삭, 야곱, 요셉이 있다. 믿음의 조상 아브라함은 주전2000년경 갈대아 우르에서 가나안 땅으로 옮겨와 100세에 사라 사이에서 약속의 아들 이삭을 낳아 이스라엘의 혈통을 이었다.

한편, 아브라함이 첩 하갈을 통하여 얻은 아들인 이스마엘은 북아프리카 지방 유목민의 조상이 되었다. 이삭은 리브가 사이에서 쌍둥이 아들인 에서와 야곱을 낳았으며, 야곱은 형 에서의 장자권을 가로챈 후에, 하란에 있는 외삼촌 라반의 집에 피신하여 20년간 살면서 두 명의 아내와 두 명의 첩을 통하여 12명의 아들을 얻었는데, 이들이 이스라엘의 12지파의 선조가 되었다.

야곱이 가장 사랑하던 아들 요셉은 형들에 의해 종으로 팔려 애굽에서 종살이를 하고, 여러 가지 환난을 겪으면서도 믿음을 굳게 지켜 국무총리의 자리에 오르게 되고, 그 후 계속된 가뭄으로 인하여 야곱을 비롯한 약 70명의 가족들은 모두 애굽의 고센 땅으로 이주하여 살게 된다.

3) 출애굽 및 가나안 정착 시대(주전 1290~1200년경)

야곱의 가족들이 고센으로 이주한 다음, 출애굽하기까지 약 400년간 그 후손들은 애굽에 머물면서 노예생활을 하였다. 그 후, 1250년경에 이르러 모세에 의해 출애굽하게 된다. 그러나 이스라엘 백성들은 출애굽 후에, 하나님에 대한 불순종으로 인하여 40년간 광야 생활을 하게 되고 모세의 후계자인 여호수아의 인도로 약속의 땅 가나안으로 들어가 지파별로 땅을 분배받고 정착하게 된다.

4) 사사시대(주전 1200~1020년경)

가나안 정착 후 왕국시대가 열리기 전까지 사사들에 의해 통치되던 시기를 사사시대라고 하는데, 사사란 이스라엘의 암흑시대에 하나님의 위임과 절대권으로 특별한 능력과 계시를 받아 통치하던 지도자를 일컫는다. 사사시대에 활동 한 사사는 15명이 있는데, 이들은 백성들은 통솔하여 이스라엘을 침략, 약탈하던 주변 국가들을 상대로 싸우고 지키는 역할을 하였다.

5) 왕국시대

⑴ 통일 왕국시대

이스라엘의 마지막 사사이자 선지자였던 사무엘에 의해 기름부음을 받은 사울이 초대왕이 되면서 왕국시대가 시작되었다. 그러나 사울의 타락으로 말미암아 다시 사무엘을 통해 다윗이 기름부음을 받고 왕위에 오르게 된다. 다윗은 왕위에 오른 후 주변 국가들을 정복하여 영토를 확장시키고 이스라엘의 전성기를 맞게 된다, 한편 다윗이 밧세바와의 사이에서 낳은 아들인 솔로몬은 이스라엘의 3대 왕으로 최고의 전성시대에 많은 업적을 남기며 치세하였는데, 특히 예루살렘 성전과 솔로몬 궁전의 축조가 이때에 이루어졌다.

⑵ 분열왕국시대

솔로몬 때 계속 되었던 노역과 강경책으로 말미암아 불만이 쌓였던 이스라엘 백성들은 르호보암 때에 이르러 더욱 과중한 노역과 잘못된 치세에 반발하여, 주전 922년에는 급기야 왕국이 둘로 나뉘게 된다. 여로보암을 중심으로 유다와 베냐민 지파를 제외한 열 지파가 뭉쳐서 이룩한 북 왕국 이스라엘은 사마리아를 수도로 하여 약 200년간 아홉 왕조 19명의 왕이 통치하다가 주전 722년 앗수르의 살만에셀왕에 의하여 멸망하였다.

한편, 유다와 베냐민 지파에 의하여 존속된 남왕국 유다는 예루살렘을 수도로 하여 르호보암으로부터 마지막 왕 시드기야에 이르기까지 다섯 왕조 20명의 왕이 통치하는 가운데 북왕국의 멸망 후, 136년간 더 명맥을 유지하다가 주전 586년의 바벨론의 느부갓네살 왕에 의하여 멸망하여 40여년간 포로생활을 하게 되었다.

6) 포로귀환시대

바사왕 고레스가 바벨론을 정복하고 주전 538년에 고레스 칙령을 발표하므로 말미암아 이스라엘은 포로생활을 청산하고, 세 번에 걸쳐 고국으로 귀환하게 된다(첫 번째 귀환-주전 536년, 두번째 귀환-458년, 세 번째 귀환-주전444년) 귀환한 이스라엘 백성들은 폐허가 된 예루살렘 성전과 성벽들은 재건하고, 포로기 이후 이스라엘은 약 200년간 바사의 치하에서 살게 되었다.

7) 신구약 중간기

바사의 통치를 받던 이스라엘은 주전 334년 헬라의 알렉산더 대왕에 의해 바사가 멸망하자, 헬라의 치하에 들어가 헬라 문화를 접하게 되었다. 그러나 알렉산더 대왕이 죽은 후 유대인들은 심한 핍박을 받으며, 헬라의 종교와 문화를 수용하도록 강요받는 절망적인 시기를 맞게 되었다. 이에 주전 165년 마카비아가 주동이 되어 마카비 혁명을 일으키고 독립운동을 전개하였으나, 주전 63년에 다시 폼페이 장군에 의해 로마의 식민지로 전락하고 말았다.

8) 신약시대

400년간의 중간기를 거치고 난 후, 예수님께서 태어나시던 때에는 헤롯이 통치하고 있었으며, 예수님의 활동 시기에는 헤롯 안티파스가 다스리고 있었다. 예수님은 3년 반의 공생애 기간 동안에 활동하시고, 주후 30년에 십자가에 못 박혀 죽으셨다가 사흘 만에 부활, 승천하셨다. 사도 바울은 주후 50년경, 그의 서신들을 쓰기 시작했는데, 이것이 신약 성경 중 가장 먼저 기록된 것이다. 한편, 주후 70년에는 예루살렘이 로마의 디도에 의해 멸망되었고, 이때 예루살렘 성전도 무너졌다.

하나님께서 아브라함에게 주신 축복의 언약을 중심으로 시작된 이스라엘의 역사는 구약 시대에 면면이 이어져 내려오다가 예수그리스도를 통하여 신약시대에 성취되었으며,

현재에도 계속 이루어지고 있다.

2. 지리적 배경

1) 애굽(이집트)

태양 신의 나라로 불려지며 애굽의 역사도 수메르와 바벨론의 역사처럼 30세기에 걸쳐 장구하고 웅장한 면을 지니고 있다. 그 역사는 골짜기 문자의 발명 직후에 단일 왕에 의해서 통일된 때인 B.C. 3000년 경에 시작되었다. 이집트는 다른 나라처럼 다신교를 믿었으며 태양신인 라(Ra)와 나일강, 저승의 신인 오시르스가 가장 숭배되었다. 이집트인은 영혼불멸을 믿어 미이라를 만들어 시체를 보존하고 사자의 서를 기록하여 내세의 심판을 대비하였다. 미술, 건축, 과학기술, 문자 등이 뛰어나게 발달하였다.

2) 바벨론(이라크)

중동지방에서는 달, 특히 초승달을 아주 중요하게 생각한다. 중동지방에서 '달'은 메소포타미아 평야를 상징한다. 유프라테스(유브라테) 강과 티그리스 강이 만들어 내는 이 비옥한 땅의 모습이 초승달을 닮았다고 해서, 이 지역을 초승달 지역이라고 부르기도 한다. 메소포타미아 평야를 차지하고 있는 북쪽의 앗수르(수도 니느웨) 는 달의 나라이다.

나중에 앗수르는 북 이스라엘을 멸망시키고, 통일 바벨론이 앗수르를 멸망시키며 메소포타미아 평야를 다 차지한다. 남 유다는 통일 바벨론에 의해 멸망당한다. 이 통일 바벨론이 바로 오늘날의 이라크다. 예나 지금이나 끊임없이 이스라엘을 치고 멸망시키려는 나라이다.

"낮의 해가 너를 상치 아니하며 밤의 달도 너를 해치 아니하리로다"(시 121:6). 하나님은 낮의 해(애굽)와 밤의 달(바벨론)로부터 이스라엘을 지켜 주시겠다고 했지만, 이스라엘 백성은 하나님의 말씀을 버렸다. 그렇기 때문에 밤의 달에게 해를 받아 포로로 끌려갔으며, 오늘날까지도 위협을 받고 있다.

이처럼 세계 역사는 성경을 빼놓고는 스토리가 전개되지 않는다. 그래서 '역사

(History)' 는 바로 ' 그분의 이야기(His Story)' 이다. 이 사실을 모르고, 세상의 지혜만으로 현재의 현상만 보면 당면한 문제를 풀 수 없다.

3) 시내 산

시나이 반도 남쪽에 있었던 산으로 추정되는 곳이다. 시내 산의 위치는 아무도 모른다. 하지만 출애굽기에 서술된 것을 볼 때 시나이 반도 남쪽에 있는 호렙 산 자락의 일부로 생각된다. 하나님은 이스라엘 백성들을 가나안으로 바로 인도하지 않고, 시내 산으로 인도하셨다.

4) 헐몬 산

시편에 "헐몬의 이슬" (시 133:3)이라고 나온다. 헐몬 산은 갈릴리 호수 오른쪽에 있다. 헐몬 산의 눈이 녹아 갈릴리 호수로 흘러간다.

5) 갈릴리 호수

갈릴리 호수 동편에 오늘날 골란 고원이라고 하는 바산이 있다. 골란 고원은 매우 춥고 요르단 계곡 쪽은 덥기 때문에, 이 기온의 차이로 갈릴리 호수는 폭풍이 자주 일어난다. 예수님이 갈릴리 호수에서 풍랑을 잠잠케 하시는 내용이 나오는데, 이 풍랑은 바로 이러한 지리상의 이유로 나타난 것이다.

'갈릴리' 라는 이름의 뜻이 '빙빙 도는 바퀴' 인 것을 보면 그곳의 폭풍이 얼마나 거센가를 알 수 있다. 갈릴리 호수는 가로 11km, 세로 22km로 매우 넓다. 실제로 보면, 바다 같아서 그 지역에 사는 사람들은 갈릴리 호수를 바다라고 불렀다. 갈릴리 호수는 참으로 아름답고 신비스럽다. 물이 얼마나 파란지 모릅니다. 하루 수만 톤의 맑은 호수물은 요단강으로 흘러간다.

6) 요단강

지형상 낙차가 커서 물살이 비교적 빠르게 흘러간다. 요단강의 직선거리는 100km밖에 안 되지만, 물이 굽이쳐서 내려가므로 실제 물길은 300km나 되는 셈이다. 요단강물은 사해로 흐른다.

7) 사해

사해는 세계에서 가장 낮은 곳이어서 더 이상 흘러갈 곳이 없다. 그 물이 고여 증발하니까 소금물이 된다. 소금물이다 보니 생명체가 살 수 없다. 요단강을 타고 내려오던 물고기들은 갑자기 짠물을 만나 눈이 따가워서, 물위로 튀어 오른다. 그래서 이곳에서는 가만히 있어도 물고기를 잡을 수 있다. 로마 시대에는 이곳에서 물고기를 잡아 소금에 절여서 로마로 수출하기도 했다. 지금도 성지 순례를 가면 '베드로 고기' 라고 해서 팔기도 한다.

약속의 땅(가나안)에는 아름다운 갈릴리 호수와 요단강이 있지만, 이 호수와 강은 이 땅에 사는 사람들에게는 아무런 도움을 주지 못하였다. 그들이, 유일하게 할 수 있는 일은 물고기를 잡는 것이 전부였다. 땅이 물 밑으로 푹 꺼져 있어서, 갈릴리 호수에 있는 물을 끌어와서 농사를 짓는다는 것은 당시 기술로는 불가능했을 것이다.

고대 이스라엘 민족의 조상들이 정착했던 팔레스타인(블레셋인의 땅)이라는 뜻은 지중해 연안 지방을 가리킨다. 족장시대에는 가나안, 헬라와 로마시대에는 유대라고 불렀다. 팔레스타인 땅은 지역적으로 유브라데강 유역과 애굽 사이의 길목에 위치하여 고대 근동문화권을 형성한 메소포타미아와 애굽을 연결해주는 교량적 역할을 하는 계방된 곳이었다.

이러한 지역성으로 말미암아 팔레스타인은 문화와 종교의 교류가 쉽게 이루어질 수 있었던 장점도 있었던 반면에, 역사상 수차례에 걸쳐 역대 강국들의 각축장이 되기도 했다 즉 남서쪽의 애굽과 북쪽의 수리아(아람) 및 고대 헷 족속이 살던 소아시아 지역, 그리고 고대 근동의 문화 발상지였던 동쪽 지역에서 많은 영향을 받아 팔레스타인에게는 정치적 통일이 성취, 유지되기가 힘들었다.

팔레스타인의 지형은 해안 평야. 서부 산악지대. 요단 계곡, 고원지대로 구분되어 있으며, 특히 남부와 동부지역은 사막지대에 접하고 있다. 팔레스타인은 바다와 사막 사이에 놓여 있으므로 이 두요소가 기후에 많은 영향을 준다. 서풍이 불 때는 비가 내리고 동풍이 불 때는 사막의 건조한 바람이 분다.

한편, 팔레스타인에는 겨울철(10월~4월)에 단기적으로 사나운 폭풍우를 동반한 집중강우현상이 일어나는데, 성경에서 언급하는 '이른 비' 와 '늦은 비' (신 11:14; 호 6:3; 욜

2:23)는 이러한 우기의 시작과 끝을 가리키는 것이다. 그러나 팔레스타인은 건조한 지역이기 때문에, 요단강과 그 지류를 제외한 하천들은 일 년 동안에 물이 흐르는 기간이 불과 한달 이하인 간헐천이다. 따라서 팔레스타인에서는 이슬이 농사에 큰 영향을 미치는데, 8월과 9월에 특히 많은 이슬이 내려 도움을 주고 있다.

3. 사회, 문화적 배경

1) 구약시대

창세기를 볼 때, 고대 이스라엘 족장들이 유목생활을 한 것을 알 수 있다. 이들은 아람어를 사용했으며(신 26:5), 상당히 발달된 문화생활을 하였다. 이스라엘 사회에는 여러 가지 풍습들이 있는데 특히 출생, 결혼, 사망과 관련된 것들이 중요 요소가 되었다.

아이를 낳지 못하는 것은 불행과 재앙으로 간주되었고 자녀, 특히 아들의 수가 행복의 척도가 되었다. 자녀가 없는 부부는 친척의 아들을 양자로 데려가 상속자로 삼았고, 잉태치 못하는 아내는 남편에게 첩을 얻게 하여 자녀를 낳게 하였다. 결혼은 부모가 정해주었고, 남녀간에 사회적 교제는 거의 없었다. 이스라엘의 여인들에게는 법률상의 지위가 없었으므로 아버지나 남편의 보호 아래 있었고, 보호자가 죽었을 경우에는 동족 남자의 보호를 받았다.

이스라엘 사회에서는 가족 중 사망자가 생기면 애곡의식을 행하였으며, 뜨거운 기후조건 때문에 24시간 이내에 장사를 지냈다. 경제생활에 있어서는 추와 도량형기가 임금 및 판매 가격과 밀접한 관계가 있었으므로 소송사건의 원인이 되었고, 상환 능력이 없는 채무자는 노동으로 빚을 갚거나 투옥되었다.

구약시대 전체에 걸쳐 조직적인 교육체제는 없었으나, 부모가 자녀에게 기술을 가르치고 하나님을 섬기도록 가르치는 생활교육이 행하여졌다. 구약시대의 신앙생활은 율법이 정한 규례에 의해 결정되었다. 일 년에 한 번씩 속죄일이 있어서 이 날에는 대제사장이 지성소에 들어가 모든 백성들의 죄를 속죄 받았으며, 3대 절기(유월절, 오순절, 장막절)

및 나팔절, 부림절 등의 절기를 지켰다.

그들의 신앙생활의 핵심을 이룬 것은 안식일이었으며, 안식일을 지키는지의 여부로 영적 자세가 판단되었다. 또한 남자들의 경우, 일 년에 세 번 예루살렘 성전에 올라가야 했다. 그러나 포로시대에는 성전이 없었으므로 이 때부터 회당이 발전하게 되어 구약시대 말기와 신약시대 초기에는 정기 예배가 각 지역의 회당에서 드려졌다.

한편, 이스라엘은 여호수아의 가나안 정복 이후부터 계속 가나안 지역의 종교의 영향을 받게 되는데, 성적으로 타락한 가나안 종교와 강대국의 국가 종교로부터 그들 고유의 야훼신앙을 구별시키려는 것이 구약성경에 면면이 흐르고 있다.

2) 신약시대

신약시대에는 사회가 복잡해져서 정치, 경제, 사회, 종교가 서로 상호의존 관계를 맺고 있었다. 주후 100년경에는 황제가 절대 군주권을 행사했는데, 멀리 떨어진 변방에서는 유능한 행정관을 두어 다스리게 하였다. 황제들 중에는 폭군도 있었으나 로마제국은 그들의 통치기간 중에도 계속 발전하였으며, 상업과 신앙은 거의 제약을 받지 않았다. 이 시기에는 정치적 절대 군주론의 이론과 황제 숭배가 강요되었다. 로마의 행정지역은 황제 관할 구역과 원로원 관할 구역으로 구분되어 있었는데, 팔레스타인의 경우 독특한 방식의 통치가 행하여졌다.

주전 50년경부터 주후 50년경까지 100여 년간 팔레스타인에서는 국내가 불안한 시기를 제외하고는 헤롯 집안에 의해 모든 문제들이 처리되었다. 그러나 헤롯의 아들들의 무능과 국내 불안이 계속됨에 따라 황제 관할 지역이 되었다.

"모든 길은 로마로 통한다." 는 말이 생길 만큼 발달했던 로마의 도로망은 군사상 정복활동을 강화할 목적으로 건설된 것이었지만, 이 도로들이 복음을 신속히 전파하는데 큰 몫을 차지하게 되었다. 신약시대의 농업경제는 노동 과잉의 원인이 되었고 토지를 소유하지 못한 소작인이나 공장에 고용되지 않은 사람들은 자유노동자나 노예로 전락하였다. 초기 기독교시대에 있어서 로마제국은 정치적 안정과 로마의 평화, 그리고 적절한 조세 정책으로 안정을 누릴 수 있었다.

후기 공화정 시대와 초기 로마제국 시대에 팔레스타인, 시리아, 소아시아로부터 끌려온 노예들은 대부분 로마의 독특한 사회, 경제적 조권으로 얼마 안 있어 자유민이 되고 부를 축적할 수 있었다. 신약 성경에서는 이같이 하여 부와 높은 신분을 획득한 유대인들에 대하여 증거해 주고 있다. 악한 농부의 비유(마 21:33~44), 불의한 청지기의 비유(눅 16:1~9), 달란트 비유(마 25:14~30) 등에서 이러한 당시의 형편을 묘사하고 있다.

팔레스타인 사회는 빈부의 차가 심했고, 대부분의 백성들은 궁핍한 생활을 했다. 사회계층은 로마 당국의 평가 방식에 따라 구분되었는데, 귀족들은 종교 및 정치지도자들에 편중되었고 자유의 몸으로 태어난 가나안 노동자들은 하층 계급을 구성하였다.

신약시대에는 로마의 정복 사업이 계속됨에 따라 종교적 불안이 가중되어, 점차적으로 전통적 종교를 버리고 개인적이고도 열광적인 새로운 종교를 찾게 되었다. 그리하여 종교성이 강한 헬라인들은 동방으로부터 새로운 밀의 종교를 들여와서 헬라인과 로마인들의 기호에 맞도록 바꾸는 작업을 하였다. 당시, 헬라와 로마에서 공인된 종교였던 유대교는 새로운 종교적 혼합주의에 공헌을 했으며 인기 있는 종교와 철학의 영향을 받게 되었다.

한편, 의식보다는 구약성경의 계시를 강조한 후기 유대교는 기독교가 전파되는 길을 열어주었고 유대교, 헬레니즘사상, 로마의 제국주의 등 당시의 3대 배경과 부딪치면서 전파되기 시작했던 기독교는 세계 각지로 급속히 퍼지게 되었다.

모세오경 개론

오경은 다섯 권 즉, 창세기, 출애굽기, 레위기, 민수기, 신명기로 이루어져 있다.

1. 명칭

희랍 사람들이 이 다섯 권으로 된 책을 '오경'(Pentateuch) 즉 '다섯 권의 책들'이라고 불렀으며, 유태인들은 이것을 토라(Torah) 즉 '율법'이라고 불렀다.

이것은 원래 하나의 책이었다. 그러나 당시에 성경을 기록하는 양피지로 된 두루마리(Scroll)의 용량이 한계가 있었으므로, 하나의 두루 마리에 다 기록할 수가 없었다. 그래서 다섯 개의 두루마리에 나누어서 기록한 것이 오경인 것이다. 그러므로 오경은 서로 성격이 다른 다섯 권의 책은 아니다. 구약성경에는 몇 가지 종류가 있다.

1) 히브리어 성경: 이것은 전통적으로 오경 각권이 유대인들이 사용하던 성경으로서 나누어진 각권의 첫 글자를 따서 불러졌다.

2) 70인역: 히브리어 성경을 희랍어로 번역한 성경인데 우리말 개역 성경은 오경 각권의 성격과 내용에 맞게 지어진 것이다.

3) 불가타역: 라틴어로 된 구약성경 등이 있다.

오경 각권의 명칭

	한글 성경 명칭의 뜻	히브리 성경의 명칭
창세기	우주와 인류와 하나님 백성의 기원	bereshith(한 처음에)
출애굽기	애굽에서의 탈출	we'elleh shemoth(이름들은 다음과 같다)
레위기	레위인을 중심으로 하는 제사의식	Wayyigra(그리고 불렀다)
민수기	인구조사	Wayyedabber(그리고 말했다)
신명기	하나님의 계명을 다시 한번 백성에게 반포함	Elleh haddebarim(말씀들은 다음과 같다)

신약성경에서는 오경을 '율법'(마 5:17), '모세의 율법(눅 24:44)등으로 불렀다.

2. 기록자 및 기록연대

B. C.1440년경 모세에 의해 기록되었다.

3. 오경의 의의와 기록목적

히브리 성경에서는 구약성경을 율법서, 예언서, 성문서 등 크게 셋으로 나눈다. 이 중 첫 다섯 권이 율법서는 구약 전체를 이끄는 부분이며, 구약의 나머지 부분을 지탱해주는 뿌리이다. 오경은 내용적으로 서로 밀접한 관계를 맺고 있으며, '우주의 창조'에서 시작하여 '모세의 죽음'에 이르는 일련의 연속된 줄거리를 다루고 있다.

이러한 연속된 이야기 속에서 오경은 첫째, 이스라엘 백성이 어떻게 하나님께 선택되고 하나님의 백성으로 언약을 맺게 되는가를 보여주며, 둘째, 이스라엘 민족과 모든 인류의 삶과 운명이 하나님과 어떻게 결부되어 있는지를 서술하고 있다.

4. 하나의 사건으로서의 오경의 줄거리

· 창세기-하나님께서 땅의 백성들 중에 언약을 맺을 가족을 선택하심

· 출애굽기-하나님께서 선택한 가족으로 민족을 이루게 하시고, 구출하시고, 광야에서 계약을 맺으심

· 레위기-계약을 맺은 민족을 성별하셔서 하나님을 예배하도록 하심

· 민수기-성별된 민족을 성별하셔서 하나님을 예배하도록 하심

· 신명기-하나님과의 언약을 충실히 지킬 것을 모세가 권고함

5. 오경의 법전들

1) 십계명: 출 20:3~17

2) 계약법전: 출 20:22~23;34

3) 성결법전: 레 19~26장

6. 오경의 특징

① 성경에 나오는 법률의 대부분이 수록되어 있다.

② 이스라엘의 삶과 역사의 기록으로 그들의 신앙과 생활의 기초이다.

③ 율법인 동시에 하나님의 '구원사'에 대한 풍부한 내용을 담고 있다.

창세기 지도

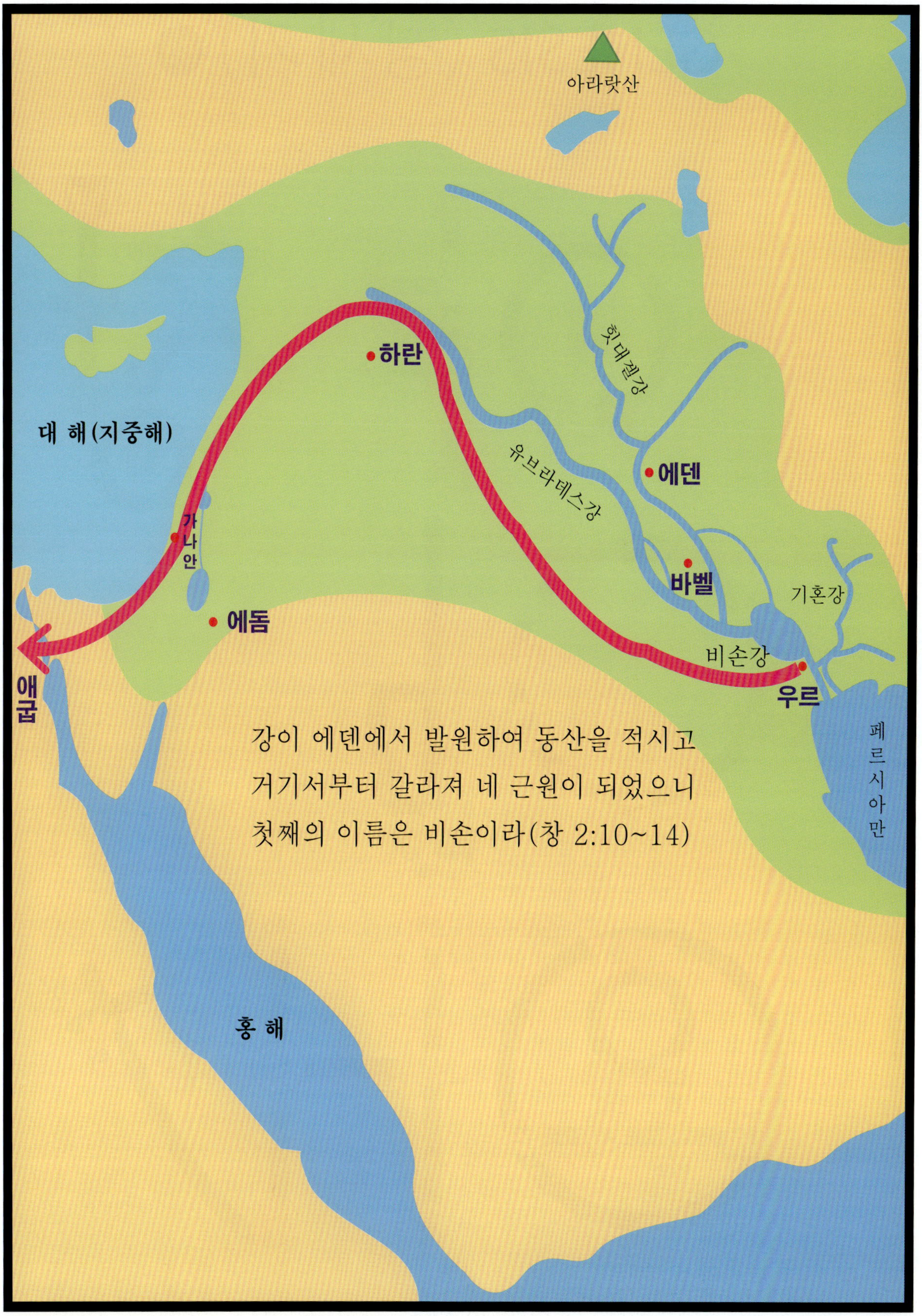

아라랏산
대 해(지중해)
하란
힛데겔강
유브라데스강
에덴
가나안
바벨
기혼강
에돔
비손강
우르
애굽
페르시아만
강이 에덴에서 발원하여 동산을 적시고
거기서부터 갈라져 네 근원이 되었으니
첫째의 이름은 비손이라(창 2:10~14)
홍 해

GENESIS (창세기) 50

창 세 기

요절: 태초에 하나님이 천지를 창조하시니라(창 1:1).

1. 명칭

- 히브리어 성경: bereshith(태초에)
- 70인역: 게네시스(기원, 시작)
- 영어 성경: Genesis

2. 기록자: 모세(출 17:14, 민 33:2, 행 7:22....)

3. 기록 연대: B.C. 1446~1406년 사이로 추정된다.

4. 기록 목적

1) 만물의 기원이 하나님의 창조에 있으며, 야훼 한 분만이 인간이 섬길 예배의 대상이 됨을 알게 한다.
2) 인간 타락의 경위와 예수 그리스도를 통하여 이루실 인류의 구속 및 하나님의 사랑과 섭리를 보여주기 위해서 기록되었다.

5. 주제 : 하나님께서 모든 민족을 축복할 수 있는 통로가 될 민족을 택하셨다.

6. 핵심

1) 단어: 시작(beginning)
2) 구절: 3:15, 12:3
3) 장: 15장

7. 중심사상

1) 하나님을 제외한 모든 것의 기원(시작)을 분명하게 말해 준다.

• 세상(1:1~25)	• 인류(1:26~2:1)	• 안식일(2:2,3)
• 결혼과 가정(2:23,24)	• 죄(3:1~7)	• 구원계시(3:15)
• 제사(4:3~7)	• 인간 문화(4:20~22)	• 국가(10:,11:)
• 언어(11:1~9)	• 민족(12:~50:)	

2) 말씀을 성취하시는 언약의 하나님이심을 밝히심으로 인간의 역사와 우주는 하나님의 은혜와 절대주권 하에 다스려짐을 보여준다.

- 노아와의 언약(6:18,9:11)
- 아브라함과의 언약(15:18,17:2)
- 이삭과의 언약(17:19,26:3)
- 야곱과의 언약(28:13~15)

3) 타락한 인간이 구원받을 길은 믿음으로 의롭게 여기심을 받는 길 외에는 없음을 보이심으로, 믿음에 의한 메시아 구원을 예고해 준다(창15:6)

8. 성경과 과학

성경은 과학을 초월한 차원에서의 영적 진리를 말하고 있다.

하나님의 말씀들은 오직 믿음으로 받아들여야 한다.(히 11:3).

뉴우톤은 "과학자는 오직 하나님의 피조물을 관찰하는 사람일 따름이다" 라고 말하였다.

9. 내용분해: 50장 1,533절

대주제	인류의 시작				민족의 시작			
초점	4대 사건				4대 인물			
소주제	1.창조 (1:,2:)	2.타락 (3:~5:)	3.홍수 (6:~9:)	4.민족들 (10:,11:)	1.아브라함 (12:~24:)	2.이삭 (25:,26)	3.야곱 (27:!36)	4.요셉 (37:~50:)
내용	1)만물의 창조 2)인간의 창조 3)에덴 동산	1)최초의 범죄와 추방 2)범죄의 결과	1)노아의 방주 2)무지개 언약	1)민족들 2)바벨탑	1)아브라함의 부르심과 언약 2)아브라함과의 언약 3)아브라함의 순종과 믿음의 연단	1)이삭의 축복	1)브엘세바에서의 야곱 2)벧엘 3)밧단아람 4)얍복강 5)엘벧엘의 서의 전기	1)요셉의 꿈 2)연단의 과정 3)꿈의 성취 4)아들들에 대한 야곱의 예언 5)요셉의 신앙고백
신학	죄 – 형벌 – 은혜							

10. 주요 사건 연대

천지 창조(1:1–27) 노아 홍수 심판(7:6–24) 바벨탑 사건(11:1–9)	아브라함의 탄생과 족장시대의 개막(11:27)	아브람이 우르를 떠나 가나안으로 이주(12:4–6)	이삭 출생(21:1–5)	야곱과 에서의 출생(25:24–26)
	2166	2091	2066	2006

BC --►

1991	1915	1898	1885	1876	1805
아브라함의 죽음(25:7–10)	요셉의 출생(30:23–24)	요셉이 애굽으로 팔려감(37:26–28)	요셉이 애굽의 총리가 됨(41:37–46)	야곱 가족이 애굽으로 이주(46:7)	요셉의 죽음(50:26)

1장 천지 창조 *(The Beginning)*

1. 위치설명: 1장은 일반 역사로 묶어 에덴 동편에 목록 창세기 '창' 에 획 순서로 별(천지창조)로 표시
2. 맥 절: (1절). 맥 보충 절: (31절)
3. 관주구절: 요 1:1, 행 17:24, 딤전 4:4, 욥 38:4
4. 찬송: 주 하나님 지으신 모든 세계, 참 아름다워라, 바다에 놀이 치는데
5. 해설: 1장은 천지와 만물의 창조가 기록되어 있다.

혼돈하고		공허하며	
배경의 창조		내용물로 채움	
제 1일	우주, 빛(1~5)	제 4일	해, 달, 별(14~19)
제 2일	궁창과 물(6~8)	제 5일	새, 물고기(20~23)
제 3일	바다, 땅, 식물(9~13)	제 6일	동물, 인간(24~31)
제 7일	지으시던 일이 다하므로 일곱째 날에 안식 하니라		

창조시에, "각기 종류대로"(11,12), "그 종류대로"(21,24,25)라고 하신 말씀에서 우리는 '종의 기원' 에 대한 해답을 얻을 수 있다. 물질세계를 지으신 하나님께서는 "보시기에 좋았더라."(10, 12, 18, 21, 25)고 하심으로 물질세계가 악한 것이 아님을 나타내 보이셨다.

*혼돈(1, 2)-아무런 형태가 없는 상태

쉼터: 창 1:1을 맨 앞에 기록한 이유

① 모든 사람이 하나님을 믿게 하려고

② 신약의 첫 부분 마 1:1은 하나님의 말씀은 반드시 이루어진다는 것을 믿게 하려고

③ 창세기(창 1:1)는 인생이 어디로부터 와서, 계시록은 어디로 가는지, 그 사이에는 어떻게 살 것인지를 교훈

2장 인간의 창조 · 선악과 (Adam and Eve/The tree of the knowledge of good and evil)

1. 위치설명: 2장은 일반 역사로 묶어 에덴 동편에 목록 창세기 창에 획 순서로 삼각형 (인간 탄생)으로 표시
2. 맥 절: (7, 9절). 맥 보충: (17,22절). 기타 중요내용: (19절)
3. 관주구절: "우리의 형상을 따라 우리의 모양대로 우리가 사람을 만들고"(창 1:26) (창 5:1, 창 8:6, 8).
4. 찬송: 오 하나님 우리의 창조주시니, 묘한 세상 주시고, 사철에 봄바람 불어 있고
5. 해설 : 2장은 하나님께서 다른 피조물과 달리 직접 흙을 빚어 인류의 조상 아담을 만드시고(7) 그의 갈빗대를 취하여 하와를 지으셨다(22)

인간	창조의 방법	의 미
	하나님의 형상과 모양(27)	인간 속에서 하나님을 발견할 수 있다.
아담	흙으로(7)	인간은 흙으로 돌아간다.
	생기를 불어 넣으심(7)	하나님의 영이 내재해 있다.
하와	갈빗대(21)	남자와 불가분의 관계

에덴동산: 인간을 위하여 에덴동산을 만드시고 각종 과일 나무와 생명나무(9)와 '선악을 알게 하는 나무' (9,17절)를 두셨다.

*생기(7절)-하나님의 생명력

쉼터: 선악과를 못 먹게?

하나님은 하나님께 대한 인간의 순종을 시험하고자 하셨다. 결국 인간은 명령을 어기고 선악과를 따먹음으로써 선악의 지식을 알게 되었는데, 즉 하나님께 순종하는 일이야 말로 선(善)이고, 불순종하는 것이 악(惡)임을 알게 되었다.

① 결혼은 부모로부터 떠나는 것(의미). 애굽을 떠나는 것(출 24장: 언약체결/결혼)

② 영적 결혼(언약의 피: 출 24:8, 렘 2:2, 마 26:28) 육적 결혼(24절, 마 19:6, 고전 7장)

3장 인간의 타락 *(The Fall of Man)*

1. 위치설명: 3장은 일반 역사로 묶어 에덴 동편에 목록 창세기 창에 획 순서로 역삼각형(영혼 죽음)으로 표시
2. 맥 절: (6절). 맥 보충: (7, 12, 21절). 기타 중요내용: (15절)
3. 관주구절: 하와가 뱀에게 미혹(고전 11:3), "말씀을 버렸으므로"(삼상 15:23, 26) (잠 28:13)
4. 찬송: 큰 죄에 빠진 날 위해, 나주의 도움 받고자, 여러 해 동안 주 떠나
5. 해설: 3장은 아담과 하와는 순결한 무죄의 상태에서 선택의 능력을 가진 인간으로 창조되었다. 하나님께서는 친히 그들에게 나타나셨고 그들과 교제하셨다(8절). 그런데 인간은 뱀의 간계로 타락하고 말았다(13절). 이리하여 죄가 세상에 들어오게 되었고, 모든 사람들이 죄 아래 있게 되었다(롬 5:12). 뱀은 먼저 하나님의 말씀을 가지고 와서 유혹하였다(1절). 그것은 말씀에 대한 믿음을 심어주기 위한 것이 아니라 하나님의 말씀에 불순종하게 하기 위한 것이었다. 말씀에 대한 확고한 믿음과 지식이 없었던 하와는 교만과 탐심이 생겨서(6절), 선악과를 따먹은 후에 아담에게도 주었다. 범죄 한 인간은 하나님의 저주 아래 놓이게 되었고, 그 결과 삼중 타락의 형벌이 미치게 되었다.

삼중 타락의 내용

1	2	3
영적죽음(22-24절):하나님과 분리	육체의 죽음(19절):흙으로 돌아감	환경의 죽음(17-18절):곤핍한 삶

그러나 사랑의 하나님께서는 형벌 가운데도 구속하실 것을 약속하셨고(15절), 짐승을 잡아 가죽옷(치유의 옷)을 지어 입히심으로(21절), 피를 흘려 인류를 구원하실 것을 미리

보여주셨다.

쉼터: 말씀 떠나면 타락?

① 자기 자리를 지키는 것이 가장 아름답다(민 2장. 법궤중심으로 12지파 진배치)
② 혼합되지 말고(신 7장), 탈선할 때 비극이 온다는 것 기억(삼상-에스더의 요약)
사울(삼상 15장. 말씀순종 망각), 다윗(삼하 11장, 권력남용, 나태...)
③ 강한 유혹을 이기는 길/성령의 지배와 말씀이 굳게 설 때(yes, no를 잘하라)
④ 마 8장, 백부장처럼 말씀을 최고로 믿고 행함으로 나아가라(출 14장, 약 2:24)

● 영적 결혼(언약의 피: 출 24:8, 렘 2:2, 마 26:28) 육적 결혼(24절, 마 19:6, 고전 7장)

4장 가인의 살인 *(Cain Killed Abel)*

1. 위치설명: 4장은 일반 역사로 묶어 에덴 동편에 목록 창세기 '창'에 획 순서로 역삼각형(아벨죽음)으로 표시
2. 맥 절: (8절), 맥 보충: (4, 5, 11절)
3. 관주구절: "믿음으로 아벨은 가인보다 더 나은 제사를 하나님께 드림으로"(히 11:4)
4. 찬송: 이 세상의 모든 죄를, 나 행한 것 죄 뿐이니, 인애하신 구세주여
5. 해설

분류	가인	아벨
1. 직업	농사하는 자(2)	양치는 자(2)
2. 행위	악함(12) 죄의 소원(7) 살인(8) 이기주의(9)	의로움(12)
3. 제물의 내용	땅의 소산(3)	양의 첫 새끼와 그 기름(4)
4. 제사의 태도	믿음 없이 드림(히 11:4)	믿음으로 드린 더 나은 제사(4)
5. 하나님의 반응	하나님이 열납하지 않으심(5)	하나님이 열납하심(4,히 11:4)
6. 하나님께 대한 반응	분하여 안색이 변함(5) 회개하지 않음	
7. 성경에서의 위치	최초의 살인자(8) 악한 자(12)	최초의 순교자(마 23:35)

쉼터: 인본주의적 가치관

① 가인은 아무도 보지 않는다는 인본주의(자신감, 땅의 사람) 사람의 대표

② 하나님 앞에서 혼자 있을 때-정직, 깨끗한 삶의 스타일, 좌, 우 바라보는 사람
하나님은 불꽃같은 눈으로 항상 우리를 보고 계시다(시1 39편)
좌우를 보며 살인한 모세는 광야 40년 동안 위를 바라보는 훈련을 하였다(출 2:12).

③ 시기가 장성하여 살인을 낳다(동생 아벨을 !, 라헬, 사울, 대 헤롯왕)

5장 아담의 족보 *(Adam's Line)*

1. 위치설명: 5장은 일반 역사로 묶어 에덴 동편에 목록 창세기 '창' 에 획 순서로 두 원(족보)으로 표시
2. 맥 절: (1절), 맥 보충: (4절), 기타 중요내용: (24절)
3. 관주구절: 아담은 오실자의 표상(롬 5:14), 족보(창 5, 10, 11, 36장, 출 6장, 마 1장, 눅 3장),
4. 찬송: 이 세상의 모든 죄를, 나 행한 것 죄 뿐이니, 인애하신 구세주여
5. 해설: 아담이 창조된 때로부터 노아의 홍수 사건까지 이르는 하나님의 구원 역사가 열명의 족장들로 요약되어 있다. 여기에서의 족장은 구속사적 맥락에서 비중이 큰 인물들 위주로 기록할 가능성이 많다. 한편 "에녹이 하나님과 동행하더니 하나님이 그를 데려 가시므로 세상에 있지 아니하였더라."(24절) 는 말씀 속에 신실한 믿음의 자손이 보존된다는 사실을 알 수 있다.

쉼터: 족보가 갖는 의미

① 어떻게 하나님의 역사가 진행되고 있는가를 구속사적으로 보여줌

② 노아시대의 홍수를 언급하기 위해 기나긴 역사의 흐름을 한 문단으로 요약

6장 방주언약(홍수준비) *(An Ark Covenant)*

1. 위치설명: 6장은 일반 역사로 묶어 에덴 동편에 목록 창세기 '창' 에 획 순서로 하트(노아 언약)로 표시
2. 맥 절: (18절), 맥 보충: (13-17, 22절)
3. 관주구절: 창 9:9, 요일 5:3, "명하신 대로 행하였더라"(출 40:16), 재림 준비(노아의 때와 같이 눅 17:26, 재림, 마 24장, 살전 4-5장),
4. 찬송: 어둔 죄악 길에서, 예수 따라가면, 주의 말씀 듣고서
5. 해설: 하나님의 아들들과 사람의 딸들이 혼합하므로 죄악이 세상에 관영하게 되자(5절), 하나님께서는 홍수로 심판하실 것을 작정하시고 노아에게 방주를 짓도록 명령하셨다. 노아는 120년 동안 방주를 지으면서 하나님의 심판을 경고했으나 인간은 듣지 않았다.

쉼터: 하나님도 후회?

하나님의 한탄이나 근심은 실수 혹은 후회의 표현은 아니다. 그것은 인간의 타락에 대하여 가지시는 하나님의 실망과 안타까운 심정을 인간적인 측면에서 수사학적으로 묘사한 말이다.

7장 홍수심판 *(The Flood Judgement)*

1. 위치설명: 7장은 일반 역사로 묶어 에덴 동편에 목록 창세기 '창' 에 획 순서로 지구에 비오는 것으로 표시
2. 맥 절: (7-8, 22절), 맥 보충: (9, 17, 19, 23절)
3. 관주구절: "그때 세상은 물이 넘침으로 멸망하였으되"(벧후 3:6), 마 24:38, 창 6:9
4. 찬송: 물 건너 생명줄 던지어라, 하나님의 진리등대
5. 해설: 마침내 하나님께서는 40일 동안 비를 내리심으로 세상을 심판하셨다. 우리는 방주를 통하여 몇 가지의 교훈을 받을 수 있다.

(1) 하나님께서는 죄에 대하여 세상을 심판하신다는 것이다.

(2) 하나님 앞에서 의인은 구원 받는다는 것이다.

(3) 노아의 방주는 우리의 구속주가 되시는 예수 그리스도를 예표한다는 것이다.

쉼터: 지상의 모든 생물 왜 죽였나?

창조시에 만물의 영장으로 피조된 인간의 타락은 그 악영향이 자연계 전반에 미쳤고, 피조물들은 인간의 죄악에 오염되었기 때문이다.

8장 홍수 끝 *(The Flood Stopped)*

1. 위치설명: 8장은 일반 역사로 묶어 에덴 동편에 목록 창세기 '창'에 획 순서로 방주에서 비둘기 날리는 모습으로 표시
2. 맥 절: (2절), 맥 보충: (13절), 기타 중요내용: (21절)
3. 관주구절: "물이 일백오십일을 땅에 창일 하였더라"(창 7:24), 창 7:6
   "여호와께서 하늘의 창을 내신들 어찌 이런 일이 있으리요"(왕하 7:2).
4. 찬송 : 물 건너 생명줄 던지어라, 아 하나님의 은혜로, 주의 말씀 듣고서
5. 해설

*노아

(1) 하나님 앞에 의인

(2) 당대에 완전한 자

(3) 하나님과 동행한 자

(4) 용기의 사람, 즉 의의 전파자(벧후 2:5)

(5) 신앙인(히 11:7)

(6) 하나님을 경외(히 11:7)

(7) 의의 후사(히 11:7)

홍수 기간 동안의 사건들(7:14-8:19)

	날짜	일수	사건	관련 구절
	2월 10일	7일을 기다림	방주에 들어감	7:4,10
150일간	*2월 17일	40일간 계속됨	비가 내리기 시작함	7:4~12
땅에 물이 창일함	3월 27일	40일이 끝남	비가 멈춤	7:4,11
	*7월 17일	150일이 끝남	방주가 아라랏 산에 머뭄	7:24;8:4
150일간 물이 줄어듬	*10월 1일	74일간 기다림	산들의 봉우리가 보임	8:5,6
	11월 11일	40일을 기다림	까마귀를 내어보냄	8:7
	11월 12일	1일을 기다림	비둘기를 내어보내는데 그냥 돌아옴	8:8,9
	11월 19일		비둘기를 내어 보냈는데 감람 새잎사귀를 물고옴	8:10,11
	11월 26일	150일이 끝남	비둘기를 내어 보냈는데 돌아오지 아니함	8:12
	12월 16일		충분히 물러감	8:3
땅이 마름	*1월 1일		뚜껑을 제침	8:13
	*2월 27일		말랐으며 방주에서 나옴	8:14~19

* 이 별표의 일자는 성경에 언급되어 있다. 다른 일자는 여기에서 추리한 것임

쉼터: 방주에 들어간 동물의 수: 총 17,600쌍

들어간 동물의 종류 : 포유류 (3,500종), 조류 (8,600종), 파충류와 양서류 (5,500종)

각 쌍으로 계산을 하면 35,200마리의 동물을 실었다. 이 동물의 평균 크기는 거의 양의 크기 정도였다. 실제 방주의 크기는 125,280 마리의 양을 실을 정도의 크기이다.

9장 무지개 언약 *(The Rainbow Covenant)*

1. 위치설명: 9장은 일반 역사로 묶어 에덴 동편에 목록 창세기 '창' 에 획 순서로 하트 (무지개 언약)로 표시
2. 맥 절: (13절), 맥 보충: (15절), 기타 중요내용: (1, 2, 3장)
3. 관주구절: 창 6장-방주언약, 창 15장-횃불언약, 창 17장-할례언약, 창 28장-사닥

다리 언약, 창 35장–벧엘 언약

4. 찬송: 보아라 즐거운 우리집, 어두운 후에 빛이 오며
5. 해설: 홍수가 지난 후에, 하나님께서는 사랑의 증표인 언약의 표시로 무지개를 보여 주심으로 다시는 물로 심판하지 않을 것을 약속하셨다(11절). 노아와 맺은 언약은 무조건적인 은혜의 언약이며 영원한 언약이다(12절).

쉼터: 허물을 덮자 ♥!

① 노아가 벌거벗은지라(21절). 부모의 허물을 기억하지 말고 덮어줌

② 허물을 덮어 주는 자 … 그것을 말하는 자는 친한 벗을 이간하는 자니라(잠 17:9)

③ 미움은 다툼을 일으켜도 사랑은 모든 허물을 가리우니라(잠 10:12)

10장 노아의 족보 *(Noah's line)*

1. 위치설명: 10장은 일반 역사로 묶어 에덴 동편에 목록 창세기 '창'에 획 순서로 두원(족보)으로 표시
2. 맥 절: (1절), 맥 보충: (32절)
3. 관주구절: 창 5, 10–11장, 출 6장, 마 1장, 눅 3장
4. 찬송: 주 날개 밑 내가 편안히 쉬네, 내가 깊은 곳에서, 어느 민족 누구게나
5. 해설

노아의 예언

(1) 셈의 자손–영적축복

(2) 함의 자손–저주

(3) 야벳의 자손–물질적 축복

쉼터: 오늘날 노아의 세 아들의 후손들은 누구인가?

셈의 후손들은 크게 북부 셈족과 남부 셈족으로 나눌 수 있는데 북부 셈족으로는 앗수르인, 아람인, 이스라엘인 등을 들 수 있고, 남부 셈족으로는 아랍인을 들 수 있다. 이렇게 볼 때, 셈족은 대체로 오늘날의 황인종으로 분류될 수 있다. 함의 후손들은 이집트인, 에티오피아인, 북부 아프리카인,가나안 족속 등인데 대체로 흑인종에 해당된다. 그리고 야벳의 후손들은 인도-유럽어족에 뿌리를 둔 사람들로 대체로 백인종이 이에 해당된다.

11장 셈 족보 • 바벨탑 *(Shem's Line · The Tower of Babel)*

1. 위치설명 : 11장은 일반 역사로 묶어 에덴 동편에 목록 창세기 '창' 에 획 순서로 두 원(족보)과 바벨탑으로 표시
2. 맥 절: (4, 10절). 맥 보충: (9, 26절)
3. 관주구절: "셈은 에벨 온 자손의 조상이요 야벳의 형이라"(창 10:21). 창 5, 10, 15장
4. 찬송: 비바람이 칠 때와, 험한 시험 물속에서, 이 세상 험하고
5. 해설: 본장에는 아브라함을 역사의 무대 위로 올리기 위한 족보, 또, 하나님을 반역하는 또 하나의 큰 사건이 나온다. 바벨탑 건축을 둘러싼 여러 가지 배경, 방법, 동기와 그것에 대한 하나님의 심판을 분석해 봄으로써 바벨탑 사건의 영적인 의미를 살펴보자.

	바벨탑 건축(1~4)	하나님의 심판
배경	1. 언어적 토알(1)"구름이 하나", "언어가 하나" 2. 시날 평지에서 건축(2)-우상숭배의 중심지	1. 언어를 혼잡케 함(7) 2. 온 지면에 흩으심(8) (민족이 생김) 3. 성 쌓기를 그치게 만드심(8)
방법	3. 돌 대신에 벽돌, 진흙대신에 역청(3)	
동기	4. 탑 꼭대기를 하늘에 닿게 하여(4) 5. 우리 이름을 내고(4) 6. 온 지면에 흩어짐을 면하자(4)	

쉼터: 무대?

① 셈 족보는 아브라함을 역사의 무대 위로 올리기 위한 족보
② 예수님은 우리를 구원하시기 위한 무대가 되셨고
③ 나의 무대 역할 사명은?

12장 소명(실수) *(The Call of Abram · Abram's mistake)*

1. 위치설명: 애굽에서의 소명이므로 애굽 애자의 ㅇ 안에 하트로 표시
2. 맥 절: (1, 2, 3, 12, 13절), 맥 보충: (4, 5절)
3. 관주구절: "너희는 가서 모든 족속으로 제자를 삼아"(마28:29), 행 7:2, 3
   가라(모세 출 4:11, 에스겔 3:4, 예레미야 렘 1:7, 여호수아 수1:2)
4. 찬송: 우리가 지금은 나그네 되어도, 주 예수 넓은 사랑, 허락하신 새 땅에
5. 해설: 창세기 3장에서 인류의 구원을 예고하신 하나님께서는 이제 아브라함을 부르사 새로운 구속의 역사를 시작하셨다. 하나님은 아브라함에게 그의 본토, 친척, 아비 집을 떠나라고 하셨다. 이것이 곧 택함 받은 백성 이스라엘 역사의 시작이다. 택함 받은 아브라함에게 하나님께서는 창세기 12장 1절부터 3절까지 복을 약속하셨다.

● 역사적으로, 성경상에서 창세기 12장 2절부터 3절까지의 복의 약속이 어떻게 성취 되었는지 살펴보자.

복의 약속	구약에서의 약속	신약에서의 약속
1. 큰 민족의 이름	출 1:7. 12:37	마 28:19
2. 복을 줌	창 13:2.21:22.24:1	갈 3:14
3. 이름을 창대케 함	창 23:6;출3:15	마 1:1;갈3:7
4. 복의 근원	창 22:18	갈 3:8,9
5. 축복하는 자는 축복	창 20:18	마 10:12,13
6. 저주하는 자는 저주	마 10:14,15	
7. 모든 족속이 복을 얻음	행 2:38,39:	롬 4:11,12

● 오늘날도 하나님께서는 그리스도 예수 안에서 택함을 받은 믿음의 자손들에게 아브라함의 복을 약속하신다(갈 3:9,13,14; 요15:16).

쉼터: 복의 근원

① "네 시작은 미약하였으나 네 나중은 심히 창대하리라"(욥 8:7)
② "아브라함...모든 이방인이 너를 (아브라함)인하여 복을 받으리라"(갈 3:8)
③ "혈혈단신으로 있을 때에 내가 부르고 그에게 복을 주어 찬성케 하였느니라"(사 51:2)
④ "그 자손이 아니고 네 자손이라 하셨으니 곧 그리스도라"(갈 3:16, 창 12:2,3)
⑤ "내 이름으로 이스라엘 자손에게 축복할지니 내가 그들에게 복을 주리라"(민 6:27)
⑥ "내가 반드시 너를 복주고 복 주며 너를 번성케 하고 번성케 하리라"(히 6:14)
⑦ "하나님이 노아와 그 아들들에게 복주시며...생육하고 번성하여 땅에 충만하라(창 9:1)

13장 롯의 분가 *(Abram and Lot Separate)*

1. 위치설명: 벧엘이 배경이므로 벧엘에서 야곱의 활동 무대이므로 '야' 에 표시
2. 맥 절: (9절), 맥 보충 절: (14, 15절), 기타 중요내용: (16).
3. 관주구절: "이 땅을 네 자손에게 주리라 하신지라"(창 12:7), 창 13:11, 28:1
   "그들을 애굽인의 손에서 건져내고 그들을 그 땅에서..."(출 3:8)
4. 찬송: 너 시험을 당해, 주의 약속하신 말씀위에서, 어디든지 예수 나를 이끌면
5. 해설: 아브라함의 목자들과 롯의 목자들 간의 분쟁이었지만 서로 분가함으로 분쟁이 해결되었다. 롯이 소돔을 선택한 것은 육신의 안목을 좇은 자신을 위한 선택이었고 아브라함은 하나님을 위한 선택을 했는데 그런 아브라함에게 제차 축복을 약속하였다.

아브라함과의 언약(12:1~3. 7. 13:14~17. 15:5~21. 17:4~8. 22:15~18):

아브라함에게 복 주심을 약속한 하나님께서는 그것을 거듭 반복하시며, 영원한 언약의 표징으로 할례를 명하셨다.

쉼터: 물질 시험 합격하자!

① 회개하고 신앙으로 올라갈 때 역사가 일어남

② 네가 먼저 선택하라... 네가 좌하면 나는 우하고...(9절)

③ 애굽의 뼈아픈 인생시험 공부를 통해 얻은 성숙된 믿음의 결과(열매)

14장 소돔전쟁 *(The War of Sodom)*

1. 위치설명: 롯의 생포와 구출 이야기 배경인 소돔과 고모라에 표시
2. 맥 절: (9, 14절), 맥 보충 절: (18절)
3. 관주구절: 아말렉 전쟁(출 17장, 삼상 30장). 암몬전쟁(삼상 11장, 삼하 10,11장)
4. 찬송: 너 시험을 당해, 주의 약속하신 말씀위에서, 어디든지 예수 나를 이끌면
5. 해설: 이 전쟁은 더러워진 소돔과 고모라의 죄에 대한 심판의 경고이다. 사해 주변의 5개국과 엘람 동맹국 간에 전쟁이 일어나 롯이 엘람 동맹국의 포로가 된다. 이에 아브라함이 뒤쫓아 가 롯을 구하는데, 귀환 중 멜기세덱을 만난다. 그는 그리스도를 예표하는 인물로서(히 7:1~3), 그가 아브라함을 축복한 것은 세속적인 축복을 구하지 않는 자에게 궁극적으로 하나님의 놀라운 복이 주어짐을 잘 보여준다.

쉼터: 십일조

① 하나님이 나의 주인인 것을 신앙고백(창 28:22, 말 3:8, 10), 축복의 통로

② 선악과와 같은 의미(창 2, 3장), 하나님을 인정하느냐? 아니하느냐?

③ 가이사의 것은 가이사에게, 하나님의 것은 하나님께 바치라(막 12:17)

15장 횃불 언약 *(The Fire Covenant)*

1. 위치설명: 15~27장은 아브라함과 이삭이 공존하는 삶을 살은 헤브론 지역의 '아' + '이' 를 합해 원을 만들어 시계 1시 방향에 하트(횃불 언약)에 표시

2. 맥 절: (17절), 맥 보충 절: (18절)

3. 관주구절: 렘 34:18, 무지개(창 9장), 할례(창 17장), 사닥다리(창 28장), 언약의 소금 (출 2:13)

4. 찬송: 내 주 하나님 넓고 큰 은혜는, 아 하나님의 은혜로, 주의 약속하신 말씀 위에 서

5. 해설: 엘람 동맹국을 격파한 승전의 대가로 전리품을 취하지 않은 아브라함에게 하나님이 현현하셔서 자손과 기업의 축복을 확언 하셨는데 앞서 약속한 축복을 재 인준한 것이다. 하나님께서 이 인준을 횃불이 중간을 쪼갠 희생 짐승의 고기 사이로 지나가도록, 행하신 것은 자신의 언약이 영원불변하다는 것을 맹세하신 것이라는 데 의미가 있다.

*** 하나님과 아브라함의 언약**

17장에서 아브람의 이름이 "열국의 아버지"란 뜻인 아브라함으로 바뀌었다. 하나님께서는 아브라함과 다섯 번 언약을 체결하셨는데,

*** 언약에 따른 축복은**

첫째, 가나안 땅이 후손의 기업이 될 것이며,

둘째, 후손이 번성하여 큰 민족을 이루고 하나님의 백성이 될 것이며,

셋째, 아브라함이 모든 민족들에게 복의 근원이 될 것이라는 것이다(15장1~5).

성경 본문	아브라함의 언약을 체결한 상황
12:1~3	가나안 땅에 들어가기 위해 하란을 떠날 때
13:14	롯과 작별 한 뒤
15:1~5	소돔왕의 제의를 거절한 후
17:1~10	아브라함이 99세가 되었을 때
22:16~18	독자 이삭을 제물로 드린 후

쉼터: 제물들을 쪼개 !

하나님은 아브라함에게 자손을 별같이 많게 하며(4,5) 가나안 땅을 그에게 주시겠다고 약속하셨다(7). 아브라함은 하나님의 표증을 구하였고, 하나님은 표증을 보여주시려고 3년 된 짐승과 비둘기를 취하여 제사를 드리라고 말씀하셨다(9). 아브라함은 제물을 쪼개어 놓았다(10). 쪼개진 고기 사이로 아브라함이 걸어간 것이 아니라 횃불이 쪼개진 고기 사이로 지나갔다는 것이다(17). 횃불은 하나님의 임재를 나타낸 것으로 하나님 자신이 아브라함과의 약속을 지키겠다는 표시이다. 그 언약을 신실하게 지키셨다(왕상 4:20~25).

16장 이스마엘의 출생 *(The Birthy Ishmael)*

1. 위치설명: 15장 참조, 시계 2시 방향에 삼각형으로 표시
2. 맥 절: (3,4절), 맥 보충 절: (5절), 기타 중요내용: 하나님을 뵈었는고(13)
3. 관주구절: 창 12:4, "춤추는 것을 보고 심중에 저를 업신 여기니라"(삼하 6:16)
   하만의 교만(에 3:1,5;12,7:10).
4. 찬송: 나는 갈길 모르니, 내 주여 뜻대로, 내 영혼이 은총 입어
5. 해설: 약속하신 자녀가 당장 생기지 않자, 하나님의 말씀보다는 아내 사래의 말을 듣고 하갈에게서 육신의 자녀인 이스마엘을 나았다. 한편 사래의 낯을 피해 달아난 하갈에게 축복을 약속하신 하나님으로부터 우리는 자애로우심을 느낄 수 있다.

쉼터: 여호와의 사자

일반적으로는 '천사'를 가리킨다. 여기에서는 하나님을 가리키는데 이유는 첫째, 그는 직접 하갈에게 후손의 복을 내렸고, 둘째, 하갈로부터 경배를 받는 대상이 되었다. 이처럼 '여호와의 사자'는 하나님과 동격의 위치에 있지만, 그가 어떤 형상을 취한 점에서는 성부 하나님이나 성령 하나님과는 구별된다. 그렇다면 그는 제2위인 성자 하나님으로서, 장차 성육신 하셔서 인류 구원의 사역을 펼치실 예수 그리스도의 구약시대의 모습이라고 볼 수 있다.

17장 할례 언약 *(The Covenant of Circumcision)*

1. 위치설명: 15장 참조, 시계 3시 방향에 하트(언약) 표시
2. 맥 절: (9~11절), 맥 보충 절: (14,15,16절)
3. 관주구절: 출 12:48 "할례 언약을 아브라함에게 주셨더니 그가 이삭을 낳아"(행 7:8), 이삭(행7:8), 모세의 두 아들(출 4:25), 팔일 만에 요한(눅 1:59),
4. 찬송: 복의 근원 강림하사, 주 예수 이름 높이어, 여호와 하나님
5. 해설: 아브라함(여러 민족의 아버지)에게 복 주심을 약속한 하나님은 그것을 거듭 반복하며, 영원한 언약의 표징으로 후손 대대로 할례를 명하셨다.

● **마음의 할례**

① 너희 마음의 가죽을 베고(렘 4:4), 할례는 마음에 할지니(롬 2:29, 신 10:16)

② 마음과 귀에 할례를 받지 못한 사람들아(행 7:5)

③ "너희는 이 세대를 본받지 말고...온전하신 뜻이 무엇인지 분별하도록 하라"(롬 12:2)

쉼터: 할례

① 할례는 언약의 증표이며, 구별 – '하나님이 택했다'.

② 할례는 죄악의 요소를 벗게(짜르다)된다는 종교적 의식

③ 할례는 날마다 할례의 의미를 기억케 하는 실물 교육의 장(소변, 그리심산, 에발산)

18장 아들 약속 • 중보기도 *(Promise Son/Abraham Pleads for Sodom)*

1. 위치설명: 15장 참조, 시계 4시 방향에 표시
2. 맥 절: (23, 24절). 맥 보충 절: (32절).
3. 관주구절: 민 16:22, "진리를 구하는 자를 한 사람이라도 찾으면"(렘 5:1)
4. 찬송: 나의 갈길 다 가도록, 자비하신 예수여, 너 근심 걱정 말아라

5. 해설: 아브라함은 자신을 방문한 손님들이 평범한 사람들이 아님을 알아차렸다. 아브라함 내외의 극진한 대접을 받은 여호와께서는 사라를 통해 아들이 태어나리라고 다시 약속하셨다. 이후 소돔 백성을 위하여 중보기도 하셨다.

* 아브라함의 중보기도

아브라함의 위대함은 그의 중보기도를 살핌으로써 어느 정도 파악될 수 있다. 그의 기도를 얼핏 보면, 당돌한 면이 있는 것처럼 여겨지기 쉽다. 그러나 실상 그의 탄원은 겸손과 하나님에 대한 심오한 경외심에서 이루어진 것을 알 수 있다. 본문에서 아브라함이 하나님과 더불어 나눈 대화로부터 몇 가지 중요한 점들을 발견할 수 있다.

첫째, 하나님께서는 어떠한 성이나 사람을 막론하고 그 위에 심판을 내리시는 것을 원치 않으셨다. 따라서 당신의 거룩하심과 공의에 위반되지 않는 범위에서 탄원하는 사람들의 기도에 응답하신다.

둘째, 보잘 것 없는 소수에 불과하지만, 의인의 영향력은 실로 대단한 것 일수도 있다. 의인 10 명의 숫자는 소돔의 임박한 멸망을 제지하기에 충분했다.

셋째, 아브라함의 기도는 끈질겼고, 그 내용이 뚜렷했다. 따라서 중보기도의 본보기가 될 수 있다.

넷째, 아브라함은 간구를 하는 과정에서 하나님의 의로우신 성품과 인자하심을 인식하며, 그러한 하나님의 성품에 호소했다. 기도가 응답되려면 하나님의 성품과 계시된 뜻에 일치되어야 한다. 아마도 아브라함은 소돔에 의인이 적어도 열 명은 있으리라고 생각한 것 같다.

쉼터 : 손 대접?

① 기름지고 좋은 송아지를 취하여(7절), 대접에는 먼저 마음이 동반

② 주는 것이 받는 것보다 복이 있다(행 20:35),대접은 최선을 다하여(요삼 1장, 가이오)

③ 남에게 대접을 받고자 하는 대로 너희도 먼저 남을 대접하라(눅6:31)

④ 세 천사(예수께서 다른 모양으로 저희에게 나타나시니) (막 16:12)

⑤ 주라 그리하면… 곧 후히 되어 누르고 흔들어 넘치도록 하여… 안겨 주리라(눅 6:38)

19장 소돔에서의 탈출(소돔 멸망) *(Get out of Sodom)*

1. 위치설명: 19장은 소돔과 고모라가 배경이므로 소돔과 고모라에 표시
2. 맥 절: (22절), 맥 보충 절: (24,2529절).
3. 관주구절: 창13:10, 소돔과 고모라가 거울이 되었다(유 1:7), 신 29:23
4. 찬송: 십자가 군병들아, 우리들의 싸울 것은, 내 주 예수 주신 은혜
5. 해설: 소돔과 고모라의 멸망은 죄악에 대해 철저히 징벌하시는 하나님의 공의를 밝히 드러낸 사건이다. 그 무서운 심판 와중에서도 롯 가족이 대피할 수 있었던 것은, 남은 자를 향한 하나님의 부단한 사랑과 은혜 때문이었다. 롯의 두 딸은 큰 은혜를 체험했는데도 불구하고, 자기 아버지와 불륜의 관계를 맺음으로써 뿌리 깊은 죄악성을 드러냈다.

쉼터: 술

① "아버지에게 술을 마시우고 동침"(32)
② "술을 즐겨하는 자와 고기를 탐하는 자로 더불어 사귀지 말라"(잠 23:20)
③ "포도주와 독주를 멀리하며 포도주의 초나 독주의 초를 마시지 말며..."(민 6:3)
④ "술 취하지 말라 이는 방탕한 것이니 오직 성령 충만함을 받으라"(엡 5:18)
⑤ "포도주나 소주를 마시지 아니하며, 모태로부터 성령의 충만함을 입어… "(눅 1:15)

20장 실수 2 *(Abraham's mistake)*

1. 위치설명: 20장은 브엘세바 지역, 브엘세바의 원을 만들어 시계 5시 방향에 표시
2. 맥 절: (2절), 맥 보충 절: (5~7절).
3. 관주구절: 아브라함의 실수(창 20장), 이삭의 실수(창 26장)
4. 찬송: 아 하나님의 은혜로, 너 근심 걱정 말아라, 나는 갈길 모르니
5. 해설: 아브라함은 사라를 누이라고 속이는 동일한 거짓말을 그랄에서 반복하였다.

실수를 통해서 아브라함은 믿음의 분량을 채워갔다. 인간의 연약함과 불순종에도 불구하고, 구속 역사를 끝까지 진행하시는 하나님의 주권적인 은혜를 분명하게 보여준다.

쉼터: 내려감?

① 창 12장은 애굽으로 내려감. 창 20장은 그랄로 내려감, 그랄은 지금의 세상을 말함

② 베들레헴에서 모압 땅으로 내려간 나오미 가정의 몰락(룻 1장)

③ 신앙이 내려가지 않도록 몸부림치자, 내려가면 거짓말쟁이가 됨

21장 이삭의 출생 *(The birth of Isaac)*

1. 위치설명: 21장은 브엘세바 지역, 브엘세바의 원을 만들어 시계 6시 방향에 삼각형으로 표시
2. 맥 절: (2~4절), 맥 보충 절: (1절).
3. 관주구절: 창 17:17, 창 17:21, 창 18:10, 14
4. 찬송: 나의 기쁨 나의 소망되시며, 이 몸의 소망 무엔가, 내 맘이 낙심되며
5. 해설: 본장에서 언약의 첫 계승자인 이삭이 태어나고 아브라함이 팔레스타인에 정착함으로써 아브라함에게 주신 하나님의 언약인 일차적으로 성취되기에 이르렀다. 이삭의 등장으로 말미암아 사라와 하갈, 이삭과 이스마엘간의 갈등이 증폭되었고, 마침내 하갈과 이스마엘이 축출 당하기에 이르렀다.

쉼터: 말씀대로

① 백부장...말씀으로만 하옵소서(마 8:8)

② 말씀에 의지하여 그물을 내리리이다(눅 5:5)

③ 백부장이...말씀만 하사 내 하인을 낫게 하소서(눅 7:7)

④ 주의 계집종이오니 말씀대로 내게 이루어지이다(눅 1:37)

⑤ 말씀대로 요단강에 일곱 번 몸을 잠그니... 깨끗하게 되었더라(왕상 16:34)

22장 이삭을 바침(씨) *(Abraham Tested)*

1. 위치설명: 브엘세바에서 모리아산으로 이동하므로 배경인 모리아 산 12시 방향에 표시
2. 맥 절: (2), 맥 보충 절: (12절), 기타 중요내용: (14)
3. 찬송: 성자의 귀한 몸, 주의 주실 화평, 나의 생명 드리니
4. 관주구절: 창 8:20, "죽기까지 복종하셨으니 곧 십자가에 죽으심이라"(빌 2:8).
5. 해설: 자식을 너무 사랑하다보면, 하나님께 대한 순종을 등한히 할 수 있다. 그래서 하나님은 이삭을 번제로 바칠 것을 명함으로써 아브라함의 믿음을 시험하셨다. 아브라함은 하나님의 약속, 즉 이삭을 통해 유업을 이으시겠다는 말씀을 믿었다. 그를 바쳐도 다시 살려주실 것을 믿고 그의 순종은 신속하고도 과감했다.

쉼터: 아브라함의 믿음

① 생애 최대의 시험, 창 12,16,20장의 실수를 통해 얻은 믿음이 있음(히11:17,19).
② "아브라함이 바랄 수 없는 중에 바라고 믿었으니"(롬 4:18).
③ "아들 이삭을 제단에 드릴 때에 행함으로 의롭다 하심을 받은 것이 아니냐"(약 2:21).
④ 백부장에게 하신 말씀 "네 믿음대로 될지어다"(마 8:13).
⑤ "구한 것은 받은 줄로 믿으라 그리하면 그대로 되리라"(막 11:24).
⑥ "할 수 있거든이 무슨 말이냐 믿는 자에게는 능치 못할 일이 없느니라"(막 9:23).
⑦ "이스라엘 중에서도 이만한 믿음을 만나 보지 못하였노라"(눅 7:9).

23장 사라의 죽음(땅) *(The Death of Sarah)*

1. 위치설명: 헤브론 막벨라굴에 사라가 묻혔기에 11시 방향에 역삼각형으로 표시
2. 맥 절: (1, 2절), 맥 보충 절: (16~18절)
3. 관주구절: "요셉이 아비 얼굴에 구푸려 울며 입 맞추고"(창 50:1), 수 14:15
4. 찬송: 주와 같이 길 가는 것, 날 빛 보다 더 밝은 천국, 내 본향 가는 길

5. 해설: 믿음과 순종과 언약의 여인 사라의 죽음과 장사를 소상하게 보도하는 내용이다. 사라에게도 인간적인 결점과 나약함이 많았지만, 그럼에도 불구하고 그녀는 성경에서 믿음의 여인으로 평가된다(히 11:11). 또한 남편에 대한 사라의 순종으로 모든 그리스도인 여성이 따라야 할 모범으로 소개된다(벧전 3:6).

쉼터: 막벨라 굴

아브라함은 사라를 장사 지내기 위해 가족 묘지를 구하고자 했다. 먼저 그 뜻을 헤브론 시민 대표에게 알리고, 에브론의 땅 막벨라 굴을 지목했으며 그에게 대금 은 400세겔을 지불하고 샀다. 이렇게 아브라함이 그 땅의 소유권을 가지게 되므로, 장차 이 땅이 아브라함의 자손의 기업이 될 것임을 확실하게 밝히는 것이었다. 또 고향이 아닌 가나안 땅에 장사지냈다는 것은 아브라함의 소망이 이 땅에 있음을 보여 주는 것이다. 이 막벨라굴에 장사된 사람으로는 사라 외에도 아브라함(창 25:9), 이삭과 리브가, 야곱과 레아(창 49:29~31; 50:13) 등이 있다.

24장 이삭의 결혼 *(Isaac marred Rebekah)*

1. 위치설명: 브엘라헤로이 브엘세바보다 아래쪽 이지만 10시 방향에 표시
2. 맥 절: (67절). 맥 보충 절: (64, 65절)
3. 관주구절: "삼손이… 드릴라… 여인을 사랑하매"(삿 16:4), 하나님과 이스라엘 백성 (출 24장), 삿 16:4, 창 38:14
4. 찬송: 변찮는 주님의 사랑과, 오늘 모여 찬송함은, 저 장미꽃 위에 이슬
5. 해설: 며느리를 구하는 과정에서 아브라함의 믿음은 두 가지로 요약된다. 첫째, 자기고향 친척 가운데서 구해 오게 한 점이다. 이는 당시 가나안 민족들의 타락이 심각했기 때문이다. 둘째, 이삭을 고향(하란)으로 데려가지는 말라고 한 것은 가나안 땅과 관련한 하나님의 약속을 굳게 믿었기 때문이다.

쉼터: 결혼의 모델

① 이삭의 결혼은 가장 아름다운 결혼의 모델이다(63~67) ② 보아스와 룻
③ ①, ②는 예수님과 나와의 결혼의 그림자

25장 세대교체 • 쌍둥이(팥죽) *(The Death of Abraham/Jacob and Esau)*

1. 위치설명: 헤브론에서 아브라함 죽음이므로 9시 방향에 삼각형과 역삼각형을 표시
2. 맥 절: (7, 8절), 맥 보충 절: (17절, 24~26절)
3. 관주구절: "너는 장수하다가 평안히 조상에게로 돌아가 장사 될 것이요"(창 15:15)
4. 찬송: 천성을 향해 가는 성도들아, 그 크신 하나님의 사랑, 괴로운 인생길 가는 몸이
5. 해설: 구속사에 있어서 이삭의 중요성은 그가 이스라엘 국가의 조상인 아브라함의 12지파의 아버지인 아들을 연결시켜 주고 있다. 모리아 산에서 철저하게 깨어진 이삭은 대체로 평탄한 인생길을 걸었다. 세 번째의 족장인 야곱의 출생 및 장자권 획득 내용까지 이어진다.

쉼터: 장자의 명분

이스라엘 사회에서 첫아들이 갖는 책임과 특권을 말한다. 장자는 아버지의 뒤를 이어 가정의 대표자로서의 통솔권을 가졌다(대하 21:3). 재산을 상속받을 때도 다른 형제들 보다 2배의 재산을 상속 받았다(신 21:15~17) 또한 가정의 제사장으로서의 직분을 수행하며, 영적 축복의 상속자가 되었다. 에서처럼 장자권을 동생에게 파는 경우도 있었고(창 25:31~33, 히 11:16), 나쁜 성품이나 죄로 인해 장자권이 몰수되기도 했다(대상 5:1~2).
장자는 부모를 부양하거나 아버지가 돌아가신 후에 가족을 부양할 의무가 있다. 장자나 짐승의 첫 새끼는 하나님께 속한 것으로 짐승은 하나님께 돌려졌고 장자는 은 5세겔로 대속했다(신 15:19~23, 출 13:2; 22:29; 민 18:15~16) 이스라엘은 하나님의 장자였고(출 4:22) 그리스도는 만물의 장자이시며(롬 8:29; 골 1:15, 히 1:6)그리스도인도 하나님 나라의 기업을 이을 장자이다(히 12:23).

26장 그랄 언약(이삭 실수) *(The Gerar Covenant/Isaac's mistake)*

1. 위치설명: 이삭이 아내를 누이라고 속이는 장면 배경인 그랄을 8시 방향에 표시
2. 맥 절: (2~5,7절), 맥 보충 절: (9절)
3. 관주구절: "원컨대 그대는 나의 누이라하라 그리하면"(창 12:13)
4. 찬송: 성자의 귀한 몸, 나 위하여 십자가의, 우리는 주님을 늘 배반하나
5. 해설: 이삭은 농사를 지으매 100배의 수확을 얻어 거부가 되었으며, 가는 곳마다 우물을 판즉, 샘이 솟았다. 아버지 아브라함처럼 아내 리브가를 누이라고 속인 적이 있었으나, 아브라함의 순종과 믿음으로 인하여 땅과 자손과 모든 민족의 축복권이 이삭에게 재확인 되었다.

쉼터: 올라가는 신앙!

① 이삭이 거기서부터 브엘세바로 올라갔더니(23절)...그곳에서 단을 쌓아(25절)

② 벧엘로 올라가라(창 35:1,3)

③ 아비멜렉이 이삭을 보고 "여호와께서 너와 함께 계심을 우리가 분명히 보았으니(28절)

④ 나를 보고 세상 사람들이 하나님이 함께 함을 보았노라 인정받는 삶을 살자

27장 이삭의 축복 *(Jacob Gets Isaac's Blessing)*

1. 위치설명:배경인 브엘 세바 근처 7시 방향에 표시
2. 맥 절: (27절), 맥 보충 절: (29절)
3. 관주구절: "내가 반드시 너를 복 주고 복 주며 너를 번성케"(히 6:14), 창 29:13, 아 4:11
   "내 이름으로 … 축복할지니 내가 그들에게 복을 주리라"(민 6:27)
4. 찬송: 영광스럽도다 참된 평화는, 주 음성 외에는, 내 영혼에 햇빛 비치니
5. 해설: 에서의 장자권을 가로챘던 야곱이 이제 장자의 축복마저 가로채고 있다. 이 일에는 그의 어머니인 리브가의 계책이 많이 작용했다. 야곱을 편애하였던 리브가

는, 야곱에 대한 하나님의 약속을 잘 알고 있었음에도 불구하고 인간적인 방법으로 그 약속을 이루고자 했다. 이러한 자세는 신앙인의 자세는 아니다.

쉼터: 여호와의 이름으로 거짓말?

① 여호와께서 나로 순전이 만나게 하셨음이니이다(20절)

② 자기중심, 물질에 붙잡혀 있으면 그렇게 되어 버리고 만다

③ 우리도 하나님 혹은 예수님 이름을 팔고 살지 않는가?

28장 야곱의 떠남 • 꿈(언약) *(Jacob's Dream at Bethel)*

1. 위치설명: 하란 방향에 야곱의 '야'의 가장 밑에 하트(사닥다리 언약) 표시
2. 맥 절: (12절), 맥 보충 절: (19절), 기타 중요내용: (22절).
3. 관주구절: 방주(창 6장), 무지개(창 9장), 횃불(창 15장), 할례(창 17장), 벧엘(창 35장), 언약의 소금(레 2:13)
4. 찬송: 내 갈 길 멀고 밤은 깊은데, 주님의 뜻을 이루소서, 주여 지난 밤 내 꿈에
5. 해설: 하란으로 가던 중, 야곱은 꿈속에서 하나님을 만나서 아브라함과 이삭에게 약속된 복의 언약을 직접 계시 받는다. 돌로써 단을 쌓고 그곳을 벧엘이라 부른 야곱은 아브라함이 한 것처럼 (14:20) 십일조의 서원을 드린다(22).

쉼터: 하나님의 복 주실 대상

하나님의 복 주실 대상은 장자도 아니요, 오직 하나님께 순종하는 자이며, 그가 하나님의 유업을 잇게 된다. 예: 에브라임(창 48:13~19). 요셉(대상 5:2)

29장 7+7년 봉사 *(Jacob work seven years and seven years)*

1. 위치설명: 하란방향에 야곱의 'ㅑ' 아래쪽부터 시계 반대 방향으로 두 번째에 표시

2. 맥 절: (20, 28절). 맥 보충 절: (30절)

3. 찬송: 너 하나님께 이끌리어, 어려운 일 당할 때

4. 관주구절: 창 30:26, 창 4:9

5. 해설: 야곱은 외삼촌의 딸 라헬을 사랑했지만, 삼촌의 속임수에 속아 레아와 결혼하고 7년을 더 일하고 라헬과 결혼하는 집념을 보여주었다.

쉼터: 잘못된 수단을 사용한 결과

형을 속인 야곱은 외삼촌 에게 속임을 당하면서 20년의 고된 역경의 삶을 살아야 했다. 더욱이 야곱 자신도 자식들에게 속임을 당한 것을 볼 때, 리브가나 야곱이 하나님의 복을 받기위해 동원한 잘못된 방법들이 오히려 그들로 하여금 더 힘든 고통을 겪게 하였음을 발견하게 된다. 항상 나의 계산과 방법을 포기하고, 하나님의 말씀이 가르쳐 주시는 삶의 태도를 취하는 것이 얼마나 중요한가!

30장 야곱의 풍부 *(Jacob grew exceedingly prosperous)*

1. 위치설명: 하란방향에 야곱의 'ㅑ' 아래쪽부터 시계 반대 방향으로 세번째에 표시

2. 맥 절: (43절), 맥 보충 절: (1~43절)

3. 관주구절: 창 12:16, "당신의 지혜와 복이 나의 들은 소문에 지나도다"(왕상 10:7)

4. 찬송: 나의 갈길 다가도록, 은혜가 풍성한 하나님은 , 은혜구한 내게 은혜의 주님

5. 해설: 야곱은 11아들을 낳았으며, 외삼촌과 속고 속이는 가운데 큰 부자가 되었다.

쉼터: 바라봄의 법칙

① 껍질 벗긴 가지를 개천의 구유에 세워 양들이 보게 했다(38절)

② 믿음은 바라는 것의 실상이요 보지 못하는 것들의 증거니(히 11:1)

③ 믿음의 주요 또 온전케 하시는 이인 예수를 바라보자(히 12:2)

④ 그리스도를 위하여 받는 능욕을 애굽의...이는 상 주심을 바라봄이라(히 11:26)

31장 귀향 *(Back to the Land of my father)*

1. 위치설명: 하란방향에 야곱의 'ㅑ'의 맨 위에 표시
2. 맥 절: (21), 맥 보충 절: (40절)
3. 관주구절: 모세(출 2장), 아브라함(창 12장), 이스라엘의 백성(출 14장),
4. 찬송: 너 근심 걱정 말하라, 나의 갈길 다가도록, 내갈길 멀고 밤은 깊은데
5. 해설: 야곱의 재산이 늘자, 라반의 마음에 시기심이 더욱 커져만 갔다. 마침 가나안으로 돌아가라는 하나님의 지시를 받은 야곱은 라반 몰래 귀향을 결행한다. 하나님은 라반의 꿈에 나타나 야곱을 막지 말라고 친히 주지시키셨다. 이 과정에서 라헬이 라반의 드라빔을 훔친 것은 인간의 영적 우매를 보여준다.

쉼터: 야곱의 아들들

어머니	아들	이름의 뜻	어머니	아들	이름의 뜻
레아	르우벤	보라 아들이다	실바 (레아의 종)	갓	행운
	시므온	하나님께서 들으셨다		아셀	기쁨, 행복
	레위	연합하다	레아	잇사갈	자비를 베푸소서
	유다	찬양하다		스불론	후한 선물
빌하 (라헬의 종)	단	하나님이 심판하신다	라헬	요셉	하나님께서 더하신다
	납달리	경쟁, 다툼		베나민	오른손의 아들

32장 얍복강에서 하나님을 만남 *(Jacob Wrestles With God)*

1. 위치설명: 하란방향에 야곱의 ㅑ 방향에 아래쪽부터 시계 반대 방향으로 다섯 번째에 하나님께 기도하는 모습으로 표시
2. 맥 절: (24절), 맥 보충 절: (25절)
3. 관주구절: 신 3:16, 에스더의 기도(에 4장), 다니엘의 기도(단 6장)

4. 찬송: 하늘가는 밝은 길이, 예수가 함께 계시니, 주 안에 있는 나에게

5. 해설: 형 에서가 400인을 거느리고 쫓아온다는 이야기를 전해들은 야곱은 심히 두렵고 답답하여(3~7), 인간적인 방법으로 살 길을 모색하였다. 압복강 나루터에서 홀로 남은 야곱은 날이 새도록 하나님과 씨름하였다(24).

쉼터: 그리스도인이 해결해야 할 문제

① 20년 동안 풀지 못한 형과의 관계. 세월이 간다고 해결되는 문제가 아님

② 요셉의 형들이 안고 있는 과제(창 37장, 45장)

③ 가나안을 향해 나아가는 우리가 반드시 해결해야 할 필수 과목

33장 형제 화해 *(Jacob Meets Esau)*

1. 위치설명: 하란방향에 야곱의 'ㅑ'에 마지막으로 형제 만남을 표시

2. 맥 절: (4절). 맥 보충 절: (10절)

3. 관주구절: "형제가 연합하여 동거함이 어찌 그리 선하고 아름다운고"(시 133:1)

4. 찬송: 인류는 하나 되게, 사랑하는 주님 앞에, 예수 따라가면

5. 해설: 하나님은 야곱의 환도뼈를 치심으로 야곱의 기도에 응답하셨다. 인간의 계획과 의지가 완전히 꺾이는 그 때가 바로 하나님의 응답의 때임을 보여준다. 이스라엘로 변화 받은 야곱에게 브니엘에서 밝은 해가 떠올랐고, 에서의 400명의 군사는 호위병으로 변하는 놀라운 복이 나타났다(12절).

쉼터: 야곱의 기도가 주는 교훈

야곱이 형 에서를 만나기 전에 하나님께 기도한 내용과 그 태도를 보자. 우선, 그는 앞선 기도에서 이전에 세운 하나님의 약속을 근거해서 기도하였다. 그는 하나님이 자신의 약속대로 인도해 오셨음을 고백하고 앞으로도 그렇게 인도해 주실 것을 구하는 것이어야 한다. 그리고 압복강가에서 천사와 씨름하던 야곱은 그의 환도뼈가 위골되고 만다. 이것은 육체적인 수단에 의지

하는 마음이 포기됨을 나타낸다. 그리고 이제는 하나님의 방법에 따라야 함을 의미한다. 이것을 깨달은 야곱은 그 천사를 끝까지 붙들고, 축복하지 않으면 놓지 않겠다고 하여 기어이 축복을 받았다. 하나님의 은혜가 없이는 한시도 살 수 없음을 깨달은 자는 목숨을 다해 주의 축복을 구하게 된다. 오늘, 우리가 기도하는 태도도 이와 같아야 한다.

34장 디나의 사건 *(Dinah and the Violated)*

1. 위치설명: 하란방향에 야곱의 'ㅇ' 가운데 세겜에 표시
2. 맥 절: (2절), 맥 보충 절: (25절)
3. 관주구절 : " 암놈이... 힘이 세므로 억지로 동침하니라(삼하 13:14)
   "다말을 욕되게 한 날부터 압살롬이 결심한 것이니다"(32절).
4. 찬송: 온 세상이 어두워 캄캄하나, 온 세상이 캄캄하여서, 내 맘이 낙심되며
5. 해설: 히위 족속 세겜이 야곱의 딸 디나를 겁탈하고, 이에 분노한 시므온과 레위기 성의 모든 남자들을 살육한 사건이 기록되어있다. 이 사건은 야곱일가에 내려진 하나님의 징벌이자 경고였다. 에서를 피해 달아나던 야곱은 고향에 무사히 돌아오게 되면 벧엘의 하나님의 전을 짓겠다고 맹세하고도 이를 지키지 않았다.

쉼터: 서원의 특징

① 서원은 신속하게 이행해야 하지만 늘 자발적이다(신 23:21,22).

② 서원한 그대로 실행해야 한다(신 23:23).

③ 경솔하게 하지 말아야 한다(잠 20:25).

④ 흠 없는 것으로 성실히 갚아야 한다(레 22:18~25).

35장 벧엘 언약 *(Bethel' s Covenant)*

1. 위치설명: 하란방향에 야곱의 'o' 밑에 벧엘에 표시
2. 맥 절: (11절), 맥 보충 절: (3절)
3. 관주구절: 무지개(창 9장), 할례(창 17장), 사닥다리(창 28장), 언약의 소금(출 2:13)
4. 찬송: 주 예수 내 맘에 들어와, 이 죄인을 완전케 하옵시고, 신자되기 원합니다
5. 해설: 세겜에서 디나의 강간 사건을 당한 야곱은 벧엘의 하나님을 기억하고 그리로 올라간다. 이방 신상을 버리고(우상타파), 자신을 정결케 하고(회개의 기도), 의복을 바꾸라(의의 생활)고 함으로써(2절) 영적 혁신을 일으킨 야곱에게 하나님은 다시 나타나셔서 아브라함과 이삭에게 준 복 "왕들이 네 허리에서 나오리라"는 약속을 재확인 시키신다(9~15절).

쉼터: 신앙의 결단

야곱은 벧엘에서 그가 하나님께 한 약속을 실천하지 않았다. 사실 세겜은 벧엘에서 멀리 떨어져 있지 않았지만, 그는 곧장 벧엘로 향하지 않고 세겜에서 여러 해를 머물렀다. 이렇게 한 이유 하나가 그와 그의 가정이 벧엘로 갈만한 믿음이 없었기 때문이다. 이때 하나님께서 그에게 벧엘로 올라갈 것을 말씀하셨다. 그 말씀을 듣고서야 야곱은 벧엘로 올라갈 신앙의 결단을 내린다. 그러면서 그의 가족들에게, "이방신상을 버리고 자신을 정결케 하고 의복을 바꾸라"고 하였던 것이다. 이것은 그동안 잘못된 신앙을 버리고 죄를 회개하며 생활을 변화시키라는 의미였다. 이처럼 우리들도 하나님의 삶의 정황에서 자신의 뜻을 보여주실 때 신앙의 결단을 해야 한다.

36장 에서의 족보 *(Esau' s line)*

1. 위치설명: 36장은 일반 역사로 묶어 에덴 동편에 목록 창세기 '창' 에 'o' 안에 두원(족보)으로 표시

2. 맥 절: (1절), 맥 보충 절: (9절)
3. 관주구절: 족보(창 5,10,11,36장, 마 1장, 눅 3장)
4. 찬송: 돌아와 돌아와, 여러 해 동안 주 떠나, 주 예수 넓은 품에
5. 해설: 에서는 이방인 여자들과 자유롭게 결혼하여 에돔 사람의 조상이 되었다.

쉼터: 에서의 생애에서 얻는 교훈

에서는 망령되이 장자의 명분을 팔았으며, 그 후에 축복을 구했지만 얻지 못하였다. 이렇게 순간적이고 사소한 일인 듯이 보이는 실수가 에서의 생을 좌우하는 것이 되었다. 우리가 오늘 저지르는 사소한 악행이 장차 먼 훗날까지 널리 영향을 미칠 수 있음을 알아야 한다.

37장 요셉의 꿈(노예로 팔림) *(Joseph' s dreams/Joseph Sold by His brothers)*

1. 위치설명: 애굽으로 팔려갔으므로 애굽의 'ㅇ' 안에 요셉의 요를 넣어 획순서로 표시
2. 맥 절: (5 절, 28절), 맥 보충 절: (7, 9, 36절)
3. 관주구절: 창 28:12, 사 53:3
4. 찬송: 주님의 뜻을 이루소서, 내 주여 뜻대로, 주여 지난 밤 내 꿈에
5. 해설: 요셉은 두 번의 꿈을 통해 그 형들은 요셉을 더욱 시기하였으나 아버지 야곱은 요셉의 말을 마음에 두었다. 형들에 의해 은 이십 개에 미디안 상고들에게 팔린 요셉은 애굽에서 바로의 신하 시위대장 보디발에게 넘겨진다(36절).

쉼터: 편애

야곱은 아버지 이삭이 에서를 자기보다 더 사랑하였기 때문에 자녀에 대한 차별대우가 어떤 것인지를 잘 알고 있었다. 그럼에도 불구하고 그는 똑같은 행위를 자녀들에게 범하고 있었다. 이로 인해서 그의 가정은 불화가 지속되었으며, 그는 오랫동안 요셉을 보지 못했다. 그리고 자기가 아버지를 속인 것 같이 똑같이 자식들에게 속고 있었다. 우리의 가정에서도 자기 중심적인 편애는 없는가?

38장 유다사건 *(Judah and Tamar)*

1. 위치설명: 배경은 딤나(12절)이지만 쉽게 기억하도록 '요'에 표시
2. 맥 절: (18절), 맥 보충 절: (24절)
3. 관주구절: 레 18, 20장
4. 찬송: 죄에서 자유를 얻게 함은, 큰 죄에 빠진 날 위해, 나 행한 것 죄뿐이니
5. 해설: 유다의 아들 엘은 가나안 여인인 다말과 결혼하나 악한 행실로 여호와의 징벌을 받아 죽임을 당했다. 다말은 시동생이 수혼의무를 충실히 하지 않자, 유다를 속여 그와 불륜의 관계를 맺고 아들을 낳았다. 여기서 태어난 베레스를 통해 그리스도께서 탄생하신 것은 하나님의 구속역사가 하나님의 주권적인 은혜에 의해서 진행됨을 입증한다.

쉼터: 성도의 거룩성 유지

유다는 그의 형제로부터 떠나서 결혼을 통해서 가나안 사람들과 혼합되었다. 곧이어 성생활을 타락시키는 가나안인들의 정신은 그의 가족 안에서 지배적이 되었다. 이와 같이 야곱의 자녀들은 가나안 사람들과 혼인함으로서 그들의 생활 방식을 받아줌으로써 그들에게 동화될 위기에 직면했다. 이런 점을 염두해 둘 때 이스라엘 자손들을 400여년간 애굽에서 생활하게 하신 하나님의 섭리를 다소 이해 할 수 있다. 우리들 생활 속에도 이방인이 즐기는 생활 습관, 특히 성적으로 문란한 행위들이 있지 않은가? 오늘날에도 대중매체를 통한 광고 영화, 문학, 심지어 정치 경제에도 이런 요소들이 작용하고 있다. 자칫 잘못하면 그리스도인들도 이런 문화에 젖어들 수 있다. 그렇지 않기 위해서는 우선 일차적으로 하나님이 이스라엘을 분리시킨 것처럼 그런 문화로부터 자신을 분리하는 것이다.

39장 요셉의 성적 유혹 *(Joseph and Potiphar's Wife)*

1. 위치설명: 요셉의 '요'의 획 순서 세 번째에 감옥(창살)로 표시

2. 맥 절: (7, 10절), 맥 보충 절: (12절)

3. 관주구절: 사 16:11, 삿 16:16, 삼하 13:11

4. 찬송: 너 시험을 당해, 오 놀라운 구세주, 나의 믿음 약할 때

5. 해설: 여호와께서 그의 범사에 형통케 하심을 본 보디발은 요셉을 가정 총무로 삼는다(3, 4절). 그 주인에게 충성하던 요셉은 보디발의 "여인이 날마다 요셉에게 청하였으니"이를 물리쳤지만 억울한 누명을 쓰고 왕의 죄수를 가두는 감옥에 갇힌다. 여호와께서 요셉과 함께 하셔서 전옥에게 은혜를 받게 하시매(21절) 요셉은 옥중에서도 제반 사무를 맡게 된다.

쉼터: 하나님이 함께하심

애굽으로 팔려간 요셉은 인간 편에서 보면 불행한 청소년이었다. 어린시절에 외국에 종으로 팔려간다는 것은 참으로 암담한 일이다. 그러나 그의 삶 구석구석에 늘 하나님이 함께 하셨다. 한편, 다른 족장들처럼 한번도 나타나신 적은 없다. 그러나 그의 삶속에 역사하신 하나님의 인도하심은 누구보다도 분명하였다. 요셉은 "우리가 알거니와 하나님을 사랑하는 자 곧 그 뜻대로 부르심을 입은 자들에게는 모든 것이 합력하여 선을 이루느니라"(롬 8:28)는 말씀이 그대로 이루어진 대표적 인물이다. 우리도 하나님의 자녀로서 그분이 우리와 함께 하신다면, 어떤 것도 그분의 허락하심 없이 우리에게 일어날 수 없다는 확신을 가질 수 있다. 따라서 어떠한 불행이나 슬픔이나 고통도 우리에게는 유익이 되며, 하나님께는 영광이 된다는 사실을 깨닫게 된다.

40장 두 관원장의 꿈 해석 *(The Cup bearer and the Baker)*

1. 위치설명: 요셉의 '요'의 획 순서 네 번째에 술잔으로 표시

2. 맥 절: (1, 8절), 맥 보충 절: (21절)

3. 관주구절: 창 40:1, 18 ; 단 2:29

4. 찬송: 주가 맡긴 모든 역사, 내 주여 뜻대로, 주여 지난밤 내 꿈에

5. 해설: 옥중에서 바로의 두 관원장의 꿈을 해석해 주었으나 술 맡은 관원장이 요셉을

기억치 않고 잊어버린다(23절). 13년 동안이나 계속되는 시련 속에서도 요셉은 하나님 중심적인 신앙을 잃지 않았다.

쉼터: 하나님의 때를 기다려라

① 요셉에게 믿음의 분량이 차기까지 관원장과의 약속을 잊게 하심(14절, 창 41:9)

② 사십년이 차매 천사가 시내 산 광야 가시나무떨기 불꽃 가운데서 (행 7:30)

③ "때가 차매 하나님이 그 아들을 보내사"(갈 4:4)

41장 꿈 해석 • 총리 *(Pharaoh' s Dreams/ the prime Minister)*

1. 위치설명: 요셉의 '요' 의 획 순서 다섯 번째에 꿈으로 표시
2. 맥 절: (25절). 맥 보충 절: (16, 41절)
3. 관주구절: 창 20:3, "왕이여 그 해석은 이러하니"(단 4:24)
4. 찬송: 너 예수께 조용히 나가, 마음속에 근심 있는 사람, 웬 말인가 날 위하여
5. 해설: 술 맡은 관원장을 통하여 바로 앞에 선 요셉은 아무도 풀지 못하는 바로의 꿈을 정확하게 해석한다. 요셉이 하나님 중심적인 신앙을 잃지 않았기 때문에(16) 바로왕의 꿈을 통해 하나님께서는 요셉을 애굽의 총리대신으로 세워주셨다(41절). 각국에는 기근이 있었으나 애굽 온 땅에는 식물이 있으므로 각국 백성이 양식을 사려고 애굽으로 몰려왔다. 애굽의 형제들도 양식을 사러 요셉에게 이르게 된다. 하나님께서는 요셉의 옥중생활과 기근을 통하여 요셉의 꿈을 성취시킨다.

쉼터: 꿈은 반드시 성취된다

① 꿈은 반드시 이루어짐((41절), 하나님의 때가 되면 반드시 이루어짐

② 하나님의 때, "술맡은 관원장이 나의 허물을 추억하나이다"(9절).

③ 천하에 범사가 있고 모든 목적이 이룰 때가 있나니(전 3:1)

④ 때가 되면 새 하늘과 새 땅에 반드시 들어갈 것(계 21:22장)

42장 1차 방문(시므온의 붙잡힘) *(Joseph Brothers Go to Egypt)*

1. 위치설명: 요셉의 '요' 의 획 순서 여섯 번째에 일차 방문 표시
2. 맥 절: (3절), 맥 보충 절: (24절)
3. 관주구절: 창 43:20, 이 악한 하만이니이다(에 7:6)
4. 찬송: 이 세상 지나가고, 잠시 세상에 내가 살면서, 허락하신 새 땅에
5. 해설: 흉년이 들어 요셉의 형 십인이 애굽에서 곡식을 사려고 내려가서 애굽의 총리대신이 된 요셉에게 절을 한다. 이것은 일찍이 요셉이 꾸었던 꿈이 성취되었다.

쉼터: 하나님의 때

① 꼭꼭 숨겨 놓은 과거의 범죄(37장)가 밝혀지는 날이 온다.
② 하나님은 이 만남을 주시기 위해 가나안에 기근을 주신다(2절).
③ 요셉은 지혜로운 에스더처럼 당장에 어떻게 하지 않음.
④ 정탐이다(9절) 이 한마디에 모든 것을 털어 놓음(창 34장, 다윗 삼하 12, 하만에)
⑤ 서로 아우의 일로 범죄하였도다(21절)하며 깊은 상처를 회개하기 시작

43장 2차 방문(잔치) *(Joseph Brothers Go to Egypt)*

1. 위치설명: 사건의 배경인 애굽의 'ㅐ' 에 첫번째에 2차 방문 표시
2. 맥 절: (2, 31절), 맥 보충 절: (12,34절)
3. 관주구절: 창 44:25, 창 43:25, 창 42:38
4. 찬송: 복의 근원 강림하사, 하나님의 크신 사랑, 주 은총 입은 종들아
5. 해설: 야곱은 "아우도 데리고 떠나 다시 그 사람에게로 가라", "자식을 잃게 되면 잃으리로다."라고 하면서 시므온을 인질로 잡힌 형제들에게 다시 베냐민을 데리고 두 번째 애굽으로 가게 한다.

쉼터: 꿈을 이루는 5단계

1단계 꿈을 꾼다.	"이것이 나에게 가능할까? 만일 이것을 한다면 무슨 일이 생길까?
2단계 꿈을 잡는다.	자기가 가진 꿈에 대해서 이야기 하기도 하고 그 꿈이 실현 되었을 때의 자신의 모습을 그려 본다
3단계 꿈을 위해 투자 한다	꿈을 잡은 후에 그 꿈에 대한 계약금을 치르는 단계. 이 단계에서부터 성공한 사람과 성공하지 못한 사람이 구별된다.
4단계 꿈과 함께 산다	꿈을 너무나 원하기 때문에 그것이 그 사람의 모든 부분을 사로 잡는다.
5단계 꿈이 이루어진다.	"이것은 내 것이야, 정말 값을 치르기를 잘했다. 내가 그 꿈을 꾼 것이 얼마나 잘한 일인지."

44장 은잔 시험 *(A Silver Cup in a Sack)*

1. 위치설명: 사건의 배경인 애굽의 'ㅐ'에 두번째에 은잔으로 표시
2. 맥 절: (2절), 맥 보충 절: (12절)
3. 관주구절: "아브라함을 시험하시려고… "(창 22:1), 창 44:2, 5, 8, 10
4. 찬송: 구주께서 부르되, 눈을 들어 하늘 보라, 내가 환난 당할 때에
5. 해설: 요셉은 하인에게 명한다. "은잔을 그 소년의 자루 아구에 넣고" 그들이 떠날 때 "베냐민 자루에서 발견된지라." 이로 인해 베냐민만을 남겨놓고 떠나라고 하는 요셉에게 유다가 나서서 간절히 호소한다.

쉼터: 유다(찬양하다)

- 형제들이 요셉을 죽이려 할 때 반대하여 이스마엘 상인에게 팔게 함(37장)
- 며느리 다말과의 사이에서 베레스와 세라를 낳음(38장)
- 식량을 구하기 위해 애굽으로 갈 때 베냐민을 데리고 갈수 있도록 야곱을 설득함(43장)
- 요셉 앞에서 베냐민을 대신해서 자신이 종이 되겠다고 자원함(44장)
- 형제보다 뛰어나고 주권자(메시야)가 유다로 말미암아 나올 것이다(대상 5:2).

45장 요셉의 고백 *(Josep Make' s Himself Known)*

1. 위치설명: 사건의 배경인 애굽의 'ㅐ' 에 세번째에 표시
2. 맥 절: (1, 3절), 맥 보충 절: (7절)
3. 관주구절: 행 7:13, 창 45:5
4. 찬송: 나 같은 죄인 살리신, 아 하나님의 은혜로, 인류는 하나 되게
5. 해설: 유다의 말에 요셉은 감동하여 "형들에게 이르되 나는 요셉이라", "당신들이 판 자라." 자기가 요셉임을 형제들에게 알리고 아버지 야곱을 모셔 오도록 한다.

쉼터: 창세기에 나타난 오실 구세주의 모습

아벨은 그의 형에게 아무런 잘못을 안했는데도 죽임을 당했다. 예수님께서도 아무런 잘못이 없으셨지만 죽임을 당했다. 노아의 방주가 홍수 속에서 그의 가족을 구한 것 같이 예수님께서도 하나님의 가족인 모든 죄인을 구원하셨다. 요셉은 부당한 대우를 받았고 옥에 갇혔지만 '벗어나려고' 노력하지 않았다. 이것은 이사야서에 나타난 예수님의 모습이다. 또한 요셉은 형제들을 용서했고 흉년이 들었을 때 그들을 구했다. 예수님 역시 자신을 멸시했던 사람들을 용서하셨고 죄의 형벌에서 그들을 구원하셨다.

46장 3차 방문(부자 상봉) *(Jacob Goes to Egypt)*

1. 위치설명: 사건의 배경인 애굽의 'ㅐ' 에 네번째에 3차 방문 표시
2. 맥 절: (29절), 맥 보충 절: (6절)
3. 관주구절: 창 45:14, 15
4. 찬송: 지금까지 지내 온 것, 주 예수 넓은 품에, 나는 갈 길 모르니
5. 해설: 이에 야곱은 요셉을 보려고 온 가족 70명과 "이스라엘이 모든 소유를 이끌고 발행하여 브엘세바에" 데리고 "다함께 애굽으로 갔더라." 즉 내려와 고센땅에 거하게 된다.

쉼터: 맹세의 우물 브엘세바

브엘세바는 '일곱 우물' 혹은 '맹세의 우물' 이란 뜻으로 헤브론의 서남쪽 6Km지점에 위치해 있으며, 팔레스타인의 최남단 경계에 해당된다.

47장 번성(요셉의 통치) *(prosperity/Rule Egypt)*

1. 위치설명: 사건의 배경인 애굽의 'ㅐ' 에 다섯번째에 통치 표시
2. 맥 절: (27절), 맥 보충 절: (6,14절)
3. 관주구절: 창 47:4
4. 찬송: 내 영혼이 은총입어, 어디든지 예수 나를 이끌면, 이 세상은 요란하나
5. 해설: 야곱의 일가는 애굽의 고센 땅에 정착하였다. 야곱은 17년간 애굽에 거한 후에, 죽음을 앞두고 요셉을 불러 자신의 시신을 필히 가나안으로 옮겨 장사지내줄 것을 맹세시켰다. 이는 야곱을 가나안으로 들어오게 하겠다고 말씀하신 하나님의 약속을 굳게 믿은 신앙의 표현이었다. "요셉이… 애굽 땅과 가나안 땅에 있는 돈을 몰수히 거두고" 요셉의 지혜와 수완으로 애굽왕의 소유는 증가하였다.

쉼터: 요셉의 정책

- 모아 두었던 곡식을 팔아 애굽과 가나안 땅의 돈을 몰수히 거둠
- 짐승과 곡식을 바꾸게 됨
- 사람과 토지를 식물로 사서 백성을 종으로 삼음
- 백성으로 성읍에 정착케 함
- 백성에게 땅을 주어 경작시키고 추수의 1/5을 상납하게 함(단 제사장의 전지는 제외)

48장 번성(두 손자 축복) *(Jacob bless Manasseh and Ephraim)*

1. 위치설명: 사건의 배경인 애굽의 'ㅐ'에 여섯번째에 복을 표시
2. 맥 절: (14절), 맥 보충 절: (15절)
3. 관주구절: "아비가 그 옷의 향취를 맡고 그에게 축복하여 가로되"(창 27:27), 창 48:19
4. 찬송: 주는 나를 기르시는 목자, 주 날개 밑 내가 편안히 쉬네, 내 평생 소원 이것뿐
5. 해설: 죽음을 앞둔 야곱은 열두 아들과 그 후손들을 축복하기에 앞서 특별히 요셉의 두 아들인 므낫세와 에브라임을 자신의 양자로 삼고 축복하였다. 이로써 요셉의 영적 장자의 신분으로서 형제들보다 두 배의 목숨을 받은 셈이고 그의 두 아들 므낫세와 에브라임은 향후 이스라엘 열두 지파 중 한 지파씩 형성하게 된다.

쉼터: 축복 안수

안수에는 손 자체가 거룩하기보다는 사람의 손을 통해 하나님의 축복과 능력, 은혜와 긍휼을 베풀어 주신다는 의미가 들어 있다. 특별히 오른손으로 안수하는 이유는 하나님의 오른손이 창조의 능력이나 백성을 구원하는 권능을 상징하는 것처럼(출 15:6~12; 시 17:7 등) 오른손이야 말로 특별한 능력, 위엄과 영광, 최고의 지휘를 의미한다(욥 40:14; 시 45:9).

49장 12아들 축복 *(Jacob bless his sons)*

1. 위치설명: 십자가 틀은 야곱의 자손이 구속사의 통로 역할에 순서대로 복 표시
2. 맥 절: (1, 2절), 맥 보충 절: (28절),(찬송 464장)
3. 관주구절: 민 6:14, 신 33:11
4. 찬송: 내게로 와서 쉬어라, 이 세상의 근심된 일이 많고, 이 세상 끝날까지
5. 해설: 야곱은 열두 아들에게 "그들의 각인의 분량대로 축복하였더라" 는 예언적인 유언을 남긴다. 하나님의 구속사적 섭리를 예언하고 있다는 점에서 이방 민족들의

경우와는 판이했다.

쉼터: 수명

노아 이전에 태어난 사람의 수명은 평균 900살을 살고 죽은데 반해 노아 이후에 태어난 사람들의 수명이 갑자기 줄어든 것을 볼 수 있다. 그 이유는 무엇일까? 과학자들은 대기권과 성층권외에 '물 층'이 있었다고 주장한다. 이 물층이 적외선 등 생명을 단축시키는 우주의 해로운 광선으로부터 지구를 보호해 주었는데 그 후 물층이 노아 홍수 때 내려와서 보호막이 사라져 인간의 수명이 줄어졌다.

50장 야곱 • 요셉의 별세 *(The Death of Jacob)*

1. 위치설명: 십자가 틀은 야곱의 자손이 구속사의 통로 마지막에 역삼각형 표시
2. 맥 절: (26절), 맥 보충 절: (1절)
3. 관주구절: 죽음(아브라함 창 25:8, 다윗 왕상 2:10, 스데반 집사 행7:60), 창 50:2
4. 찬송: 잠시 세상에 내가 살면서, 하늘가는 밝은 길이, 후일에 생명 그칠 때
5. 해설: 야곱의 장례식은 바로의 지원을 받아 성대하게 거행되었으며, 야곱의 유언대로 가나안땅 막벨라 밭 굴에 그 시신이 안장되었다. 야곱의 죽음을 끝으로 족장시대는 막을 내렸다. 요셉이 자신의 유골을 가나안으로 메고 갈 것을 다짐시키는 유언을 남긴 사실은 요셉이 야곱의 신앙을 그대로 물려받았음을 시사한다.

쉼터: 요셉과 예수그리스도의 비교

구약의 인물 가운데 예수 그리스도를 가장 잘 나타내 주는 모형적인 인물은 요셉이다.

요셉(창세기)	예수 그리스도
1. 야곱의 사랑받는 아들(37:3)	1. 하나님의 사랑받는 아들(마 3:17)
2. 헤브론에서 아버지와 함께 거하다가 형제들에게 보냄을 받음(37:13)	2. 하늘나라에서 하나님 아버지와 함께 거하다가 땅으로 보냄을 받음(요 17:5)
3. 아버지의 보내심에 전적인 순종(37:14)	3. 하나님 아버지의 보내심에 전적으로 순종(요 3:16; 빌 2:5~7)
4. 형제들의 과실을 지적하다 미움을 받음	4. 사람들의 죄를 지적하다 미움 받음(요 15:18)
5. 장차 존귀케 될 예언을 하다가 미움을 받음(37:5)	5. 장차 존귀케 될 것을 예언하다 미움 받음(마 24:30,31)
6. 형제들의 음모를 받음(37:19,20)	6. 동족 유대인들의 음모를 받음(눅 20:13,14, 19:46,47)
7. 유다에 의해 은 20냥에 팔림(37:26~28)	7. 유다에 의해 은 30에 팔림(마 2:6:15,16)
8. 유혹을 받았으나 거절함(39:8)	8. 유혹을 받았으나 거절함(마 4:1~11)
9. 부당하게 고소당함(39:13~18)	9. 부당하게 고소당함(마 26:59~65)
10. 두 죄인과 함께 죽음의 장소인 애굽 감옥 갇힘(39:20)	10. 두 강도와 함께 죽음의 장소인 십자가에 못 박힘(막 15:27,28)
11. 한 죄인은 죽고 다른 한 죄인은 살아남(40:21,22)	11. 영적으로 한 강도는 죽었으나 다른 한 강도는 살아남(눅 23:39~43)
12. 애굽의 왕에 의해 죽음의 장소에서 살아남(41:14)	12. 우주의 왕 되신 하나님에 의하여 죽음의 장소에서 살아남(엡 1:19,20)
13. 애굽의 전 권세를 받으며(41:42~44)	13. 하늘과 땅의 모든 권세를 받음(마 28:18)
14. 높임을 받은 후 그의 영광을 같이 나눌 이방 신부를 취함(41:45)	14. 높임을 받으신 후 그의 영광을 같이 나눌 이방 신부(교회)를 취함(엡 5:23~32)
15. 백성의 구주요, 통치자로 인정(41:41,42)	15. 구주와 통치자로서 인정됨(빌 2:10,11)
16. 요셉을 통해서만 모든 사람이 식물을 취할 수 있었음(육체적 생활)(41:55~57)	16. 예수 그리스도를 통해서만 영적인 생명을 얻을 수 있음(행 4:12)
17. 모든 영광을 왕에게 돌림. 모든 것들이 그의 손안에 있게 됨(47:14~20)	17. 모든 영광을 왕(하나님) 에게 돌림, 모든 만물이 다 그분의 손안에 있음(고전 15:24)
18. 형제들의 지난 역사를 알고 있었음(50:20,21)	18. 사람 안에 무엇이 있음을 알고 계셨음(마 9:4; 요 2:24,25)
19. 그의 형제들이 그의 앞에서 무릎을 꿇었을 때 그들을 기꺼이 용서해 줌(50:20,21)	19. 자기 죄를 고백하는 모든 사람은 그리스도의 용서를 받음(요일 1:9)

이스라엘의 출애굽 경로

대 해(지중해)
욥바
아스돗
예루살렘
가사
헤브론
브엘세바
호르산
산광야
고 센
에담
숙곳
가데스바니아
이 집 트
에시온게벨
마라
엘림
하세롯
홍해
알루스
디베라
르비딤
시내산

EXODUS (출애굽기) 40

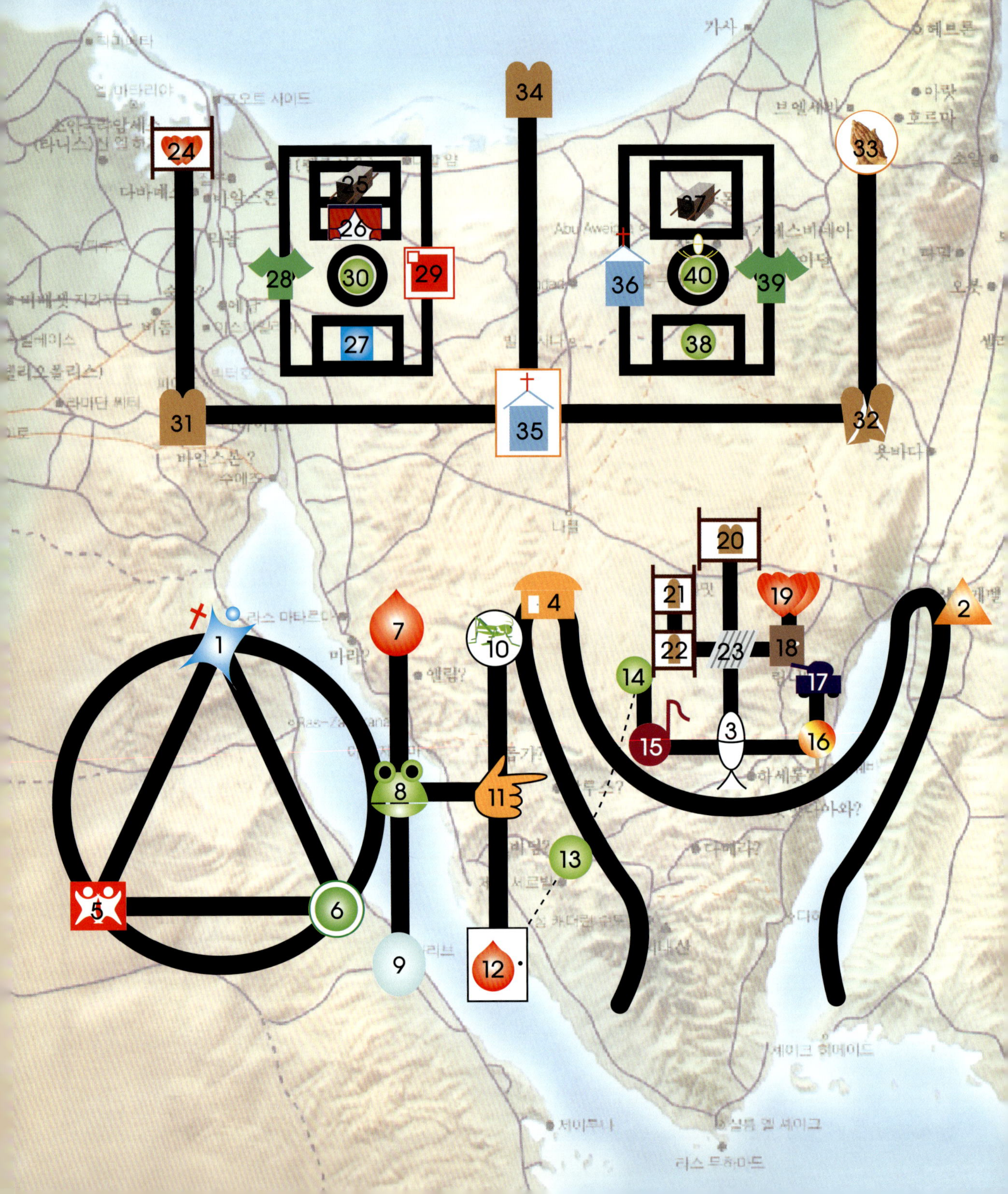

출 애 굽 기

요절: 나는 너를 애굽땅 종 되었던 집에서 인도하여 낸 너의 하나님 여호와로다(출 20:2).

1. 명칭

- 히브리 성경: "베엘레 쉐모드(we' elleh shemoth)"(그리고 이것들이 그 이름들이라)
- 70인역: "엑소더스"(출발, 탈출, 밖으로 나감)
- 영어성경: "Exodus"

2. 기록자: 모세(출17:8~14, 31:18)

3. 기록연대: B.C. 1446~1406년경

4. 기록목적

언약의 백성 이스라엘을 애굽에서 구출하여 냄으로써 야훼 하나님이 구원의 하나님이심을 보이고 구원받은 백성이 지켜야 할 삶의 원리(율법)를 가르치기 위하여 기록되었다.

5. 핵심

1) 단어: 구속(redemption)

2) 구절: 6:6, 19:5~6

3) 장: 12~14장

6. 중심사상

1) 하나님은 언약을 성취하는 분이시다(2:24,25).

2) 이스라엘의 하나님 야훼는 구원의 하나님이시다(15:2).

3) 여호와 하나님 한 분만이 경배의 대상이다(20:3)

7. 그리스도 모형의 신약적 성취

1) 유월절 어린양(12:1~51)-고린도전서 5:7, "우리의 유월절 양 곧 그리스도께서 희생이 되셨느니라."

2) 만나(16:4~36)-요한복음 6:35, "내가 곧 생명의 떡이니"

3) 반석의 생수(17:1~7)-고린도전서 10:4, "다 같은 신령한 음료를 마셨으니 이는 저희를 따르는 신령한 반석으로부터 마셨으매 그 반석은 곧 그리스도시라"

4) 성막(26:36)-히브리서 9:3~28

5) 대제사장(28:1~29)-히브리서 9:11, "그리스도께서 장래 좋은 일의 대제사장으로 오사"

8. 내용 분해 : 40장 1,213절

주제	소주제	내 용	신학
애굽 에서의 이스라엘	1.바로의 압제(1:)	1)생육이 좋다 2)바로의 학대	하나님의 백성 이스라엘의 구원
	2.구원의 예비(2:~4:)	1)출생과 양육 2)미디안 도주 3)모세의 소명	
	3.구원의 능력(5:~12:36)	1)바로와 재대면 2)열가지 재앙 3)유월절 어린양	
광야 에서의 이스라엘	1.홍해사건(12:37~15:21)	1)출애굽 2)홍해를 건넘 3)모세의노래	
	2.광야생활(15:22~18:27)	1)마라와 엘림 2)신광야 3)르비딤	
시내산 에서의 이스라엘	1.율법수여(19:~24:)	1)십계명 2)율례	
	2.성막모형(25:~31:)	1)성막과 제사장	
	3.우상숭배(32:~34:)	1)금송아지와 십계명	
	4.성막건축(35:~40:)	1)백성의 헌물과 성막건축	

9. 주요 사건 연대

요셉을 알지 못하는 왕의 출현과 노예생활 시작(1:8)	모세의 출생(2:2)	모세의 도망과 미디안 정착(2:15-25)	호렙 산에서 부름받은 모세 (3:1-4:17)
1580	1528	1486	1446

BC - ►

1446	1446	1445	1445
바로의 대면과 10재앙(5:1-12:36)	출애굽(12:37-51)	시내산 도착과 십계명 수여 (19:1-24:11)	성막 건축 (35:1-40:38)

1장 압제 *(The Israelites Oppressed)*

1. 위치설명: 이스라엘이 모여 살고 있는 애굽(고센)에 표시
2. 맥 절: (11, 16절), 맥 보충 절: (14, 17절).
3. 관주구절: 신 4:20, 렘 11:4, 고후 11:24
4. 찬송: 내 갈 길 멀고 밤은 깊은 데, 태산을 넘어 험곡에 가도, 허락하신 새 땅에
5. 해설: 야곱과 함께 애굽에 이른 이스라엘 자손들은 모두 70 명이었으나(5절), 하나님의 복을 받아 430년 후에는 보행하는 장정만 60만 명 가량에 이르게 되었다(12:37). 이는 창세기 15:5과 창세기 22:17에서 아브라함에게 약속한 언약의 말씀의 성취이다. "요셉을 알지 못하는" 새 왕이 애굽을 다스리면서(8절), 그는 이스라엘의 "창성함을 두려워하여"학대를 가한다(10절). 이스라엘 민족에 대한 바로의 학대는 "고역으로 그들의 생활을 괴롭게 하니", "그들에게 무거운 짐을 지워 괴롭게 하여" 등을 시작하여(14절) 산파들을 이용하여 남자 아이들을 죽이려 하다가(16절) 종국에는 태어난 남자 아이는 모두 하수에 던져 죽이라고 하였다(22절).

쉼터: 고난이 올 때

① 회오리 바람이 불 때 엎드리면 산다. 고난이 오면 회개하고 엎드릴 것
② 고난이 오면 부르짖으라(렘 33:3), 하나님이 들으심(출 3:7)
③ 부르짖는 자에게 고난은 변장된 축복(사 38:17)
④ 고난을 통해 부르짖음으로 출애굽을 하게 됨(출 2:23, 3:8)

2장 도피(모세의 출생) *(The Birth of Moses/Moses Flees to Miadian)*

1. 위치설명: 모세가 피신한 미디안 광야에 표시
2. 맥 절: (15절), 맥 보충 절: (2). 기타 중요내용: (12절)
3. 관주구절: 히 11:23, 창 12:22, 창 27:46

4. 찬송: 너 근심 걱정 말아라, 주의 음성을 내가 들으니, 내 주여 뜻대로

5. 해설: 바로의 박해 가운데서 이스라엘을 구출하기 위하여 출애굽 80년 전에(행 7:23,30) 이미 하나님께서는 모세의 부모에게 믿음을 주셔서(히 11:23), 그를 숨기게 하셨으며(2절), 물에서 건져낸 후(10절), 바로 공주의 아들이 되게 하여 애굽 사람의 학술을 다 배워 그 말과 행사가 능하게 하셨다(행 7:22). 모세는 자신의 힘으로 이스라엘을 구원하고자 하였으나 실패하고(14절) "모세가 바로의 낯을 피하여 미디안에 머물며" 즉 미디안 광야로 도망간다(11~15절). 민족 구원의 푸른 꿈이 사라진 모세는 미디안에서 자아가 철저하게 깨어지는 훈련을 받는다.

쉼터: 고난의 길 위에서

우리는 종종 고통과 고난은 어떤 대가를 치르더라도 피해가야 한다고 생각한다. 그러나 성경은 고난이 엄청난 가치가 있다고 말한다.

3장 소명 *(Moses and the Burning Bush)*

1. 위치설명: 하나님의 부르심을 받는 배경인 시내산(호렙산) 밑에 표시
2. 맥 절: (2절), 맥 보충 절: (5,10절)
3. 관주구절: 아브라함(12장, 기드온(삿 6장), 입다(11장), 사무엘(3장), 에스겔(2장), 예레미야(1장), 이사야(6장)
4. 찬송: 여호와 하나님, 어려운 일 당할 때, 부름 받아 나선 이몸
5. 해설: 하나님이 "떨기나무 불꽃 가운데서 그에게 나타나시니라." 즉 모세를 부르신 이유는 궁극적으로 이스라엘 조상과 맺은 언약 때문이었다(2:24). 그러나 모세가 소명 받은 때는 인간적인 자아가 철저히 깨어진 때였다. 소명을 5번이나 사양할 정도의 절망적인 모세를 이스라엘의 가장 위대한 지도자로 사용하셨다. 아브라함, 이삭, 야곱, 요셉이 깨어진 경우를 다시 한 번 생각해 보자.

하나님의 부르심과 모세의 반응

모세의 반응	하나님의 말씀
하나님의 산 호렙에 이르매	"모세야, 모세야"(3:4)
하나님의 산 호렙에 이르매	"신을 벗어라"(3:5) • 경외의 표시 • 주인에게 순종
얼굴을 가림(3:6)	"너로 인도하여 내게 하리라"(3:10) • 네 조상의 하나님 • 젖과 꿀이 흐르는 땅
"내가 누구관대"(3:11) • 첫 번째 사양 • 쫓겨난 존재: 적합하지 않음	"정녕 너와 함께 있으리라"(3:12) • 증거를 주심
"그의 이름이 무엇이냐"(3:13) • 두 번째 사양 • 무지함	"스스로 있는자"(3:14) • 조상의 하나님 • 젖과 꿀이 흐르는 땅
• 여호와께서 네게 나타나지 아니하셨다"(4:1) • 세 번째 사양 • 권위가 없음	"네 손에 있는 것이 무엇이냐"(4:2) 이적을 주심 • 뱀이 된 지팡이 *문둥병 손 • 하수가 피로 됨
"본래 말에 능치 못한 자"(4:10) • 네 번째 사양 • 부정적 자아	"할 말을 가르치리라"(4:12) • 성령께서 말하심
"보낼만한 자를 보내소서"(4:13) • 다섯 번째 사양 • 패배의식	"아론이 있지 아니하뇨"(4:14) • 노를 발하심 • 이적을 행할지니라(4:17)

쉼터: 불타도 없어지지 않는 떨기나무?

하나님은 모세의 주의를 계속 끌기 위하여, 초자연적인 이적으로 떨기나무가 불타 없어지지 않도록 하셨다. 그것은 효과가 있었다. 모세는 불타는데도 사라지지 않는 떨기나무를 보자 가까이 다가왔다. 그리고 자신이 놀라운 기적을 보고 있다는 사실을 알았기 때문에, 하나님의 음성을 듣자마자 그분의 말씀에 귀를 기울였다.

4장 귀환(지팡이) *(Signs for Moses/Moses Returns to Egypt)*

1. 위치설명: 시내산에서 애굽으로 돌아가는 길목에 표시
2. 맥 절: (19, 20절), 맥 보충 절: (13, 17, 24, 25절)
3. 관주구절: 출 3:18. 요 12:40
4. 찬송: 너 근심 걱정 말아라, 주 날개 밑 내가 편안히 쉬네, 먹보다도 더 검은
5. 해설: 하나님께서는 모세가 당신을 의지할 수 있도록 세 가지 기사를 보이셨을 뿐만 아니라, 아론을 대예언자로 붙여주시면서까지 소명에 응하게 하신다. 모세가 "애굽으로 돌아가는데 하나님의 지팡이를 손에 잡았더라."

   오는 도중에 일어난 아들의 할례사건은 두 가지 교훈을 준다. 즉 하나님의 백성은 언약의 증표를 지니고 있어야 하며, 그런 면에서 지도자가 모범을 보여야 한다는 것이다.

쉼터: 구약 성경에 묘사되어 있는 하나님의 모습들

바위	신32:4	힘	시 28:7	도움	시 115:9
목자	시23:1	피난처	시46:1	그늘	시121:5
방패	시18:2	해	시 84:11	노래	사12:2
빛	시27:1	아버지	시 89:26	이슬	호14:5

5장 만남 • 거부 *(Moses meet Pharaoh)*

1. 위치설명: 애굽으로 돌아와 모세와 바로의 만남으로 피라미드 밑에 표시
2. 맥 절: (1, 2절), 맥 보충 절: (22,23절)
3. 관주구절: 출 3:18, 출 7:14
4. 찬송: 험한 시험 물속에서, 너 근심 걱정 말아라, 내 주는 강한 성이요
5. 해설: 모세가, 여호와의 이름으로 "내 백성을 보내라"고 바로에게 이스라엘의 해방을 요구했으나 그는 거절한다. 모세의 열등의식과 부정적 반응은 바로와의 대면에서 세 번 더 나타나지만, 재앙을 통해 나타난 여호와의 능력을 본 후에야 모세는 철저히 순종하는 사람으로 바뀐다.

쉼터: 벽돌에 짚을 넣는 이유

출애굽 당시, 사람들은 벽돌을 구울 때 짚을 꼭 넣었다. 이에 대한 과학적인 근거는 짚에 있는 화학성분 때문에 빨리 마르고 단단한 벽돌이 만들어 진다고 한다.

6장 권면(족보) *(God also said to Moses/The hands of their families)*

1. 위치설명: 피라미드 밑에 표시
2. 맥 절: (1, 7절), 맥 보충 절: (5,14절)
3. 관주구절: 출 12:31, 33. 신 4:2. 족보(창 5, 10, 11, 36장, 마 1장, 눅 3장)
4. 찬송: 나 가나안 복지 귀한 성에, 허락 하신 새 땅에, 눈을 들어 산을 보니
5. 해설: 바로가 이스라엘인들의 노역을 가중시키자 그들은 모세를 원망하였다. 본문은 이것 때문에 무릎 꿇고 호소하는 모세에게 하나님이 주신 위로의 말씀이다.

쉼터: 하나님의 계획

① 구원(6절)

② 거룩한 공동체의 형성(17절)

③ 자기 백성들과 지속적인 관계유지(7절)

④ 언약의 땅을 주어 풍성한 삶을 영위하게 하실 것(8절)

7장 피 재앙 *(The Plague of Blood)*

1. 위치설명: 애굽에 내리는 10 가지 재앙을 애굽의 'ㅐ' 에 차례대로 표시
2. 맥 절: (17절), 맥 보충 절: (20절)
3. 관주구절: "저희의 강과 시내를 피로 변하여"(시 78:44), 계 16:4, 6
4. 찬송: 오 놀라운 구세주, 피난처 있으니, 전능의 하나님
5. 해설: 모세와 아론은 다시 이스라엘의 해방을 요구하였다. 이때 뱀으로 변한 아론의 지팡이가 애굽 요술사들의 지팡이들을 집어삼킨 것은 하나님이 애굽의 권세를 지배하고 계심을 보여준다. 모세가 "지팡이로 하수를 치면 그것이 피로 변하고" 하나님은 나일강 물이 피로 변하는 첫 번째 재앙을 행하셨다. 당시에, 애굽인들은 나일강을 생명의 젖줄로 여기고 신성시 하였다.

쉼터: 무엇이 진짜?

박사와 '박수'는 '현자(지혜로운 자)의 마법사'를 가리킨다. 본문에 "그 술법으로 그와 같이 행하되"라는 말은 요술이나 사단의 능력을 통하여 흉내를 냈다는 말이지만 그것에는 한계가 있다. 술객들도 다음의 3가지 흉내를 냈다. (1) 지팡이 →뱀 (2) 물→피 (3) 개구리 재앙 여기서 아론의 지팡이가 그들의 지팡이를 삼켰다는 사실은 하나님의 통치가 바로와 애굽의 신들을 지배함을 실증해 준다.

8장 개 • 이 • 파 재앙 *(The Plague of Frogs and Flies)*

1. 위치설명: 애굽에 내리는 10가지 재앙을 애굽의 'ㅐ' 에 차례대로 표시
2. 맥 절: (2, 16, 21절), 맥 보충 절: (28절)
3. 관주구절: "개구리가 번성하여"(시 105:30), "파리 떼가… 이가 생기도다"(시 105:31)
4. 찬송: 주와 같이 길 가는 것, 주의 곁에 있을 때, 나 이제 주님의 새 생명 얻은 몸
5. 해설: 야훼께서 "내가 개구리로 너의 온 지경을 칠지라", "티끌을 치라 그것이 애굽 온 땅에서 이가 되리라", "파리 떼를 보내리니" 말씀하셨다. 여기에서 애굽 여인들의 출산을 돕는 '헤크트' 라는 신으로 숭배하던 개구리가 애굽인들의 땅에 가득하다는 것은 도움이 되어야 할 신이 해악만을 끼치는 존재가 되었음을 드러내 준다.

쉼터: 출애굽 당시의 바로?

성경은 모세와 대면했던 바로의 이름은 밝히지 않았다. 애굽의 문헌들은 고대 다른 왕조들의 기록과 마찬가지로 군주들의 치적은 밝히지만 패배는 밝히지 않는다. 따라서 출애굽 때 바로가 누구였는지에 관한 직접적인 증거는 찾을 수 없다. 학자들은 문제의 바로가 람세스 2세였다고 주장한다.

9장 악 • 독 • 우 재앙 *(The Plague of Livestock, Boils and Hail)*

1. 위치설명: 애굽에 내리는 10가지 재앙을 애굽의 'ㅐ' 에 차례대로 표시
2. 맥 절: (3, 9, 18절), 맥 보충 절: (16, 24절)
3. 관주구절: "밤새도록 저 편은 이 편에 가까이 못하였더라"(출 14:20). 출 7:4
4. 찬송: 주를 앙모하는 자, 너 시험을 당해, 흑암에 사는 백성들아
5. 해설: 야훼께서 "생축 곧. 심한 악질이 있을 것이며", "사람과 짐승에게 붙어서 독종이 발하리라","내일 이맘 때면 내가 중한 우박을 내리리니" 말씀하셨다. 가축에게 심한 돌림병이 발생한다. 이 재앙이 애굽에 내려진 것은하나님께서 애굽인들이 숭

배하는 동물 신을 조롱하신 것이다. 이때, 애굽의 요술사들까지 악성 종기로 꼼짝 못하게 된 것은 그들의 신이 헛된 것임을 보여 준다. 그리고 우박재앙은 빛과 농경의 신인 '이스시' 와 '오시르스' 겨냥 한 것으로 그들 역시 헛된 존재임을 보여 준다.

쉼터: 하나님의 이름

본래 하나님은 인간의 언어로 표현되는 이름이 없다. 이름을 묻는 모세에게 "나는 나다"라고 하신 뜻을 히브리어로 모음 없이 자음으로만 쓴 게 "YHWH"인데 이것을 각국어로 조금씩 달리 발음하다 보니 우리말로 '여호와' 로 부르는 것이다. 히브리인들은 그런 발음조차 삼가며 "아도나이(주님)"라고 부르고, 헬라어로 쓰인 신약에서는 "키리오스(주님)"라고 일컫는다. 인간의 욕심을 채우려고, 자기 정당화를 위해 신의 이름을 도용하거나 예배의 주인을 도구로 삼는 것은 큰 죄악이다. 차라리 자신의 이름을 실명으로 대고, 하나님과 이웃들 앞에 값을 매기게 하자. 차명과 가명을 버리고 진실하고 투명하게 '나는 나' 임을 밝히는 그리스도인이 되자.

10장 메 • 흑 *(The Plague of Locusts and Darkness)*

1. 위치설명: 애굽에 내리는 10가지 재앙을 애굽의 'ㅐ' 에 차례대로 표시
2. 맥 절: (12, 21절), 맥 보충 절: (15, 17절)
3. 관주구절: 출 7:19, 출 10:15, 출 9:22
4. 찬송: 곧 오소서 임마누엘, 주 예수 대문 밖에, 온 세상이 캄캄하여서
5. 해설: 야훼께서 "메뚜기가 올라와서", "흑암이 있게 하라" 명하셨다. 메뚜기 피해를 면하기 위하여 애굽인들은 '세라피스' 라는 신을 섬겼다. 그 신이 헛된 것임을 입증했다. 그리고 흑암 재앙은 애굽인들이 신으로 섬기는 신들 가운데 하나가 되는 태양 신인 '라' 에게 치명타를 보내는 것이 되었다.

쉼터: 애굽의 태양신

애굽에서는 태양이 최고의 신으로 숭배되었다. 이 태양이 빛을 잃고 흑암이 애굽을 덮었다는 것은 태양신 숭배자들에게는 치명적인 수치가 된다. 즉 빛이신 하나님께서 애굽을 버리셨다는 뜻이다. 애굽땅을 3일간 지배했던 이 초자연적인 흑암은 예수께서 무덤에 계셨던 3일과, 십자가에 달리셨을 때 3시간 태양이 빛을 잃었던 사실을 상기시켜준다. 빛이신 예수님께서 없는 상태가 바로 흑암의 상태이다.

11장 장자의 죽음 예고 *(The Plague on the Firstborn)*

1. 위치설명: 애굽에 내리는 10가지 재앙을 애굽의 'ㅐ' 에 차례대로 표시
2. 맥 절: (4, 5절), 맥 보충 절: (7절)
3. 관주구절: 출 12:12, 출 8:22
4. 찬송: 내 영혼 이제 깨어서, 이 세상 험하고, 내 맘이 낙심되며
5. 해설: 아홉 번째 재앙 후 바로는 모세와 타협하면서도 여전히 교묘한 간계로 이스라엘 민족을 잡아두려 하였다. 결국 하나님께서는 바로와 그의 백성에게 마지막 열 번째 재앙이 "바로의 장자로부터 멘 뒤의 있는 여종의 장자까지" 임할 것을 경고하신다. 그러나 이스라엘 백성들 가운데는 가축 한 마리도 해를 당하지 않았다. 이것은 하나님의 절대 주권에 의한 것임을 보여 준다.

애굽에 내려진 열 가지 재앙

재앙	애굽신	재앙의 목적	바로의 반응	비 고
1. 피재앙 (7:14~25)	오시리스 (나일강신)	나를 여호와인줄 알리라(7:17)	관념하지 아니함 (7:23)	애굽술객도 행함 (7:24)
2. 개구리 (8:1~15)	헤케트 (개구리신)	여호와같은 이가 없는 줄을 알게 함 (8:10)	백성을 보내리니 (8:8) 듣지 않음(8:15)	애굽술객도 행함 (8:7)
3. 이 (8:16~19)	게브 (지신)		마음이 강퍅(8:19)	애굽술객이 따라 하지 못함(8:18)
4. 파리 (8:20~32)	케프라 (풍신)	세상중의 여호와인 줄 알게됨(8:22)	이 땅에서(8:25) 너무 멀리가지 말라 (8:28)	고센땅으로 구별 (8:22)
5. 악질 (9:1~7)	아피스 (육축신)		마음이 완강(9:7)	생축구별(9:4)
6. 독종 (9:8~12)	퉈폰 (육체신)		마음을 강퍅케함 (9:12)	술객도 독종에 걸림(9:11)
7. 우박 (9:13~35)	이시스(불의 신) 누트 (하늘의 여신)	세상이 여호와께 속한줄을알게됨 (9:29)	내가 범죄(9:27) 너희를 보내리니(9:28) 마음을 강퍅케하심(10:20)	고센땅을 구별(9:11)
8. 메뚜기 (10:1~20)	세라피스 (곤충신) 세드(곡물신)	여호와인줄 알리라 (10:2)	남자만 가라(10:11) 나의 죄를 이번만 용서하라(10:17) 마음을 강퍅케하심(10:20)	신하:애굽이 망한 줄을 알지 못하시 나이까(10:7)
9. 흑암 (10:21~29)	라(태양신)		양과 소는 머물러두고 (10:24) / 다시 내 얼굴을 보지말라(10:28)	이스라엘 자손의 땅에는 광명(10:23)
10.장자죽음 (11:1~10, 12:29~36)	애굽의 모든 거짓 신	이스라엘의 구원(11:1)	너희의 말대로 가서 여호와를 섬겨라 (12:31)	애굽 사람과 이스라엘을 구별(11:7)

쉼터: 달의 시작?

하나님은 출애굽하는 그 달을 한 해의 정월로 삼으라고 모세에게 명하셨다. 그래서 출애굽의 달은 종교력 1월 곧 '아비월' 로 불리었다. 이 달은 오늘날 태양력으로는 3~4월에 해당된다.

12장 유월절 *(The Passover)*

1. 위치설명: 애굽에 내리는 10가지 재앙을 애굽의 'ㅐ' 에 차례대로 표시
2. 맥 절: (11, 12절), 맥 보충 절: (5~7, 18, 19절)
3. 관주구절: "오직 흠 없고 점 없는 어린양 같은 그리스도의 보배로운 피"(벧전 1:19), "우리의 유월절 양 곧 그리스도께서 희생이 되셨느니라"(고전 5:7).
4. 찬송: 예수 십자가에 흘린 피로써, 주 십자가를 지심으로, 나 행한 것으로
5. 해설: 하나님께서는 애굽의 난 것을 치실 때, 유월절 어린 양을 통하여 이스라엘을 구별하셨다. "이것이 여호와의 유월절이니라." 유월절 어린양은 그리스도의 모형이다(고전 5:7).

유월절 규례의 신약적 의미	
	(1) 이 달로 달의 시작(2절): 그리스도로부터 연대의 시작
	(2) 매인이 어린 양(3절): 구원은 개인적인 것
	(3) 흠 없고 일년 된 수컷(5절): 죄 없으신 예수(벧전 1:19)
	(4) 해질 때에 그 양을 잡고(6절): 유월절 어린양 예수
	(5) 그 피로 바르고(7절): 피를 흘려서 구원
	(6) 양고기를 먹음(8절): 생명의 떡(요 6:51~58)
	(7) 무교병과 함께(8절): 죄악을 버리라(고전 5:8)
	(8) 쓴 나물과 함께(8절): 그리스도의 고난
	(9) 영원한 규례(14절): 영원히 기념할 성만찬
	(10) 이방인에게도 동일(49절): 이방인도 구원

쉼터: 유월절

하나님의 심판을 대행하는 죽음의 천사를 통해서 애굽의 모든 초태생들을 죽이시던 그날 밤에, 좌우 문설주와 인방에 어린 양의 피가 발라져 있는 이스라엘 집은 그냥 넘어갔다. '유월절' 은 바로 그날 밤의 사건에서 붙여진 이름이다. 이후, 이스라엘 백성들은 매년 그 날에는 무교병(누룩 없는 빵)이라는 특별한 음식을 먹었는데, 그러한 유월절 음식은 출애굽하던 날 밤의 구속사건을 기억나게 해준다.

13장 출애굽 *(The Exodus/Consecration of the Firstborn)*

1. 위치설명: 애굽과 홍해 사이에 표시
2. 맥 절: (18절), 맥 보충 절: (21, 22절).
3. 관주구절: "그리스도께서 우리로 자유케 하려고 자유를 주셨으니"(갈 5:1). 민 33:6
4. 찬송: 나 가나안 복지 귀한 성에, 내 갈 길 멀고 밤은 깊은데, 나의 죄를 씻기는
5. 해설: "이스라엘 자손이 애굽 땅에서 항오를 지어 나올 때에." 출애굽한 이스라엘은 하나님이 약속한 가나안을 향해 행군하게 된다. 그러나 하나님께서는 진로를 홍해 길로 돌리시는데, 이는 바로로 하여금 이스라엘을 추격하도록 하여 하나님의 권능을 이스라엘에게는 물론 온 천하에 증거하려 하심이었다.

쉼터: 하나님께 속한 것도 죽임을 당하나?

하나님의 거룩 앞에는 모든 것이 부정한 것이다. 죽음은 그분 앞에 설 때 필연적이다. 그런데 하나님은 어떤 생명 대신에 다른 생명이 대체되는 것을 허락하셨다. 그래서 장자의 죽음 대신 짐승의 죽음이 요구되었다. 이것이 구약시대의 희생제사 제도로서 궁극적으로 죄인 된 인류를 대신하여 하나님의 어린양 되신 그리스도의 희생적 죽음이 필요하다는 구속사적인 진리를 일깨워준다.

14장 홍해(승리) *(Crossing the Sea)*

1. 위치설명: 홍해를 건넌 사건이므로 홍해 가까이 '出'' 에 표시
2. 맥 절: (21, 22절), 맥 보충 절: (16, 28절)
3. 관주구절: 민 20:8, 9, 11. 시 78:53. 시 106:11
4. 찬송: 내 주는 강한 성이요, 예수의 이름 힘입어서, 구원으로 인도하는
5. 해설: 바로는 이스라엘을 추격하였다. 하나님께서는 "이스라엘 자손이 바다 가운데 육지로 행하고" 구원하시고 애굽의 군대를 홍해 가운데 몰살시키셨다. 이 사건은 하나님이 참된 구원자임을 보여준다. 홍해를 통과한 것은, 죄악된 생활을 물로 씻듯이

청산한 일종의 정결의식이다 이런 이유로 바울은 이것을 물세례에 비유하였다.

쉼터: 문제의 홍해를 만났을 때

① 홍해라는 문제를 바라보지 말 것, 홍해를 주신 배후의 하나님을 바라볼 것

② 홍해 아래 길을 만들어 놓고 계셨다는 사실을 기억

③ "내 생각은 너희 생각과 다르며 내 길은 너희 길과 달라서"(사 55:8)

④ 담대하게 믿음에 서서 그리고 "감사를 넘치게 하라"(골 2:7, 살전 5:18).

15장 승리 노래 *(The Song of Moses and Miriam)*

1. 위치설명: 홍해를 건넌 후에, 마라에 위치한 '出' 에 표시
2. 맥 절: (1, 2절), 맥 보충 절: (13절)
3. 관주구절: "여호와는 나의 반석이시요 나를 건지시는 자시요"(시 18:2)
4. 찬송: 주 하나님 지으신 모든 세계, 내 주는 강한 성이요, 태산을 넘어 험곡에 가도
5. 해설: 모세의 노래는 세계에서 가장 오래된 시요, 성경에서 첫 번째로 기록된 구속의 노래다. 속량(ransoming)은 값을 지불하는 것이고 구속(redemption)은 속량한 자를 끌어내어 자유를 주는 것이다. 유월절 사건은 속량이고 홍해사건은 구속이다. 이 구속을 찬양한 이유가 2절에, "여호와는 나의 힘이시요 나의 구원이시로다" 라고 나와 있는데, 이것은 찬양으로 신앙고백을 하고 있다. 마라에서 "치료하는 여호와" 이심을 계시한 하나님께서는(15:26) 엘림에서 계명을 지키는 이스라엘에게 복이 예비되어 있음을 곧이어 보여주셨다(15:27).

쉼터: 치료자 하나님

① "나는 너희를 치료하는 여호와임이라"(출 15:26).

② "저가 채찍에 맞음으로, 나음을 얻었나니"(벧전 2:24,시 53:5).

③ "죄악을 그에게 담당 시키셨도다"(사 53:6).

④ "모든 병과 모든 약한 것을 고치시니라"(마 9:35).

16장 만나 *(Manna and Quail)*

1. 위치설명: 만나와 메추라기가 내린 신 광야 '出' 에 표시
2. 맥 절: (4, 13절), 맥 보충 절: (31절)
3. 관주구절: "우리 조상들은 광야에서 만나를 먹었나이다."(요 6:31), 민 11:7
   "내가 곧 생명의 떡이로라"(요 6:48) :나는 하늘에서 내려온 산 떡이니"(요 6:51)
4. 찬송: 아침 해가 돋을 때, 오 놀라운 구세주, 세상 모든 풍파 너를 흔들어
5. 해설: 출애굽 한 그때부터 시작하여 끊임없이 원망과 불평을 하는 이스라엘에게 (14:10~12, 15:24, 16:2, 3) 하나님께서는 긍휼과 자비를 보이신다. 하나님께서는 만나를 "하늘에서 양식을 비같이", "저녁에 메추라기가 와서 진을 덮이고", 이를 통해서 첫째, 내일 일을 염려 하지 말 것과(16:23), 둘째, 하나님의 율법과 계명대로 사는 것을 말씀하시고(16:24, 29) 그 교훈을 후손에게 전수하도록 명하셨다(16:32)

쉼터: 안식일에 만나를 중단?

① 백성들이 하나님의 율법(말씀)을 준행(순종)하는가를 시험(훈련)하기 위함(5절)

② 창조하시고 돌보시는 은혜에 감사하여 하나님께 예배하는 자가 되어야 함을 가르침

17장 르비딤의 승리 *(Water from the rock/The Amalekites Defeated)*

1. 위치설명: 아말렉과 전쟁하는 장소인 르비딤 ''出'' 에 표시
2. 맥 절: (8, 9절), 맥 보충 절: (11절)
3. 관주구절: "아말렉이 … 길에서 대적한 일을 내가 추억하노니"(삼상 15:2), 약 5:16
   신 25:17, 출 4:20, 삼상 30:1
4. 찬송: 샘물과 같은 보혈은, 목마른 자들아, 십자가 군병들아
5. 해설: 물이 없어 어려움을 당하자, 이스라엘 백성은 르비딤에서 또 하나님을 불평한다(17:3). 이에 모세는 반석을 쳐서 물을 내었다. 여기에서 이스라엘은 출애굽 후 첫

번째 대적인 아말렉을 만나 "르비딤에서 싸우니라" 싸워 이긴다. 이때 여호와께서는 "승리하시는 하나님(여호와 닛시)" 으로 자신을 계시하였다.

쉼터 : * 하나님의 이름	① 엘사다이(출 6:3)-전능하신 하나님 ② 여호와(출 3:14)-스스로 있는자 ③ 여호와 라파(출 15:26)-치료하시는 여호와 ④ 여호와 닛시(출 17:15)-여호와는 나의 깃발 ⑤ 여호와 살롬(삿 6:24)-평강을 주시는 하나님 ⑥ 여호와 치드케누(렘 23:6)-여호와는 우리의 의 ⑦ 여호와 츠바웃(시 24:10)-만군의 여호와 ⑧ 여호와 삼마(겔 48:35)-여호와는 거기 계시다

18장 이드로의 방문 *(Jethro vists Moses)*

1. 위치설명: 이드로가 모세를 만나러 온 장소인 시내산 근방 '山'(山)에 표시
2. 맥 절: (21, 22절), 맥 보충 절: (7, 25절)
3. 관주구절: "각 지파를 따라 천부장과 백부장과 오십부장과 십부장과 패장을 삼고" (신 1:15). 행 6:3, 민 11:17, 신 1:17
4. 찬송: 내 주는 강한 성이요, 그 크신 하나님의 사랑, 사철에 봄바람 불어 있고
5. 해설: 모세는 장인 이드로의 말을 듣고 천부장, 백부장, 오십부장, 십부장제도를 세우게 된다.

쉼터: 유월절 어린양

유월절에 사용된 어린양은 흠이 없는 것이었다. 어린양의 피는 하나님의 백성을 보호한다는 표시로 히브리인들의 집 문설주에 칠해졌다. 우리는 유월절 축제를 통해 "어린양" 예수 그리스도를 보내신 하나님의 계획을 잘 이해하게 된다.

19장 시내산 언약 *(Mount Sinai Covenant)*

1. 위치설명: 하나님의 요청에 따라 모세가 산 위로 올라갔기에 '出'(山) 자 위쪽에 하트표시
2. 맥 절: (2, 3절), 맥 보충 절: (20절), 기타 중요내용: (15절)
3. 관주구절: "높은 산에 올라 가셨더니"(마 17:1)
4. 찬송: 주를 앙모하는 자, 다 찬양하여라, 누가 주를 따라
5. 해설: "모세가 하나님 앞에 올라가니." 모세는 하나님의 계시를 받았다. 하나님께서 그들을 애굽에서 구원하신 것은 이스라엘을 택하사 제사장 나라로, 거룩한 백성으로 삼기 위함이시다. 여기에서 제사장 나라는 하나님을 왕으로 모시는 나라, 제사장같이 온전히 하나님을 섬기는 나라를 뜻한다. 이는 모든 민족이 하나님을 알고 그분을 경외하도록 중재하는 일도 포함한다.

쉼터: 언약의 이행

이스라엘 백성에게 십계명을 주시기 전에 이미 율법과 계명을(출 15장) 주셨다. 그것을 잘 지키면 '제사장 나라와 거룩한 백성이 되게 하겠다고 언약하셨다. 즉 언약을 잘 이행하면 복을 받고 그렇지 않으면 저주를 내리겠다는 간결하고도 명확한 언약이었다.

20장 십계명 *(The Ten Commandments)*

1. 위치설명: 모세가 산위에 가서 십계명을 받는 장면이므로 '出'(山)자 맨 위에 표시
2. 맥 절: (2~3절), 맥 보충 절: (6절)
3. 관주구절: 십계명(신 5:6~21)
4. 찬송: 주의 말씀 받은 그날, 사랑의 하늘 아버지, 옳은 길 따르라 의의 길을
5. 해설: 구원을 받은 이스라엘에게(2절) 하나님께서는 복된 삶의 법칙으로 십계명과 율례를 주셨다. 십계명은 국가의 헌법과 같은 기본법인 반면, 율례는 헌법을 기초로

하여 만든 구체적인 시행세칙이라 할 수 있다. 이스라엘의 율법은 세 종류로 구분된다. 첫째, 1~4계명에 해당되는 의식법으로서 이는 하나님과 인간의 관계에 관한 법이다. 이것은 주로 레위기에서 설명되고 있다. 둘째, 5~10계명에 해당되는 도덕법으로서 이는 인간과 인간의 관계에 관한 법이다. 셋째, 이 도덕법의 구체적 법령으로서의 율례인데 이것이 출애굽기 21장부터 23장까지에 기록되어 있다. 예수님께서는 십계명의 정신을 해석하여 "하나님을 사랑하라", "네 이웃을 사랑하라"는 사랑의 두 계명으로 요약해 주셨다(마 22:37~40).

십계명

(1) 제 1계명: "나 외에는 다른 신들을 네게 있게 말지니라."(3)

*내용: 예배의 대상

*의미: 거짓신이 아니고 참신이신 여호와 하나님 한 분만 섬김

*산상수훈: 두 주인을 섬기지 못할 것이니(마 6:24)

(2) 제 2계명: "우상을 만들어 섬기지 말라"(4,5)

*내용: 예배의 방법

*의미: 우상숭배의 거짓된 예배가 아닌 구별된 예배(요 4:24)

*산상수훈: 형식금지(마 6:7)-신령과 진정의 참된 예배

(3) 제 3계명: 여호와의 이름을 망령되이 일컫지 말라"(7)

*내용: 예배의 정신

*의미: 진실된 마음으로 하나님 경외

*산상수훈: 성호의 거룩성(마 6:9)

(4) 제 4계명: "안식일을 기억하여 거룩히 지키라"(8)

*내용: 성별된 시간

*의미: 인간 창조의 목적과 인간 존재의 이유

*산상수훈 : 먼저 그의 나라와 그의 의(마 6:33)

(5) 제 5계명: "네 부모를 공경하라."(12)

*내용: 행복한 가정

*의미: 가정은 사회조직의 기본단위이며 부모공경은 인간 교육의 기초

*산상수훈 : 부모를 공경하라(7:11)-약속 있는 첫 계명

(6) 제 6계명: "살인하지 말지니라."(13)

*내용: 생명의 존엄

*의미: 인간은 하나님의 형상과 모양대로 지음 받음

*산상수훈: 노여움 금지(마5:22)-미움은 살인

(7) 제 7계명: "간음하지 말지니라."(14)

*내용: 성의 성별

*의미: 두 사람이 연합하여 한 몸(창 2:24)

*산상수훈: 음욕의 금지(마 5:28)

(8) 제 8계명: "도적질하지 말지니라."(15)

*내용: 소유물의 존엄성

*의미: 분배의 주권자는 하나님-일하지 않는 자는 먹지도 말라

*산상수훈: 구하는 자에게 주라(마 5:42). 선을 행할 수 있는데도 행하지 않는 것은 죄

(9) 제 9계명: "거짓 증거 하지 말라."(16)

*내용: 형제의 명예나 인격 존중

*의미: 거짓은 진리에서 나지 않고 거짓말하는 자는 마귀의 자녀

*산상수훈: 맹세의 금지

(10) 제 10계명 : 네 이웃의 소유를 탐내지 말지니라."(17)

*내용: 감사와 만족의 삶

*의미: 탐심은 모든 죄의 씨앗이 된다(약 1:15).

*산상수훈: 의에 주리고 목마르다(마 5:6).

쉼터 : 여호와

'여호와'는 '살다' 혹은 '생존하다'라는 뜻의 '하야'에서 파생된 이름으로, '스스로 살아 계시는 자' 라는 의미이다.

21장 시민 법(종 • 살 • 과 • 율례) *(Hebrew servants/Personal Injuries)*

1. 위치설명: 시민법이라 '出' 자속 십자가(十) 옆에 표시
2. 맥 절: (2, 12, 13절), 맥 보충 절: (5, 6, 22절)
3. 관주구절: 도피성(민 36장, 신 4,19장, 출 21:36)
4. 찬송: 아버지여 이 죄인을, 인애하신 구세주여, 물 건너 생명줄 던지어라
5. 해설: 제 5계명의 세칙: 종과 상전의 관계(1~11),

부모에 대한 관계(15, 17)

제 6계명의 세칙: 이웃 상해 살인에 관한 율례(12~36)

구약의 법은 여러 가지 무서운 형벌을 통해서 소극적으로 예방하려고 시도했다. 그러나 이러한 방법은 효과적이지 못하다. 우리가 이웃을 진정으로 사랑할 때, 이 문제들은 해결된다.

쉼터: 생명의 존엄성

① 율법의 기본법 중, 첫째가 생명의 존엄성, 도피성-"내가 위하여 한 곳을 정하리니"
② 도피성은 예수님의 예표, 천하보다 귀한 한 생명을 구원하러 오신 예수님(행 4:1)
③ 누가가 보는 한 영혼의 고귀함(양과 드라크마, 탕자 눅 15장)
④ 생명의 존엄성(600만 명 유대인 학살, 이라크, 북한…)

22장 시민 법(배상) *(Protection of Property/Social Responsibility)*

1. 위치설명: 시민법이라 '出' 자속 십자가(十) 에 표시
2. 맥 절: (1절), 맥 보충 절: (3, 4, 5, 6, 7, 9, 12, 14절). 출 21:2, 잠 6:31, 출 22:1
3. 관주구절: "내가 외삼촌에게 물어내었으며"(창 31:39)
4. 찬송: 달고 오묘한 그 말씀, 주의 귀한 말씀을, 나의 영원하신 기업
5. 해설

제 7계명의 세칙: 성 범죄자, 무당, 짐승과 행음하는 자, 우상숭배자(16~19절)

①하나님의 백성은 순결함을 유지해야 하는 것을 강조하고자 제정

②영적으로 음란 한자, 즉 하나님과의 관계를 스스로 파괴하는 자는 영원한 사망

제 8계명의 세칙: 재산 피해 배상(1~15절)

①백성들의 수고의 대가인 재산을 보호하고자 제정

②재산의 손실로 인해 인간관계가 악화되는 것을 방지하기 위한 것. 도적질하지 말아야 할 뿐 아니라 적극적 선을 베풀 것을 요구한다(20~27절)

쉼터: 모세의 십계명과 예수님의 계명

예수님은 모세의 십계명을 두 가지로 요약하셨다.

첫째: 하나님을 사랑하라.

둘째: 네 이웃을 네 몸같이 사랑하라.

23장 3대 절기(무 • 맥 • 수) • 안 *(Sabbath Lows/The Three Annual Festivals)*

1. 위치설명: 3대 절기와 안식년이라 '出' 자속 십자가(十)에 표시
2. 맥 절: (14, 15절), 맥 보충 절: (16절)
3. 관주구절: 절기(출 13장, 레 23장, 민 28, 29장)
4. 찬송: 시온의 영광이 빛나는 아침, 믿는 사람들은 군병 같으니, 물 건너 생명줄 던지어라
5. 해설

제 9계명의 세칙: 진실한 삶(1~9절)

3대 절기(14~19절): 이 부분은 종교적 율례이다.

3대 절기에 관한 내용을 요약

절기	시기	의의	신약의 성취
유월절(무교절)	1월 14일(1/15~21)	출애굽 기념	어린양 예수님의 십자가 죽음
맥추절(오순절)	3월 6일	밀 추수 봉헌	오순절 성령강림과 교회 탄생
수장절(초막절)	7월 15일, 7월 21일	광야 생활 기념	천년왕국

쉼터: 일곱째 해에 농사를 짓지 아니하면 무얼 먹고 사는가?

일곱째 해는 '안식년'으로서 땅 주인은 농사를 짓지 말고 그 땅을 묵혀 두어야 했다. 하나님은 안식년 이전 해인 제6년째에는 3년 쓰기에 족한 소출을 허락하셨으므로(레25:20~22), 이스라엘 백성들은 안식년 이후에 다시 파종하여 추수하기까지 식량을 해결하는데 아무런 어려움이 없었다.

24장 시내산에 오름(언약 결혼식) *(The covenant Confirmed)*

1. 위치설명: 모세가 여호수아와 시내산에 올라감으로 山에 표시
2. 맥 절: (8, 13절), 맥 보충 절: (18절)
3. 관주구절: "사십일을 밤낮으로 금식하신 후에 주리신지라"(마 4:2), 출 34:28, 히 9:19, 출 32:17, 출 34:28
4. 찬송: 주의 말씀 받은 그날, 나 이제 주님의 새 생명 얻은 몸, 전능의 하나님
5. 해설: 이상의 계명과 언약서를 백성에게 낭독하여 듣게 한 후 모세는 백성에게 언약의 피를 뿌린다(7, 8절). 이는 하나님과 언약 맺은 백성을 그리스도의 피로 구원하실 것을 상징적으로 보여주는 것이다. 본 장은 설계도를 받기 위해서 구름 속으로 들어가서 산위에 올랐으며, 40일 40야를 산에 있으며 하나님을 직접 뵙고, 백성들과 하나님 사이의 중재자 역할을 하는 모세는 중보자 되시는 그리스도를 예표한다(히 3:1~6).

쉼터: 시내산

모세가 십계명이 새겨진 돌판을 받은 산이다. 히브리어로는 가시나무가 무성한 곳 떨기나무가 많은 곳으로서 이 산은 현재 이집트의 시내 사막에 있다. 이집트의 카이로에서 남쪽으로 홍해바다를 끼고 사막을 지나 400Km정도 달리면 됨. 산의 높이는 해발 2,291m이고 호렙산이라고도 한다.

25장 성막(언약 궤) *(The Ark/The Table/The Lampstand)*

1. 위치설명: 법궤가 놓여진 장소인 지성소에 표시
2. 맥 절: (9절), 맥 보충 절: (10, 17, 23, 31절)
3. 관주구절: 성전건축(왕상 6~7장, 대하 3~4장, 스 6장)
4. 찬송: 내게 있는 모든 것을, 값비싼 향유를 주께 드린, 주의 피로 이룬 샘물
5. 해설: 하나님께서는 율법을 주신 후 그의 영광을 위하여 성막을 건립할 것을 지시하셨다. 성막은 하나님의 처소인 하늘의 모형이며(히 9:23-24). 또한 예수 그리스도의 모형이다. 그러므로 성막의 모든 곳에서 예수 그리스도를 발견할 수 있다.

(1) 재료 속의 예수(3~7)	① 아카시아 나무	그리스도의 인성
	② 금	그리스도의 신성
	③ 은	구속(생명의 속전)
	④ 세마포	의로움
	⑥ 놋	심판

(2) 법궤(10~22절): 법궤는 지성소 안에 놓여져 있다. 법궤 안에는 십계명 돌판 2개, 만나 항아리, 아론의 싹난 지팡이가 들어 있다. 율법은 그것을 범하는 자에게 심판과 죽음을 요구한다. 그러나 법궤 위의 속죄 소가 심판을 가려준다. 로마서 3:25에 의하면 속죄 소는 예수 그리스도이다.

(3) 진설병 상(23~30절): 진설병은 신성과 인성을 가지신 예수 그리스도를 의미한다. 떡은 생명의 떡이 되신 예수 그리스도를 가리키며, 예수 그리스도께서 주시는 영혼

의 양식을 의미한다.

(4) 등대(31~40절): 등대는 인격자이신 예수 그리스도를 뜻한다. 기름과 빛은 성령과 예수 그리스도를 뜻한다. 성막 안에는 자연의 빛이 들어오지 못한다. 오직 성령의 빛으로서만 하나님의 말씀을 받을 수 있다.

쉼터: "눈은 눈으로, 이는 이로"?

이 법은 보복을 하게 만드는 법이 아니었다. 이 법은, 개인적으로 필요 이상의 과도한 보복을 삼가고, 해를 가할 만큼만 처벌을 받는 공의로운 대가를 치르게 함으로써, 올바른 사회질서를 수립하는데 그 목적이 있었다. 한편, 신약시대에 예수 그리스도에 의한 사랑과 용서의 법은 구약시대에 의한 사랑과 용서의 법은 구약시대의 보복 법을 뛰어넘는 위대한 것이었다.

26장 성막(본체) *(The Tabernacle)*

1. 위치설명: 성막에 하면 복잡하므로 아래 성소에 표시
2. 맥 절: (33절), 맥 보충 절: (31절)
3. 관주구절: "성소의 휘장이 위로부터 아래까지 찢어져 둘이 되고"(마 27:51)
4. 찬송: 그 크신 하나님의 사랑, 아 하나님의 은혜로, 영화로신 주 예수의
5. 해설: 성막(1~30절)은 하나님이 함께하는 곳이므로 함부로 접근하는 것을 방지하는 역할을 한다. 휘장은 성소와 지성소를 덮는 휘장과 휘장을 덮는 삼중의 막과 성소와 지성소 사이의 휘장과 성막문의 휘장으로 되어 있다. 청색, 자색, 홍색, 실과 가늘게 꼰 베실은 각각 예수그리스도의 신성, 왕권, 희생, 의를 상징한다.

쉼터: 그리스도와 휘장

① 그리스도 십자가 사역 완성에 따라서 둘로 찢어짐(마 27:51)

② "그 길은 우리를 위하여 휘장 가운데로 열어 놓으신 새롭고 산길이요 휘장은 곧 저의 육체니라(히 10:23)

③ 그리스도의 죽음으로 하나님과 사람 사이에 가로막혔던 죄의 담이 허물어졌음을 의미

④ 이제 성도는 하나님께 직접 나아갈 수 있음

27장 번제단(성막) *(The Altar of Burnt Offering/The Courtyard/Oil for the Lampstand)*

1. 위치설명: 희생 제물을 태우는 장소인 번제단에 표시
2. 맥 절 : (8절), 맥 보충 절: (9절)
3. 찬송: 아름다운 본향, 저 높은 곳을 향하여, 주 음성 외에는
4. 관주구절 : "그가 또 조각 목으로 번 제단을 만들었으니"(출 38:1). 출 25:40
5. 해설

(1) 놋 제단(1~8절): 놋 제단이라는 말은 '들려지다' 는 뜻을 지니는데, 이는 예수 그리스도의 십자가를 가리킨다. 예수 그리스도의 대속적인 희생이 없이 하나님께 나아갈 수 없음을 보여준다.

(2) 성막 뜰(9~19절): 성막 뜰은 울타리에 의하여 세상과 구별되어 있다. 그리로 들어가는 길은 동편 문밖에 없다(요 10:9). 우리가 세상에서 구원받는 길은 구원의 문 데신 예수 그리스도 밖에 없다. 동편 문에 유다지파가 위치해 있는 것은 구원이 유다지파로부터 비롯됨을 보여주는 것이다.

쉼터: 성막

성막은 하나님의 백성들이 모이는 장소였다.
성막의 여러 부분들은 예수 그리스도의 모습을 나타내준다.
① 황금등대: 예수님께서 우리의 빛 되심을 나타내고,
② 물두멍: 예수님께서 그의 백성들을 죄에서 해방되도록 씻기셨음을 의미한다.
③ 놋으로 만든 단: 우리 죄를 대신하여 십자가에서 죽으심을 떠올리게 한다.

28장 제사장 의복 *(The Priestly Garments/The Ephod/The breast piece)*

1. 위치설명: 제사장은 봉사 충성하여야 하므로 성전 옆에 표시
2. 맥 절: (3, 4절), 맥 보충 절: (36절)

3. 관주구절: "아론을 위한 거룩한 옷을 만들었더라"(출 39:1), 출 39:30

4. 찬송: 어두운 내 눈 밝히사, 내 영혼에 햇빛비치니, 내 주의 나라와

5. 해설: 제사장 직분과 그 복장: 제사장은 중보자로서 죄악된 백성을 대신해서 하나님께 제사 곧 예배를 드리는 자이다. 예수님은 우리의 영원한 대제사장이다(히 7:24, 25)제사직분을 위해 제사장은 속죄제와 번제와 화목제를 드려야 한다. 제사장의 의복은 에봇, 판결흉패, 겉옷, 패, 관, 반포속옷, 띠, 고의로서 여기에 사용된 재료들은 모두 예수 그리스도를 상징한다.

쉼터: 옷

- 신령한 옷: "성령의 열매는 사랑과 희락과 화평과..."(갈 5:22)
- 세상의 옷: "육체의 일은 현저하니 곧 음행과 더러운 것과 호색..."(갈 5:19)
- 제사장으로서의 성도(벧전 2:9)는 하나님의 풍요로운 말씀 안에 거하며, 그리스도다운 향기를 풍기는 자가 되어야 함

29장 제사장의 위임식 규례 *(Consecration of the Priests/Basin for Washing)*

1. 위치설명: 제사장은 봉사, 충성하여야 하므로 성전 옆에 표시

2. 맥 절: (1절), 맥 보충 절: (20절)

3. 관주구절: "위임식 숫양을 드릴새"(레 8:22, 28-29, 33), 히 7:26~28

4. 찬송: 나의 생명 드리니, 날 대속하신 예수께, 성자의 귀한 몸

5. 해설: 제사장의 위임식은 훗날 성막이 완성된 때에 거행되었다(레 8:1~36). 이 의식은 제사장들이 백성을 대표하여 기름부음 받아 하나님 앞에서 제사 직무를 담당하기 위한 것이다.

쉼터: 안수

안수란 머리에 손을 얹어 축복 기도를 하거나, 특별한 목적으로 성별 헌신 임직할 때 하는 상징적인 의식이다. 성경에서 안수를 행했던 사람은 집안의 가장(창48:13~14), 제사장

(민 27:23), 제물을 드리는 사람(레 8:22), 모세(신 34:9), 예수님(마 19:15), 사도(행 6:6)등 이었다. 각 경우를 살펴보면 다음과 같다.

죄의 전가 – 번제(출 29:19), 화목제(레 3:2), 속죄제(레 4:4) 등 제사의 희생제물 위에 손을 얹어 안수했다. 이는 죄를 제물에게 전가시키는 것이다.

축복 – 야곱(창 48:14~16), 예수님(마 19:15)

병 고침 – 예수님(마 9:18, 막 5:23), 아나니아(행 9:12,17), 바울(행 28:8)

임명할 때 – 봉사자(민8:10), 후계자(민 27:18),집사(행 6:6), 선교사(행 13:2~3) 등을 임명할 때

성령을 전달함 – 사도들이 안수를 통해 성령을 받기도 했다(행 8:18~19:6).

30장 분 • 물 • 유 • 향(분향단, 물두멍, 관유, 향)

(Anoining Oil/Incense/The Alter of Incense/Basin for Washing)

1. 위치설명: 본장은 분향단이 있어 분향단에 표시
2. 맥 절: (1절), 맥 보충 절: (18~20절)
3. 관주구절: "분향할 단을 만들었으니"(출 37:25)
4. 찬송: 예수로 나의 구주삼고, 주의 말씀 받은 그날, 내 기도하는 그 시간
5. 해설

(1) 향단(1~10절): 향단은 기도와 제단을 가리킨다. 첫째, 예수 그리스도께서 승천하여 하나님 앞에서 드리는 중보기도와 제사를 말한다. 둘째, 성도들이 예수 그리스도의 공로를 힘입어 하나님께 드리는 예배와 기도를 말한다.

(2) 생명의 속전(11~16절): 생명의 속전은 예수님이시다.

(3) 물두멍(17~21절): 물두멍은 살아계시는 하나님의 말씀의 성결케 하는 능력을 말해주고 있다. 물두멍은 성전의 기구 가운데 치수가 정해지지 않은 유일한 기구이다, 이는 하루에도 몇 번이고, 죄를 씻어 성결케 되어야 함을 보여주는 것이다.

(4) 관유(22~33절): 관유는 거룩케 하는 성령을 상징한다.

(5) 향(34~38절): 향을 만들 때에는 반드시 소금을 섞어야 했다.

쉼터: 평등한 생명의 속전

생명의 속전은 온역을 면하기 위한 것이었다. 이는 "대속의 원리"와 같은 맥락이다. 계수함에 든다는 것은 하나님의 백성으로서 영적인 특권에 참여할 수 있는 공식적인 인준을 받는다. 그러므로 먼저 생명의 속전을 지불하고 나서야 온전한 자격을 얻는다고 할 수 있다. 생명의 속전은 누구나 반 세겔이다. 부자든 가난한자든 모두가 같은 값의 속전을 치렀다는 것은 하나님 앞에서 평등하게 지음 받았다는 것을 의미한다.

31장 돌판을 받음(성막제작자) *(The Tablets of stone/The Sabbath)*

1. 위치설명: 건축을 위해 '섬긴다'는 의미에서 성막건축 설계도 아래에 표시
2. 맥 절: (2, 3, 18절), 맥 보충 절: (6절).
3. 관주구절: "분향할 단을 만들었으니"(출 37:25). 대상 2:20, 출 24:12
4. 찬송: 주의 곁에 있을 때, 나의 영원하신 기업, 어둔 밤 쉬 되리니
5. 해설

(1) 기술자(1~11절): 브살렐과 오홀리압을 성막 기술자로 세운다. 하나님께서는 하나님의 신을 그들에게 충만하게 하여 성막을 세우신다.

(2) 안식일(12~17절): 이 날은 하나님을 섬기도록 주셨다. 안식일은 하나님께서 자신의 백성으로서의 이스라엘과 맺은 특별한 관계에 대한 표징이다.

이상의 성막에 관한 내용은 몇 가지 우리에게 가르쳐 주신다.

① 제사장과 대제사장을 통하여야 하나님을 만날 수 있다.

② 성막 구조의 순서는 하나님께 나아가는 순서를 말해준다.

③ 성막에 관한 순서는 하나님의 은혜의 통로를 설명해 준다.
법궤-속죄소-떡 상-등대-휘장-성막의 널판-놋 제단-뜰

④ 실제로 성막을 건축하는 35장에서부터의 설명 순서는 바깥뜰의 휘장에서부터 시작이 되어 내부지성소로 끝이 난다. 이것은 죄인이 하나님께 나아올 수 있는 과정이다.

쉼터: 우림과 둠밈

우림은 '빛'이란 뜻이고, 둠밈은 '완전함'이란 뜻이다. 대제사장은 국가의 중요한 일에 관해 하나님의 뜻을 물을 때 흉패 안 주머니에 있는 이것을 사용하였다. 그것은 매끈한 돌로 된 한 쌍의 제비 도구였는데, 대제사장은 우림과 둠밈 중 하나를 선택하여 '하라' 혹은 '하지 말라' 로 하나님의 뜻을 판별하였다. 요컨대, 우림과 둠밈은 그 이름의 뜻대로 이스라엘을 '빛'과 '완전함' 가운데로 이끄시는 하나님의 신성한 도구였다.

32장 십계명 파괴(금송아지) *(The Golden Calf)*

1. 위치설명: 산에서 내려와 십계명을 던져서 깨뜨리는 장면이므로 山 밑에 표시
2. 맥 절: (19절), 맥 보충 절: (9절)
3. 관주구절: "처음 것과 같은 돌판 둘을 다듬어 손에 들고 산에 오르매"(신 10:3)
4. 찬송: 내 주는 강한 성이요, 예수는 나의 힘이요, 나 행한 것 죄뿐이니
5. 해설: 이스라엘 백성은 모세가 율법을 받기 위해 산으로 올라가서 속히 내려오지 않자 아론에게 금 신상을 만들라고 한다. 이에, 모세는 "그 판들을 산 아래로 던져 깨뜨리니라." 산 아래서 금송아지를 만들어 섬기는 이스라엘을 진멸하려는 하나님께 모세는 중보기도를 드린다. 오직 하나님의 이름과 아브라함과의 약속으로 인하여 하나님의 뜻을 돌이키신다.

진짜 예배

이스라엘 백성이 금송아지를 만들고 그 앞에서 제사를 드릴때 그들은 그 금송아지를 애굽에서 자기들을 인도해 낸 하나님으로 선포했다(32:4). 그리고 그 신에게 번제와 화목제를 드렸다. 그러나 하나님께서는 이들의 제사를 받지 않았다. 금송아지를 하나님의 형상으로 가시화시킨 것부터가 잘못이지만, 그 제사 방법도 잘못되었던 것이다. 6절의 "먹고 마시며 일어나서 뛰놀더라"는 것을 하나님께서는 "부패하였도다"(32:7)라고 말씀하셨다. 이는 이들의 예배가 불안에서 나온 것이고, 진정으로 하나님

께 드리기 위한 것이 아니라 자신들의 불안을 해소하고 즐기기 위한 것이었기 때문이다.

오늘날 내가 드리는 예배는 정말 하나님으로부터 받은 은혜에 대한 감사의 표현인가? 아니면 나 역시 이들처럼 불안을 해소하기 위한 것인가? 하나님께서는 신령과 진정으로 예배하는 자를 찾으신다. 잘못된 예배, 부패한 예배를 드린 이들에게 내린 하나님의 응답은 삼천명의 동족이 죽지 않았던가? 정신없이 내 욕심을 채우기 위해 드리는 예배는 하나님께서 받지 않으실 뿐만 아니라 오히려 그것이 나에게 큰 화가 될 수도 있다. 나는 혹시 예배를 무당 굿판처럼 벌인 일은 없는가?

쉼터: 기도로 하나님의 뜻을 바꿀 수 있나?

원칙적으로 바뀌지 않는다.. 왜냐하면 하나님께서 원하시고 기뻐하시는 궁극적인 뜻은 모든 사항을 초월하여 마침내 온전히 이루어지기 때문이다. 하나님은 우리의 기도에 따라 그 뜻을 바꾸기도 하신다.

33장 중보기도 *(Moses and the Glory of the LORD)*

1. 위치설명: 산 밑 회막에서 기도하는 장면이므로 山에 표시
2. 맥 절: (13절), 맥 보충 절: (14절)
3. 관주구절: “너는 내게 부르짖으라”(렘 33:3). 신 9:26, 29
4. 찬송: 주의 진리 위해 십자가 군기, 행군 나팔 소리로, 죄짐 맡은 우리 구주
5. 해설: 모세가 산에서 내려와 주모자들을 벌하였다. 다시 한 번 끈질긴 모세의 중보기도와 백성들의 회개를 보신 하나님께서 마침내 그들과의 동행을 약속하셨다. 여기에서 구원은 전적으로 하나님의 은혜라는 사실이다.

쉼터: 아담과 하와의 한문으로 본罪 네 가지

① 아담과 하와가 하나님을 떠난 것 ② 아담과 하와가 떨어져 있었던 것
③ 뱀을 만난 것 ④ 선악과를 따먹은 것

34장 새 돌판 *(The New Stone Tablets/Again God Covenant with Moses)*

1. 위치설명: 산에 다시 올라간 장면이므로 山 맨 위에 표시
2. 맥 절: (4절), 맥 보충 절: (29,30절)
3. 관주구절: "처음과 같은 두 돌 판을 ..산에 올라 내게로 나아오고"(신 10:1)
4. 찬송: 달고 오묘한 그 말씀, 하나님 아버지 주신 책은, 주의 말씀 받은 그날
5. 해설: 모세는 중보기도 드린 후 처음 것과 같이 깎아 만들고 "두 돌판을 손에 들고… 시내산에 올라가니" 거기서 40일간 금식하고 십계명을 받아온다.

쉼터: 얼굴의 광채

- 얼굴의 광채는 하나님께서 함께 하신다는 증거이다.
- 성경에 나타나는 얼굴의 광채

• 왕의 진미를 거절했던 다니엘의 세 친구의 얼굴이 아름다웠다(단 1:15).
• 의인들은 하나님 나라에서 해와 같이 빛날 것이다(마 13:43).
• 예수님은 변화산에서 그의 얼굴이 해같이 빛나고, 그의 옷은 빛과 같이 희어졌다(마 17:2)
• 스데반이 돌에 맞아 순교할 때 그의 얼굴은 천사의 얼굴과 같았다(행 6:15).

35장 성막 재료(하나님께 헌물) *(Materials for the Tabernacle)*

1. 위치설명: 성막 재료이므로 성막 설계도와 성막 사이에 山 중앙에 표시
2. 맥 절: (5, 29절), 맥 보충 절: (21~22절).
3. 관주구절: 스 1:4, 6 ; 2:68 ; 고후 9:7, 출 25:2

4. 찬송: 지난 이레 동안에, 즐겁게 안식한날, 주의 말씀 받은 그날
5. 해설: 모세가 이스라엘 회중 앞에서 성막 건립의 지시를 명하자, 그들은 자원하는 마음으로 즐거이 하나님께 헌물을 드렸다.

쉼터: 공교한 사람 브살렐과 오홀리압

'하나님의(장막의) 그늘에서' 란 뜻을 가진 브살렐의 이름은 성막건축의 사명과 잘 어울린다. 오홀리압의 이름 역시 '아버지가 내 장막이다' 라는 뜻으로 성막건축의 사명에 잘 어울린다. 두 사람만이 감당하기에는 부담이 큰 역사였다 그리하여 여호와께서 협조자, 즉 마음이 지혜로운 사람을 보내 주셨다. 성막건축은 하나님의 세심한 간섭으로 이루어졌다.

36장 성막 건축 *(The Tabernacle)*

1. 위치설명: 건축의 시작이므로 성막 옆에 표시
2. 맥 절: (8절), 맥 보충 절: (5, 6절)
3. 관주구절: 스 1:4, 6; 2:68; 고후 9:7, 출 25:2
4. 찬송: 성부의 어린양이, 주 예수 내 죄 속하니, 어둔 밤 쉬 대리니
5. 해설: 모든 재료가 부족함이 없었으니(5) 일하는 사람 중에 마음이 지혜로운 모든 사람이 열 폭 휘장으로 성막을 지었다.

쉼터: 하나님의 말씀대로

성소의 기구들에 제작 방법에 관한 용어 "만들고, 싸고" 등과 규격에 관한 단위가 많이 등장한다. 이것은 성소의 모든 것이 하나님께서 명하신 대로, 즉 하나님의 방법으로 이루어진다는 것이다. 성소의 일을 하는 사람들도 '여호와께서 지혜와 총명을 부으사' 지혜로운 사람들이다. 하나님께서는 자기의 일을 위하여 자신의 사람을 준비하시고 또 훈련시켜 자기의 방식대로 해 나가신다. 인간의 지혜나 방식대로 하나님의 일을 다 이루는 것이 아니다. 내 작은 지혜와 재주만 믿고 하나님의 일을 처리해 나가려고 한다면 언제나 실패가 연속될 뿐이라는 것을 명심하자.

37장 성막 안의 기구(언 • 떡 • 금) *(The Ark/The Table/The Lamp stand/The Altar of Incense)*

1. 위치설명: 언약궤(법궤)가 놓여져 있는 지성소 안에 표시
2. 맥 절: (1, 10, 17, 25절), 맥 보충 절: (29절)
3. 관주구절: 스 1:4, 6, 2:68; 고후 9:7, 출 25:2
4. 찬송: 너 성결키 위해, 귀하신 주여 날 붙드사, 나의 사랑하는 책
5. 해설: 성막 안에 설치할 언약궤, 상, 대접, 숟가락, 순금등잔대, 분 향단을 제작한 것에 대한 기록이다. 본문은 이 기구들이 하나님의 지시대로 제작되었음을 강조한다.

성소의 왼편에는 떡상, 그 뒤편에 향단이 있었고, 향단 뒤 휘장으로 가려진 지성소에는 법궤가 있었다. 각 기구들이 담긴 의미는 다음과 같다.

① 등대: 어두운 세상에 빛을 비추는 예수님의 사역을 의미한다(요 8:12). 아침 저녁으로 등대에 감람유를 넣어 빛을 비추었듯이, 우리도 성령님의 도움이 있어야 빛된 삶을 살 수 있다. 또 등대불이 꺼지지 않도록 점검하듯이 우리도 자신의 모습을 늘 살펴보아야 한다.

② 떡상: 금으로 된 떡상에는 12 개의 떡이 준비되어 있다. 떡상은 예수님을, 12 개의 떡은 12 지파를 의미한다. 이것은 떡상이 떡을 잘 바치고 있듯이, 예수님께서 그 백성들을 항상 돌보고 계심을 말해준다. 제사장들은 안식일마다 차려져 있던 떡을 먹고 새것으로 바꾸어 놓았다. 이는 하나님의 백성들이 진짜 생명의 떡이신(요 6:47~51) 예수님의 말씀을 묵상하고 이를 통해 성장하여 하나 되어야 함을 의미한다.

③ 분향단: 분향단에서는 아침 저녁으로 향기로운 향을 피웠다(출 30:7~8). 이 향은 소합향, 나감향, 풍자향, 향품을 유황에 섞어서 만들었다(출 30:34~38). 향은 오직 하나님께 드리기 위해서 만들어야 했다. 이 향은 성도들의 기도를 말하는 데(시 141:2, 계 8:3), 향을 피워 하나님께 올려드렸듯이 우리도 끊임없이 기도해야 함을 말해주고 있다.

법궤: 법궤 안에는 아론의 싹난 지팡이, 만나항아리, 십계명을 넣었다. 하나님은 이곳에서 대제사장을 1년에 한번 만나 주셨다. 하나님은 사람을 만나실 때, 반드시 법

궤에서 만나 주셨다(출 25:21~22). 그러나 오늘날의 우리는 예수님의 피로 인해 하나님의 은혜의 보좌 앞으로 나아갈 수 있게 되었다(히 10:19~22)

쉼터: 궤

성막의 가장 깊숙한 곳인 지성소 안에 비치된 이 궤는 '언약궤', '법궤', '증거궤' 등으로 불린다.

38장 성막(번 • 물) *(The Altar of Burnt Offering/Basin for washing The Courtyard)*

1. 위치설명: 번제단과 관련된 내용이므로 번제단에 표시
2. 맥 절: (1, 8절), 맥 보충 절: (3절)
3. 관주구절: 출 27:1~8

   "너는 물두멍을 놋으로 만들고… 그 속에 물을 담으라"(출 30:18)
4. 찬송: 천성을 향해 가는 성도들아, 귀하신 주여 날 붙드사, 주 음성 외에는
5. 해설: 성막 뜰에 배치될 번제단과 물두멍, 성막 뜰을 둘러칠 세마포 포장을 제작한 내용이다.

쉼터: 법궤

조각목으로 된 나무상자에 금을 입혔으며 금테를 둘렀다. 뚜껑에는 속죄 소, 그 위엔 그룹이 있었다. 그 안에는 십계명이 새겨진 돌판, 만나를 담은 항아리, 아론의 싹 난 지팡이가 있었다. 증거궤, 주의 권능의 궤, 거룩한 궤라고도 부른다.

1. 하나님께서는 법궤에서 사람을 만나주셨다(출 25:21~22).
2. 법궤에 나아가려면 피를 가지고 가야 했고(레 16:14~17), 대제사장이 1년에 한번씩 근접할 수 있었다.
3. 행진할 때에는 맨 앞에서 고핫 자손이 메고 갔고(민 4:1~6), 요단강을 건널 때(수 3:1~17), 전쟁을 할 때(삼상 4:1~6), 여리고 성을 무너뜨릴 때에도 법궤를 앞세웠다.

39장 제사장의 옷 • 성막 완성 *(The Priestly Garments/Moses Inspects the Tabernacle)*

1. 위치설명: 제사장의 옷이므로 28장과 대칭으로 표시
2. 맥 절: (1, 32절), 맥 보충 절: (43절)
3. 관주구절: "그들의 지은 옷을 이러하니"(출 28:4)
4. 찬송: 주님께 귀한 것 드려, 부름 받아 나선이 몸, 찬송으로 보답할 수 없는
5. 해설: 제사장의 의복제작에 대한 설명과 회막의 모든 역사를 준공한 부분에 대한 설명이다.

쉼터: 거룩한 재활용

성막의 번제단과 물두멍과 뜰의 재료는 모두 이스라엘 백성들이 쓰던 물건이었다. 이것이 하나님께 바쳐져 더욱 값진 것이 되었다. 이것이야말로 거룩한 재활용이 아닌가?

40장 성막봉헌식(영광) *(Setting Up the Tabernacle)*

1. 위치설명: 성막봉헌식이므로 성전 가운데에 표시
2. 맥 절: (17, 34절), 맥 보충 절: (16절)
3. 관주구절: "그들의 지은 옷을 이러하니"(출 28:4)
4. 찬송: 내 갈 길 멀고 밤은 깊은데, 주의 약속하신 말씀위에서, 저 높은 곳을 향하여
5. 해설: 본문에는 하나님이 지시하신 대로 다 행하였다는 말이 일곱 번 나온다. 7은 곧 완전수로서 성막 제작이 하나님의 말씀대로 완료되었음을 강조한다. 성막이 봉헌되자 하나님의 영광을 나타내는 구름이 성막에 가득하였다. 이 후에 구름기둥은 이스라엘의 앞길을 인도한다.

쉼터: 성전 변천사

에덴 → 성막 → 솔로몬 성전 → 예수님 → 나 → 에덴(천국)

성경은 하나님께서 사람들 가운데 거하시는 다섯 가지 경우를 말씀하고 계신다.

1. 성막(출 25:8)
2. 성전(왕상 8:13)
3. 성도(계 3:14)
4. 교회(엡 2:20~22)
5. 거룩한 성(계 21:3)

출애굽기의 모형 연구

출애굽기의 주제는 한 마디로 구속이다. 구속사적인 의미에서 출애굽기의 주제를 이해할 때, 우리는 출애굽기에서 신약시대의 많은 모형들을 발견할 수 있다. 다음은 출애굽기에서 발견할 수 있는 모형들이다.

1. 애굽: 죄악의 세상
2. 바로 왕: 마귀 또는 세상의 왕
3. 박해와 고역: 죄악 세상에서 당하는 마귀의 종살이와 불신 세계의 핍박
4. 유월절 어린양: 십자가의 대속의 죽음을 당하신 예수 그리스도
5. 출애굽: 예수 그리스도의 보혈의 능력으로 마귀와 죄에서 해방됨
6. 홍해 건넘: 세례 받아 죄를 장사지냄
7. 바로 왕의 추격: 죄악 된 옛 생활의 유혹
8. 바로 군대의 몰살: 하나님의 자녀에게는 마귀의 능력을 다스릴 권세가 있음
9. 불기둥과 구름기둥: 성령의 인도와 보호.
10. 광야생활: 구원받은 성도가 세상에서 연단 받는 과정(성화)
11. 쓴 물, 목마름, 배고픔, 아말렉의 방해: 신앙생활의 장애물, 그러나 하나님은 이 모든 것에서 구원하신다.
12. 율법: 구원받은 성도가 따라야 할 새로운 생활원리, 율법은 돌판에 새겼지만 성령의 법은 성도의 심비에 새긴다.

13. 모세: 선지자와 왕인 그리스도와 중보자 예수님의 묘사
14. 아론: 대제사장이신 그리스도 묘사
15. 성막: 성령이 임재하시는 교회이자 하는 성서의 모형이다.
16. 가나안: 성도가 소망하는 천국

교훈 및 적용

1. 계명(말씀)은 구원받은 성도의 윤리적 삶의 지침일 뿐 아니라, 하나님을 섬기는 도리임을 깨달아 말씀에 순종하는 생활을 하자.
2. 하나님께 나아가는 길은 오직 예수님의 보혈 밖에 없는 것을 깨닫고, 하나님께 나아갈 때마다 지식, 재물, 선행이 아닌 예수님의 보혈을 의지하자.

레위기 지도

ELVITICUS (레위기) 27

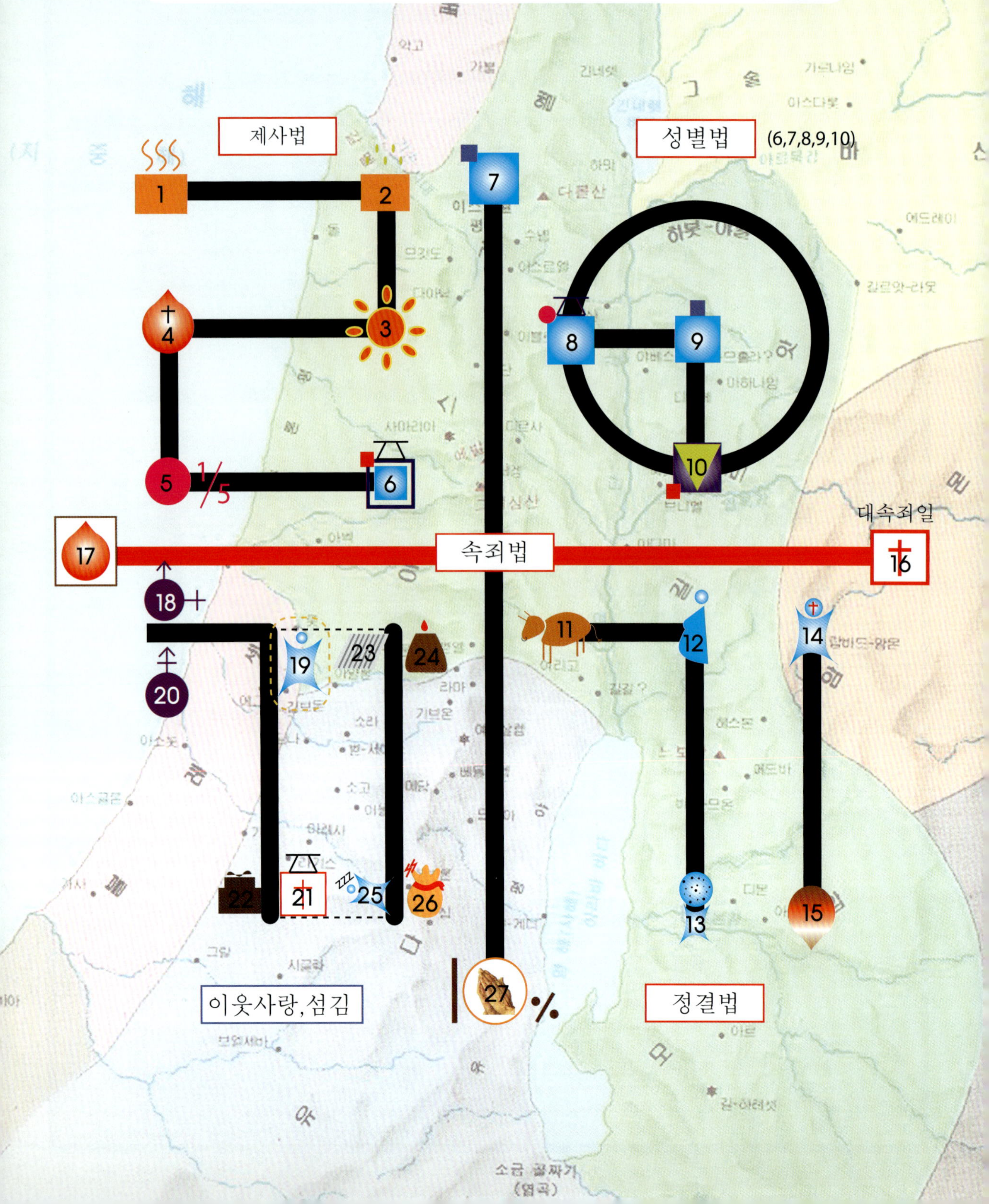

레위기

요절: 너는 이스라엘 자손의 온 회중에게 고하여 이르라 너희는 거룩하라 나 여호와 너의 하나님이 거룩함이니라(레 19:2).

1. 명칭

- 히브리어 성경: "와이크라(Weyikra)"(그리고 (여호와)가 부르셨다)
- 70인역: "레비티콘"(레위, 제사장)
- 영어성경: Leviticus

2. 기록자: 모세(레 1:1, 4:1…)

3. 기록연대: B. C. 1446~1406년경

4. 기록목적: 하나님의 백성인 이스라엘이 거룩하신 하나님과 친교를 맺기 위해 반드시 지켜야 할 성결을 위한 의식과 규례들을 가르치기 위함이다.

5. 중심사상

1) 거룩하신 하나님께 나아가려는 자는 거룩, 성결, 구속해야 한다.
2) 죄를 속하기 위해서는 반드시 희생이 있어야 한다.
3) 하나님의 거룩함에는 은총과 자비가 포함되어있다.

6. 핵심

1) 단어: 거룩(holiness)
2) 구절: 17:11; 20:7~8
3) 장: 16장

7. 레위기와 신약의 관계

1) 레위기는 성전을 중심으로 이루어지는 제사의식을 다루고 있다.

- 참 성전은 손으로 지은 것이 아니다(히 9:24).

2) 레위기의 모든 제사는 참 제사의 그림자이다(히 10:1).

3) 레위기의 제사장은 참 제사장 그리스도의 모형이다(히 9:11).

8. 내용분해: 27장 859절

*레위기에서는 거룩이라는 말이 90회 사용되었다.

*신약의 히브리서는 구약의 레위기, 그리스도를 중심으로 그 영적 진리를 밝혀낸 것이다.

대주제	제사의식(1:~10:)		성결의식(11:~27:)			
초점	구속		회복			
소주제	1.제사법 (1:~7:)	2.제사장법 (8:~10:)	1.백성의 정결법 (11:~15:)	2.속죄일(16:)	3.성결법전 (17:~26:)	4.서원(27:)
내 용	5대 제사 1)번제 2)소제 3)화목제 4)속죄제 5)속건제 6)제사장들에게 주는 지시사항 7)결말	1)제사장과 성도의성별 2)첫제사의 수행 3)잘못된 제사에 대한 심판	1)정 · 부정의 동물 2)산후의 정결 3)문둥병의 진단과 정결법 4)유출병과 관련된 정결법	1)준비 2)아론과 그 가족을 위한 속죄제사 3)백성을 위한 속죄제사 4)지성소 밖에서 할일 5)속죄일에 대한 일방적 명령	1)음식의 성결 2)혼인의 성결 3)성결을 위한 생활윤리 4)죄에 대한 형벌 5)제사장의 성결 6)성물의 성결 7)절기의 성결 8)등잔병과 진설병 9)훼방 죄 10)안식년과 희년	1)서원한 것을 속할 경우 2)서원한 것을 그대로 바치는 경우
신학	하나님과의 친교를 위한 '거룩'의 필요성					

9. 주요사건 연대

모세의 출생(출2:2)	출애굽(출12:37-51)	시내산 도착과 십계명 수여(출19:1~24:11)	성막 건축(출25:1-40:38)	아론의 제사장 위임식(레8:1-36)
1527	1446	1446	1445	1445

BC →			
1445	1445	1406	
레위기의 율법과 규례 계시	시내 광야 출발(민 10:11-12)	아론의 죽음(민 20:28)	

1장 번제(헌신) *(The Burnt Offering)*

1. 위치설명: 1-5장은 제사법인데, 레위기의 레자의 'ㄹ'에 획 순서로 표시
2. 맥 절: (2절), 맥 보충: (3,10,14절)
3. 관주구절: 창 8:20, 출 18:12, 신 33:10, 삿 13:16
4. 찬송: 내 주의 보혈은, 감사하는 성도여, 은혜가 풍성한 하나님은
5. 해설: 출애굽기에서 완성된 회막에 임재하신 여호와 하나님이 모세를 부르시고 첫 번째로 계시하신 것은 "누구든지 여호와께 예물을 드리려거든 생축 중에서 소나 양으로 예물을 드릴찌니라" 백성이 하나님께 드릴 제사에 관한 것이다(1:1~2). 이 제사를 드림으로 이스라엘 백성들은 하나님의 은총에 참여하게 된다.

번제(3-17절)는 예물 전체를 불에 태우는 것으로 하나님께 대한 완전한 헌신을 의미한다(롬 12:1,3).

번제는 드리는 짐승의 종류에 따라 세 가지로 구분된다.

(1) 소의 번제(3-9절)는 예물을 드리는 자가 흠 없는 수컷(3절)의 머리에 안수(4절)한 후 도살하여 제사장에게 주면 제사장은 그 피를 단 사면에 뿌린다(5절). 가죽을 벗기고 각을 뜨되, 내장과 정강이는 물로 씻어 재물 전부를 단 위의 나무 불 위에 벌려 놓고 태운다.

(2) 양(염소)의 번제(10-13절)는 소의 번제와 같으며 단지 도살장소를 단 북편(11절)으로 기록하고, 안수에 대한 언급이 없는 점이 다르다.

(3) 새의 번제(14-17절)는 산비둘기나 집비둘기의 머리를 끊어, 그 머리를 단위에 불사르고 먹통과 더러운 찌꺼기를 단 동편에 버리고 날개부분을 찢어 단위에 모두 사른다.

쉼터: 여호와께 향기로운 냄새, 번제

• 드리는 자가 할 일 :
제물을 가져와서 드림, 안수함, 죽임, 가죽을 벗김, 각을 뜸, 머리와 기름을 베어 냄, 내장과 정강이를 물로 씻음

• 제사장이 할 일 :
피를 뿌림, 제단과 불 위 나무를 벌려 놓는다, 고기를 올려 놓는다, 전부를 태움

2장 소제(희생), 소금 언약 *(The Grain Offering)*

1. 위치설명: 1-5장은 제사법인데 레위기의 레자의 'ㄹ'에 획 순서로 표시
2. 맥 절: (1-2절), 맥 보충: (13절)
3. 관주구절: 출 29:41, 민 5:15, 왕상 18:29, 시 20:3
4. 찬송: 주님께 귀한 것 드려, 값비싼 향유를 주께 드린, 나 행한 것 죄뿐이니
5. 해설: 소제라는 말의 히브리어는 '민하'(minchah)로서 '예물' 또는 '선물'이란 뜻이다. 또한 5대 제사 중 유일하게 피 없이 드리는 제사로 그리스도의 삶을 나타낸다. 소제의 종류는 고운 가루, 과자, 첫 이삭이다.

(1) 고운 가루(1~3절)-가루에 기름을 더한 것 한줌과 유향전부를 단위에 불사르고 남은 고운 가루는 제사장에게 돌린다.

(2) 가루를 요리하여 익힌 것(4~13절)-고운 가루에 기름을 섞은 무교병 등을 화덕에 굽거나, 번철에 부치거나, 솥에 삶아 만들고 제사장은 그 중에 기념할 것을 취해 단 위에 사른다. 소제물에는 누룩과 꿀을 넣어서는 안 된다. 그 대신 소금은 반드시 쳐야 한다.

(3)첫 이삭(14~16절)을 볶아 찧어 기름을 부은 것과 유향을 제사장에게 드려 제사장이 기념할 것을 취해 단위에 사른다.

● **모든 예물에는 소금을 치라**

"내 모든 소제물에 소금을 치라 네 하나님의 언약의 소금을 네 소제에서 빼지 못할지니 네 모든 예물에 소금을 드릴찌니라." 이처럼 제물에 소금을 사용함으로써 이스라엘 백성은 가장 엄숙한 언약으로 여호와께 매였던 것이다. 그래서 '소금 언약'이란 말도 나왔다(민 18:19)

쉼터: 소제의 의미

① 그리스도의 순수한 봉사(요 17:4)와 성도들의 순결한 충성(빌 4:18) 상징
② 예수님의 자기 부인(마 3:13~17), 하나님의 뜻을 좇아서(요 4:19), 봉사(요 17:4)
③ "나는 날마다 죽노라"(고전 15:31), "맡은 자의 구할 것은 충성"(고전 4:2)
④ 콩은 하나가 될 수 없음. 그러나 메주를 만들면 하나가 됨(행 2:46~47)

3장 화목제(감사) *(The Fellow ship Offering)*

1. 위치설명:1~5장은 제사법인데 레위기의 레자의 'ㄹ'에 획 순서로 표시
2. 맥 절: (1절), 맥 보충: (3, 4, 9절), 기타 중요내용: (17절)
3. 관주구절: 출 20:24; 29:28; 32:6, 요일 2:2, 요일 4:10, 삼상 13:9
4. 찬송: 값비싼 향유를 주께 드린, 그 크신 하나님의 사랑, 날 대속하신 예수께
5. 해설: 화목제는 하나님과 인간 사이, 인간과 인간 사이의 화평을 위한 제사이다. 이 제사에는 친교의 식사가 따르며, 이것은 곧 영적 교제를 상징하는 것이다. 화목제에는 감사제, 서원제, 낙헌제(자원제)가 있다(7:12, 16). 제사짐승으로는 암 · 수의 구별 없이 소, 양, 염소에 한정되었으며, 비둘기는 허용되지 않았다. 이는 공동식사에 충분하지 않기 때문이다.

(1) 소(3:1~5)는 회막문에서 안수하여 도살하고, 피를 제단 사면에 뿌린 후에 내장의 기름을 떼어내 그것을 단위에 불사른다. 내장의 기름은 짐승의 핵심부분으로 인간의 내적 본성을 상징한다.

(2) 양(3:6~11)은 소의 경우와 비슷하며, 단지 기름진 꼬리(9절)를 내장의 기름과 함께 단 위에 불사른다.

(3) 염소(3:12~17)는 소의 경우와 동일하다. 제물에 있어 모든 기름은 여호와의 것이므로 피와 함께 기름도 먹지 말 것을 명령한다(16, 17절).

쉼터: 화목제의 의미

① 반드시 피가 필요했다는 사실(엡 2:13, 16)
② 하나님과 인간의 화목은 그리스도의 보혈을 통해서만 가능(고후 5:18, 히 9:22)
③ 하나님의 은혜를 감사하는 자발적 제사로서 화해, 일치, 친교, 번영, 행복 등의 의미를 내포 (롬 5:1, 엡 2:11~23, 골 1:20)

- 화목 요절: "우리의 죄를 위하여 화목제로 그 아들을 보내셨음이니라"(요일 4:10).

4장 속죄제(회개) *(The Sin Offering)*

1. 위치설명: 1~5장은 제사법인데 레위기의 레자의 'ㄹ' 에 획 순서로 표시
2. 맥 절: (2, 3, 13절), 맥 보충: (13, 22, 27절)
3. 관주구절: 출 29:14, 민 19:9, 왕하 12:16, 레 16:34
4. 찬송: 이 세상의 모든 죄를, 나 행한 것 죄뿐이니, 너희 죄 흉악하나
5. 해설: 속죄제(4:2~5:13)는 "그릇 범한 경우"(2절) 즉, 무의식, 부주의, 또는 연약함으로 짓는 죄에 대한 속죄의 제사로서, '고의로 짓는 죄' 에 대한 제사가 아니다. 속죄 받는 자의 신분과 책임에 따라 네 가지로 나뉜다.

신분과 책임에 따른 속죄제의 종류(4:2~35)

① 기름부음 받은 제사장(3~12절)이 범죄 한 경우로, 제사장은 백성을 대표하는 자이므로 제사짐승으로서는 가장 큰 제물인 수송아지를 제사장이 직접 안수하고 도살하여 그 피를 회막(성소)에 가지고 들어가 손가락에 찍어 성소의 휘장을 향해 7번 뿌리고, 향단 뿔에 바르고, 나머지 피는 제단 밑에 쏟는다. 제단에는 내장의 기름만을 불사르고(10절) 나머지 고기는 진 밖 재버리는 정결한 곳에 나무불로 태운다.

② 회중 전체가 범과한 경우로, 회중의 대표인 장로들이 수송아지를 안수, 도살하여 그 피와 제물을 제사장이 전과 동일한 방식으로 집행한다. 20절의 내용은 거의 모든(제사장의 속죄제는 예외)속죄제, 속건제의 끝에 등장하는 공식문구이다.

③ 족장(22~26절)이 범죄 한 경우로, 범죄 한 족장 자신이 숫염소를 안수, 도살하여 그 피를 제사장이 번제단 뿔에 바르고, 나머지 피는 번제단 밑에 쏟고 기름은 불에 사른다.

④ 평민(27~35절)은 범죄한 자신이 암염소(28절)나 암양(32절)을 안수, 도살하여 전과 동일한 방식으로 제사장이 집행한다.

쉼터: 속죄제의 의미

① 속죄제는 신약 성도들에게는 하나님과의 교제를 회복시켜 주는 회개

② 그리스도의 속죄사역을 의미(마 20:28)

③ 그리스도의 대속적 죽음을 예표하는 피뿌림(벧전 1:2)

5장 속건제(배상) *(The Guilt Offering)*

1. 위치설명: 1~5장은 제사법인데 레위기의 레자의 'ㄹ'에 획 순서로 표시
2. 맥 절: (15절), 맥 보충: (16, 19절)
3. 관주구절: 레 5:15;6:6, 삼상 6:3, 민 5:7, 사 53:10
4. 찬송: 정결하게 하는 샘이, 이 죄인을 완전케 하옵시고, 나 행한 것 죄뿐이니
5. 해설

• 태만과 경솔에 대한 속죄제(1~13절)는 4장의 죄보다는 가벼운 것이다.

첫째, 증인의 자격이 있으면서도 증인 요청에 응하지 않는 죄(1절)

둘째, 부정한 것을 만진 후 그것을 깨달았을 때(2, 3절)

셋째, 경솔한 빈말로 무심중에 맹세한 경우(4절)의 죄들에 대한 속죄제이다.

이 경우에는 먼저 그 죄를 자복하는 것이 선행되어야 한다(5절). 제물은 암양(암염소)을 드리되 가난한 자는 비둘기 둘을 드리고, 더 가난한 자는(11절) 고운가루 에바 십분의 일을 드린다.

• 속건제(5:14~6:7)의 특징은 침해되었다가 다시 회복되어야 할 재산이나 권리들에 대해, 보상 또는 배상하는 것이다. 침해한 대상에 따라 셋으로 구분한다.

(1) 여호와의 성물에 그릇 범과한 경우(15, 16절) 그 범과의 크기에 따라("지정한 가치를 따라") 흠 없는 숫양을 드리고, 범과한 성물을 배상하되 오분의 일을 더하여서 제사장에게 준다.

(2) 부지중에 여호와의 금령을 범한 (17~19절)자는 동일한 방식으로 흠 없는 숫양을 드린다. 단 이 때는 하나님의 계명을 범한 것이므로 물질적 배상은 없다.

(3) 이웃의 권리를 침해(6:1~7)한 자는 물건을 돌려보내되, 오분의 일을 보태어서 보상하고, 흠 없는 숫양을 속건제로 드린다.

쉼터: 여호와의 성물에 대한 속건제

하나님께 속한 거룩한 것들을 잘못 사용하는 문제를 지적하고 있다. 오늘날 교회의 재정을 담당하거나 하나님의 물건을 관리하는 일로 인하여 간혹 교회의 분열이 야기된다. 또한 예배당을 사고 파는 행위가 공공연하게 당연시 되고 있다. 참으로 안타까운 일이다. 나는 하나님의 것을 얼마나 조심스럽게 심각하게 취급하고 있나?

6장 제사장의 직무 *(The Priestly Offering)*

1. 위치설명: 1~5장은 제사법인데 레위기의 레자의 'ㄹ'에 획 순서로 표시
2. 맥 절: (9,25), 맥 보충 절: (14절)
3. 관주구절: 출 38:21, 레 1:5, 레 10:1, 민 3:4, 신 10:6
4. 찬송: 내 너를 위하여, 내 마음 주께 드리니, 내 맘과 정성을 다하여서
5. 해설: 이웃의 권리를 침해(1~7절)한 자는 물건을 돌려보내되 오분의 일을 보태어서 보상하고, 흠 없는 숫양을 속건제로 드린다.

• 5대 제사(번제, 소제, 속죄제, 속건제, 화목제)에 관한 구체적인 설명이 기록되어 있다.

제사장들에게 주는 지시사항(6:8~7:36)

(1) 번제에 대한 지시사항(9~13절)은 번제를 드리고 관리함에 있어 제사장(아론과 그 자손)이 지켜야 할 사항들이다. 드려진 번제물은 불이 꺼지지 않게 하여 단위에 아침까지 두었다가 매일 아침 번제의 제물을 걷어, 진 밖 정결한 곳에 버리고 새로 나무와 번제물을 벌여 놓고 화목제의 기름을 그 위에 놓는다.

(2) 소제에 대한 지시사항(14~18절)은 소제물은 언제나 그 중의 한 움큼의 가루와 유향전부를 기념물로 단위에 사르고, 나머지는 누룩을 넣지 말고 제사장이 거룩한 곳 회막 뜰에서 먹는다. 이것은 거룩한 성물이므로 이를 만진 자는 거룩해진다.

(3) 제사장을 위한 소제(19~23절)는 제사장의 위임식 때, 즉 기름부음을 받는 날에 드

리는 소제이다. 고운가루 에바 십분의 일을 아침, 저녁으로 반씩 나누어 매일 드려야 한다. 이소제는 전부 불사르고 먹지는 않는다.

(4) 속죄제에 대한 지시사항(24~30절)은 속죄제의 고기는 제사 드리는 제사장이 회막 뜰에서 먹어야 한다(26절). 그 고기나 피는 모두 거룩하므로 이것에 접촉하거나 묻은 것은 모두 씻거나 깨뜨려야(토기의 경우)한다. 이는 거룩한 것이 속된 것과 섞이지 않게 하기 위한 것이다.

〈속죄제와 속건제의 형식적 차이〉

	속죄제	속건제
1) 제물이 다름	소, 염소, 양, 비들기, 고운가루	흠 없는 숫양
2) 제물의 피	남은 피를 번 제단 밑에 쏟는다	쏟지 않는다
3) 제사방법	개인 집단적인 제사	개인적인 제사

쉼터: 속죄제와 속건제의 차이점

속죄제는 특별한 죄에 대하여 드리는 제사이고 속건제는 보상이 가능한 죄

7장 제사장의 몫 *(The Priest' s share)*

1. 위치설명: 7장은 하나님께 5제사를 받든다(섬김)는 의미로 십자 맨 위에 표시
2. 맥 절: (1, 11절), 맥 보충: (12절)
3. 관주구절: "제사를 드릴 거룩한 제사장"(벧전 2:5)
4. 찬송: 예수 십자가에 흘린 피로써, 이 세상의 모든 죄를, 내죄 사함 받고서
5. 해설

- **속건제에 대한 사항(1~10절)**

속건제의 희생 고기는 회막 뜰에서 제사 드리는 제사장이 먹는다(7절). 제물의 가죽이나 요리된 고운 가루는 번제를 드리는 제사장이 갖고, 그 밖의 소제물은 모든 제사장들이 균등히 나누어 갖는다.

• **화목제에 관한 사항(11~36절)**

① 화목제에 동반되는 피 없는 예물(소 제물)(12~14절)

기름 넣은 고운 가루를 조리하여 거제로 여호와께 드린다.

② 제물의 고기를 먹는 법(15~21절)

당일 혹은 이튿날까지 먹고 남은 것은 불사른다. 날짜가 지나서 먹는 예물은 열납되지 않고, 죄를 당하기 때문이다(18절). 부정을 입은 예물은 먹지 않고 불사르며, 고기는 깨끗한 자만이 먹을 수 있다.

③ 기름과 피를 먹지 말라는 금지 명령(21~27절)

④ 여호와의 몫(제사장의 분깃)(28~36절)

제물의 가슴부분은 요제로 드린 후에, 제사장들에게(30절). 우편 뒷다리는 거제로 드린 후에, 희생을 드린 제사장에게 돌린다.

쉼터: 은혜로 드리는 산제사

구약시대의 절기, 제사, 음식 등은 신약시대의 성도들과 어떠한 관계가 있나?

구약의 하나님과 신약의 하나님은 같은 하나님이시다. 따라서 구약의 절기, 제사, 음식에 관한 규례들은 당연히 신약시대의 성도들에게도 적용되어야 할 것이다. 그런데 이러한 모든 일들로부터 우리를 완전하게 하기 위하여 예수님이 이 땅에 오셨으며, 또한 십자가에 달리셨다. 예수님은 우리에게 불리한 율법의 채무증서를 십자가에 못 박아 없애버리셨다(골 2:14). 신약시대의 성도들은 그리스도의 할례를 받은 사람들이다(골 2:11).

그러므로 이제 먹고 마시는 것이나 명절이나 초하루나 안식일에 관해서 아무도 우리를 비판하지 못한다(골 2:16). 신약시대의 성도들은 그리스도 안에서 새 삶을 얻었으므로, 감사하며 경건하고 두려운 마음으로 하나님을 섬겨 그분을 기쁘게 해 드려야 한다(히 12:28). 이것이 오늘날 우리가 드릴 산제사이다(롬 12:1).

8장 제사장 위임식 *(The Ordination of Aaron and his son)*

1. 위치설명: 레위기의 레자의 ㅔ 'ㄱ' 에 표시
2. 맥 절: (22, 23절). 맥 보충: (33절)
3. 관주구절: 출 29:22, 26, 27, 31 ; 레 7:37, 8:22, 33
4. 찬송: 예수 앞에 나오면, 구주께서 부르되, 거룩한 주님께
5. 해설: 제사법에 이어 제사를 수행할 제사장을 임명하고 성별한다. 제사장은 백성을 대표하여 거룩한 하나님께 제사를 드리는 자이므로 특별한 선택과 위임식이 있게 된다. 그것이 중요한 일인 만큼 그것이 잘못되었을 때의 형벌 역시 심각한 것이었다.

- **제사장과 성도의 성별**

하나님께서 이미 지시하신 것을 하나님의 명령에 따라, 모세가 주관하여 제사장과 성도를 성별하는 일을 한다.

(1) 성별의 준비(2~13절)

성별된 사람, 공식복장, 관유, 제사예물 등을 가지고 회막문에 회중을 불러 모은다(2~5절). 아론을 씻기고 공식복장을 입힌다(6~9절). 관유를 모든 성서의 기구에 바르고(10, 11절) 아론의 머리에 바른다(12절). 아론의 아들들에게도 공식 복장을 입힌다.

(2) 성별을 위한 제사(14~32절)

이 제사는 속죄제, 번제, 화목제로 진행되는데 모세가 제사장이 되고, 아론과 그 아들들이 예물 드리는 자가 된다. 속죄제에서는 그 피를 단 네 귀퉁이 뿔에 바르고 단 밑에 쏟으므로 단을 깨끗하게 한다. 화목제의 피로 아론과 아론의 아들들이 오른쪽 귓부리, 오른손 엄지손가락, 오른발 엄지발가락에 바른다.(23, 24절). 관유와 단 위의 피를 제사장들의 옷에 뿌림으로 성별이 종결된다(30절).

(3) 위임식의 기간(33~36절)

7일 간의 위임식 동안에는 아론과 그 아들들은 회막문을 나갈 수 없다. 이 기간은 여호와의 명령을 준행하는 기간이며 성별을 완성하는 기간이다.

쉼터: 거룩한 예복을 입은 제사장

'옷을 입는다'는 말이 신약에서는 성령의 능력으로 충만함을 입을 때 사용되었다(눅 24:49). 이 시대의 제사장들인 성도들에게도 하나님의 능력으로 옷 입는 역사가 반드시 필요하다. 거룩한 삶을 사는 능력과 복음을 전하는 능력으로 채움 받았을 때, 우리의 신앙생활은 어려움이 아닌 즐거움이 될 것이다. 오늘날은 하나님의 능력으로 덧입지 않는다면 실망할 수밖에 없고 두려워할 수밖에 없는 상황들이 너무 많다. 우리는 주의 능력을 간구하고 능력을 덧입은 후에, 삶 속에서 이 능력을 경험하고 확증해 나가야 한다. 그래야만 이 시대의 제사장 직분을 온전히 감당해 나갈 수 있다.

9장 아론의 첫제사 *(The Priests Begin their Ministry)*

1. 위치설명: 레위기의 레자의 ㅓ 'ㄱ'에 표시
2. 맥 절: (8절), 맥 보충: (22, 23절)
3. 관주구절: 레 4:1~12, "신령과 진정으로 예배"(요 4:24)
4. 찬송: 기뻐하며 경배하세, 찬양하라 복되신 구세주 예수, 주의 주실 화평
5. 해설: 위임식이 끝난 제8일에 모세의 명령에 따라 아론과 이스라엘 백성들은 각각 자신들을 위한 제물을 준비한다. 아론 자신을 위한 제사는 속죄제와 번제였으며(8~14절), 백성을 위한 제사는 속죄 죄와 번제와 소제와 화목제의 순서로 드려졌다(15~21절). 제사의 방법은 모세의 명한 규례를 따른 것이었다. 제사를 마친 후, 아론이 손을 들어 축복하자 여호와의 영광이 임하고 불이 임하여 제물을 태웠다(22~24절). 이는 하나님께서 제사를 받으셨음을 보여준다.

쉼터: 제사장의 임무

임 무	성경본문	임 무	성경본문
회막의 등불을 검사함	출 27:21	서원지의 길을 정함	레 27:8,12
희생을 드림	레 1:1~6:7	행진할 때, 성소의 기구를 덮음	민 4:5~15
단 위의 불을 꺼지지 않게 함	레 6:12,13	백성을 축복함	민 6:23~27
율법을 가르침	레 10:11	나팔을 불어 회중을 소집함	민 10:2~10
문둥병을 진단함	레 13:2~59	전쟁에서 백성을 격려함	신 20:2~4
부정한 것을 정하게 함	레 15:15~31	언약궤를 옮김	수 3:6~17
첫 열매를 드림	레 23:10,11	십일조 받는 일을 감독함	느 10:38

10장 잘못된 제사(나・아 죽음) *(The Death of Nadab and Abihu)*

1. 위치설명:레자의 ㅓ '‌ㄱ'에 표시
2. 맥 절: (1절), 맥 보충: (2절)
3. 관주구절: "아론의 두 아들이 여호와 앞에 나가다가 죽은 후(레 16:1), 민 11:1
4. 찬송: 인해하신 구세주여, 나 주의 도움 받고자, 여호와 하나님
5. 해설

*** 잘못된 제사에 대한 심판**

아론의 두 아들 나답과 아비후가 제사의 규례를 어기고 자의로 규정에 없는 불을 여호와께 드리다 하나님의 심판으로 죽임을 당한다. 이는 하나님께서 "그를 가까이하는 자"인 아론과 그자손인 제사장이 올바르고 성별된 방법으로 하나님께 예배함으로 하나님께서 이스라엘 백성을 통해 거룩함과 영광을 얻으시려는 것이다(3절). 하나님의 심판으로 이스라엘 온 회중이 크게 동요하는 상황에서 성직을 맡은 제사장은 사사로운 인정에 끌려서 감정을 자제하지 못하면, 오히려 더 큰 재앙과 심판을 초래하게 될 것을 모세가 경고하였다(6절).

속죄제 희생의 고기는 예수 그리스도의 몸이다(요 6:35). 그러므로 이것을 먹는 것은 거룩하고 복된 일이다(17절).

쉼터: 다섯 가지 제물의 의미

번제	여호와께 자기를 완전히 복종시키는 인간 전체의 성화
소제	성화의 열매로 나타난 행위
화목제	구원의 은총을 소유하고 누리는 복 받은 상태
속죄제 및 속건제	죄 및 범과들로 인한 죄인과 하나님 사이의 장벽을 제거하며, 용서를 얻게 하고, 죄인이 다시 계약의 은총을 회복하도록 한다.

* 구약의 제사는 모형이요, 그림자에 불과하다(히 9:9. 10:1~4).

*** 교훈 및 적용**

1. 하나님은 거룩하시다. 성도는 그 자신의 모든 예배와 기도와 신앙이 거룩해야 한다.
2. 우리는 누구도 완전히 거룩할 수 없다. 중요한 것은 우리가 자신의 허물을 뉘우치고 하나님께 자신을 산 제물로 드리는 일이다.
3. 하나님은 우리가 빈부와 귀천에 관계없이 그의 앞에 나와서 교제하기를 원하신다. 감사와 기쁨으로 그의 앞에 나아가자.
4. 하나님은 우리가 이웃들과도 화목하고, 서로에게 잘못을 범하는 일이 없기를 원하신다.
5. 우리가 완전에 이르는 길은 오직 예수 그리스도의 속죄제사를 통해서만 가능하다.

※ 백성의 정결법(11:~15:)

지금까지는 주로 제사와 제사장을 중심으로 하는 의식과 법에 대한 설명이었던 반면, 11~15장에서는 이스라엘의 모든 백성이 준수해야 할 생활 속에서의 정결을 위한 법들을 설명하고 있다.

11장 정 • 부 음식 *(Clean and Unclean Food)*

1. 위치설명: 11~15장은 레위기의 '위' 자에 획 순서로 표시
2. 맥 절: (2~3절), 맥 보충: (4:절)
3. 관주구절: "하나님께서 깨끗하게 하신 것을 네가 속되다 하지 말라"(행 10:15).

4. 찬송: 십자가로 가까이, 주 음성 외에는, 비둘기 같이 온유한

5. 해설: 하나님의 백성으로서 먹을 수 있는 것과 먹어서는 안 되는 것들 또는 접촉해서는 안 되는 것을 규정함으로 우상을 섬기는 이방민족들과 이스라엘을 구별하였다.

구분	짐승(1~8)	물고기 (9~12)	새(13~19)	곤충(20~23)	기어다니는 것 (29~38,41~44)
먹을 수 있는 것	굽이 갈라진 것 새김질하는 것	지느러미와 비늘이 있는 것		날개와 네 발이있어 땅 위에서 뛰는 다리가 있는 것(예 : 메뚜기. 베짱이,귀뚜라미, 팟종이)	
먹을 수 없는 것	그 외 (예: 약대, 사반, 토끼, 돼지)	지느러미와 비늘이 없는 것	(예: 독수리, 솔개, 어응매, 까마귀, 타조, 다호마스, 갈매기, 새매, 올빼미, 노자, 부엉이, 따오기, 당아, 올응, 학, 황새, 대승, 박쥐)	날개만 있고 기어 다니는 곤충	땅에 기어다니는 것 중에 배로 밀어 다니는 것이나 네 발로 걷는 것이나 여러 발을 가진 것(예: 쪽제비, 쥐, 도마뱀, 합개, 육지악어, 사막도마뱀, 수궁, 칠면석척)

특히, 부정한 것의 시체는 접촉해서는 안 되며, 접촉한 자는 옷을 빨고 접촉한 모든 것을 물에 씻거나 깨뜨려야 한다(28, 31~38절). 정한 짐승이라도 죽은 것을 만지거나 먹는 자도 부정을 입는다(37, 40절). 정, 부정의 동물을 구별해야 하는 이유는 이스라엘이 거룩한 하나님의 백성이기 때문이다(44, 45절)

쉼터: 먹을까? 말까?

하나님은 레위기 1장에서 먹지 말라는 음식을 가르쳐 주셨다. 성경에서는 분명하게 설명되어있지 않지만, 하나님께서는 자신이 택한 백성들이 이방인들과는 구별되어 거룩한 삶을 살게 하려는 의도에서 그렇게 하셨을 것이다. "나는 여호와 너희 하나님이라 내가 거룩하니 너희도 몸을 구별하여 거룩하게 하고...스스로 더럽히지 말라. 나는 너의 하나님이 되려고 너희를 애굽 땅에서 인도하여 낸 여호와라. 내가 거룩하니 너희도 거룩할찌어다

(레 11:44~45) 또한, 어떤 동물은 이방인들의 제사의식에 사용되었던 것들로 그 당시 부도덕한 이방 민족들의 관습에 오염되지 않도록 하기 위한 것으로 보인다. 또 돼지 고기를 먹지 못하게 한 것은 그 지방의 기후로 볼 때 부패하기 쉽기 때문이었다.

12장 산모 정결의식 *(Purification After Childbirth)*

1. 위치설명: 11~!5장은 레위기의 '위' 자에 획 순서로 표시
2. 맥 절: (2~4절), 맥 보충: (5절)
3. 관주구절: "모세의 법대로 결례의 날이 차매 아기를 데리고"(눅 2:22)
4. 찬송: 샘물과 같은 보혈은, 너 성결키 위해, 주 예수 내가 알기 전
5. 해설: 여인이 남아를 낳으면 1주일간 출혈이 있으므로, 다른 사람으로부터 격리되어야 한다. 그리고 산후분비물이 끝나는 33일간은 집에 머물러야 하였다. 딸을 출산한 경우에는 그 날이 2배수가 되어 각각 2주일과 66일간이 된다(5절). 이 기간이 끝난 후에 산모는 일년 된 양 또는 비둘기로 속죄제를 드리게 된다.

쉼터: 질그릇과 질탕관

"그것 중 어떤 것이 어느 질그릇에 떨어지면 그 속에 있는 것이 다 부정하여지니 너는 그 그릇을 깨뜨려라. 화덕이든지 질탕관이든지 깨뜨려 버려라." 이것은 이스라엘 자손들이 의식상의 정결에 대해 얼마나 큰 관심을 보여 주는 실례이다.

13장 문둥병 규례 *(Regulations About Infectious Skin Diseases)*

1. 위치설명: 11~15장은 레위기의 '위' 자에 획 순서로 표시
2. 맥 절: (2, 47절), 맥 보충: (45, 46절)
3. 관주구절: 아론, 미리암(민 12장), 게하시(왕하 5장), 웃시아(대하 26:19) 등

4. 찬송: 나의 죄를 씻기는, 죄에서 자유를 얻게 함은, 네 병든 손 내밀라고

5. 해설

• **사람에게 발한 문둥병(13:1~46)**

전염성이 없는 일반 피부병인지 아니면 전염병인지를 판가름할 때, 분명한 문둥병자는 스스로 문둥병자임을 공포함으로써(45절), 격리시켰다(46절)

• **의복에 발한 문둥병(13:47~59)**

일종의 곰팡이로서 이것이 발생한 의복을 불태운다. 이는 의생활에 있어 깨끗하고 거룩할 것을 명한 것이다.

쉼터: 문둥병은 피부병	
정의	현대의 문둥병(한센병)보다 더 폭넓은 의미의 심각한 피부병
종류	피부병, 종기, 머리나 수염에 생긴 피부병, 대머리에 생긴 피부병, 의복, 집에 생긴 것
판단	제사장
성결제	예물을 제사장에게 가져가 속죄제를 올린 후 언약 백성으로 다시 회복됨

14장 문둥병 정결의식 *(Cleansing From Infectious Skin Diseases)*

1. 위치설명: 11~15장은 레위기의 '위' 자에 획 순서로 표시

2. 맥 절: (2절), 맥 보충: (8, 11, 34절).

3. 관주구절: "가서 제사장들에게 너희 몸을 보이라"(눅 5:14).

4. 찬송: 너 예수께 조용히 나가, 주의 말씀 받은 그날, 먹보다도 더 검은

5. 해설

• **문둥병자의 정결법(14:1~32)**

문둥병이 다 나은 것이 확인될 경우, 제사장은 환자를 청결케 하기 위해서 의식을 행한다. 제8일에는 속건제, 번제, 소제를 드려 부정을 속한다.

• **가옥의 문둥병(14:33~53)**

일종의 이끼 또는 곰팡이 등이 가옥의 벽에 발생한 것으로서, 가옥의 불결로 인한 재앙

을 사전에 막기 위한 것이다.

• 문둥병에 대한 결론(14:54~57)

쉼터: 성경에 나오는 문둥병자

성경에서 피부에 발생하는 병은 하나님의 재앙 또는 죄, 부정을 상징한다. 미리암의 문둥병(민 12:1~10), 게하시의 문둥병(왕하 5:25~27), 웃시야 왕의 문둥병(대하 26:16~21)은 모두 특정한 죄에 대한 형벌이었으며, 모세가 소명을 받을 때 문둥병이 손에 발하는 표적 역시 인간의 부정을 의미한다(출 4:6).

15장 유출병 *(Discharges Causing Uncleanness)*

1. 위치설명: 11~15장은 레위기의 '위' 자에 획 순서로 표시
2. 맥 절: (2절), 맥 보충: (19, 32절)
3. 관주구절 : "그의 혈루 근원이 곧 마르매 병이 나은 줄을"(막 5:29)
4. 찬송: 나의 죄를 씻기는, 먹보다도 더 검은, 이 곤한 인생이
5. 해설

• **유출병과 관련된 정결법**

사람의 몸에서 흘러나오는 모든 분비물에 관한 처리법이다.

2-15절까지의 '유출법'은 남자의 유출병에 관한 것으로 병에 걸린 자와 직접, 간접으로 접촉한 자가 부정하다.

16-18절까지는 설정에 대한 정결이다.

19-24절까지는 정기적인 여자의 경도와 이것에 접한 사람과 물건에 관한 규정이다. 25-30절까지는 정기적이 아닌 여자의 유출로 인한 부정에 관한 것으로 유출이 그치고 칠일이 지난 후 제 팔일에 제물로 속죄해야 한다.

이 규례를 기록한 목적은 부정한 사람이 자기의 부정을 깨닫지 못하고 거룩한 성막에 들어갔다가 죽임을 당하지 않도록 하기 위함이었다(15:31). 유출병자들은 병이 나을 때까지 집안에 머물러 있으며, 유출병이 나았을 때, 7일을 기다리면서 옷을 빨고 몸을 씻은

후, 8일째 되는 날 속죄제와 번제를 드렸다. 그 후에야 비로소 정결케 되었다

쉼터: 유출병이란?

정 의	종 류	판 단	성결례
성기에 생기는 병으로 피나 고름이 나오는 병	• 만성적 남녀의 유출병 • 일시적 남녀의 유출병 (월경, 설정)	자신 스스로 판단	• 성적 남녀 유출병은 제사를 드림 • 일시적 남녀 유출병은 목욕을 함

16장 대속죄일 *(The Day of Atonement)*

1. 위치설명: 대속죄일 이므로 십자가 가로선의 우측에 표시
2. 맥 절: (34절), 맥 보충 절: (8~10절)
3. 관주구절: "저는 우리의 죄를 위한 화목제물이니"(요일 2:2)
   "가라사대 다 이루었다"(요 19:30).
4. 찬송: 고통의 멍에 벗으려고, 큰 죄에 빠진 날 위해, 나의 죄를 씻기는
5. 해설: 앞 장에서 지시된 하나님의 명령이 아무리 잘 지켜진다고 해도 알게 모르게 많은 죄와 부정들이 밝혀지지 않은 채 남아 있을 수 있다. 이를 위해 일 년에 한 번씩 백성 전체를 위한 대대적인 속죄를 실시하는 절기이다.

1) 준비(1~5절)

일 년에 한번 대제사장은 몸과 마음의 준비를 갖추고 휘장 안의 지성소로 들어갔다. 지성소 안의 속죄소는 여호와께서 임재하시는 두려운 곳이다(2절). 제사장은 성소에 들어가기 위해 제물과 세마포로 된 거룩한 복장을 갖추어야 한다(3~15절).

2) 아론과 그 가족을 위한 속죄제사(6~14절)

아론은 자신과 자신의 권속을 위해 수송아지로 속죄제를 드리고 염소 둘을 취해 하나는 여호와께 속죄제로 드리고 하나는 아사셀을 위하여 산채로 광야에 보낸다. 광야란 악령이 거하는 죽음과 폐허의 장소를 상징한다. 수송아지의 피는 향연과 함께 지성소의 속

죄 소에서 드려진다.

3) 백성을 위한 속죄제사(15~22절)

백성을 위해서는 염소를 잡아 그 피를 속죄소에서 드려 백성의 모든 부정과 죄를 속죄한다. 제사장이 자신과 그 권속과 이스라엘 백성을 위해 지성소 안에서 속죄하는 동안은 아무도 회막 안에 있을 수 없다(17절). 또한 다른 한 염소를 취해 산 채로 광야로 보내되 안수를 통해서 백성의 모든 죄를 지게 하여 무인지경의 광야로 보낸다. 이는 모든 백성의 죄가 아사셀에게로 돌아가게 함을 의미한다.

4) 지성소 밖에서 할 일(23~28절)

지성소에서 드려지는 의식을 끝내고 회막으로 나와서 행해지는 부수적인 일들에 대한 설명이다.

5) 속죄일에 대한 일반적 명령(29~34절)

매년 7월 10일은 스스로 괴롭게 하는 날로 특별히 이 날을 회개하는 날로 정하여 지킬 것을 명하고 있다. 이 날은 큰 안식일(31절)로서 온전히 회개와 속죄에 전념하는 날인 것이다.

쉼터: 구약의 대제사장과 그리스도의 비교

	구약의 대제사장	신약의 그리스도(히 9:)
소명	사람 가운데서 택하여짐	하나님으로부터 오신 독생자
제사	지상의 지성소에 들어가 짐승의 피를 뿌림	하늘의 지성소에 들어가 자신의 피로 완전한 속죄를 드림
속죄의 대상	자신을 포함하여 모든 백성	자신을 위하지 않고 오직 죄있는 모든 인류
죄의 유무	죄가 있음	죄가 없음
효력	1년에 한번씩 반복해야 함	단번에 영원히 바침(히9:26)

*** 성결법전(17~26장)**

이 부분은 성결에 관한 것으로 "너희를 거룩하게 하는 여호와"란 말이 7번 나온다. 거룩하신 하나님께는 거룩하고 성별된 백성이 필요하다. 하나님의 백성은 모든 곳에서 거룩하게 행동해야 한다.

17장 피 규례(음식의 성결) *(Eating Blood Forbidden)*

1. 위치설명: 피(보혈)에 대한 내용이므로 십자가 가로선 좌측에 표시
2. 맥 절: (10, 11절) 맥 보충: (4, 14절)
3. 관주구절: "너희 생명의 피를 찾으리니"(창 9:5)
   "나의 피 곧 언약의 피니라"(마 26:28)
4. 찬송: 내 주의 보혈은, 너의 죄 흉악하나, 내 죄 사함 받고서
5. 해설: 하나님께는 먼저 제사로 드려지지 않은 도살을 살인과 동일하게 간주하였다(4절). 그 목적은 이스라엘 백성들이 우상의 제물을 먹는 일을 막기 위함이셨으며(7절), 동시에 제사를 통해 음식을 성별하고, 감사하는 마음으로 먹기 위함이었다(딤전 4:4). 피는 어떤 경우에서든지 먹는 것을 금하셨다. 그 이유는 피는 인간의 생명을 속하는 데에 사용되는 것으로 제단을 위해 구별되었기 때문이다(11절). 사냥에 의해 흘려진 피라도 더럽혀지지 않게 하기 위해 흙으로 덮게 하였다(13절).

쉼터: 피 제사

하나님께 드려지는 피 제사는 이스라엘 백성들을 정하게 하고 거룩하게 하며 하나님과의 관계를 회복하기 위한 것이었다. 인간의 죄에 대한 하나님의 공의와 사랑을 충족시켜주는 원리가 피 제사 속에 담겨있다. 죄와 부정으로 인해 당연히 죽임을 당해야 할 사람이 동물의 죽음과 그에 따른 피 제사를 통해 죄와 부정에서 구원받을 수 있었다(히 9:22).

피 제사를 통한 속죄의 원리는 예수님의 십자가 죽음에서 결정적으로 보여주었다(마 26:26~29, 막 10:45, 히 10:10) 레위기의 피 제사가 죄인 한사람에게만 적용되고 반복적인 것에 비해 십자가상의 제사는 적용범위가 무제한적이고 반복이 필요하지 않다는 것이다(히 9:26). 그러나 그리스도의 속죄를 자기의 것으로 삼기 위해서는 구약의 제사처럼 그 개인이 믿음과 회개를 통한 응답이 있어야 한다.

18장 가정 정결(혼인의 성결) *(Unlawful sexual relations)*

1. 위치설명: 레위기 '기' 자에 표시
2. 맥 절: (6~8절), 맥 보충: (22,23절)
3. 관주구절: "너희 중에 심지어 음행이 있다 함을 들으니"(고전 5:1)
   "말세에 고통 하는 때가 이르리니… 쾌락을 사랑하기를"(딤후 3:1, 2)
4. 찬송: 내 주의 보혈은, 너의 죄 흉악하나, 내 죄 사함 받고서
5. 해설: 골육지친과 성관계를 맺는 근친상간과 경도 중의 여인과의 성관계, 간통, 자녀를 몰렉에게 불태워 드리는 일, 남자끼리의 교합, 짐승과의 교합을 금하고 있다. 이런 일들은 하나님을 모르는 이방인들의 행위이며 이에는 반드시 형벌이 따름을 경고하고 있다.

● 성결을 위한 생활윤리(19:)

쉼터: 너희는 거룩하라

죄의 종류	벌	이 유
• 근친상간을 하지 말라 • 여인의 경도 기간에는 가까이하지 말라 • 남의 아내와 통간하지 말라 • 자녀를 몰렉에게 제물로 주지 말라 • 남자끼리 교합하지 말라 • 짐승과 교합하지 말라	백성 중에서 끊어짐	당시 혼음종교로 극도의 성적 문란을 가져온 가나안의 종교와 그 가증한 풍속을 버리고 하나님의 백성으로서 더 높은 도덕적 성결을 요구하심

19장 거룩하라 *(Various Laws)*

1. 위치설명: 레위기 '기' 자에 획 순서로 표시
2. 맥 절: (2절), 맥 보충: (3절)
3. 관주구절: "하나님의 뜻은 … 거룩함"(살전 4:3)
   "우리를 부르심은 … 거룩케 하심이니"(살전 4:7)
4. 찬송: 갈 길을 밝히 보이시니, 예수 따라가면, 영광을 받으신 만유의 주여
5. 해설: 19장에는 여러 가지 율법이 포함되어 있는데, 모두 행위의 성결과 십계명에 기초한 윤리적 삶에 대한 것이다. 하나님의 백성에게는 믿지 않는 이방인보다 더욱 아름다운 윤리적 삶이 요구된다. 여기에서 주목할 것은 다음과 같다.
   추수 때, 가난한 사람과 타국인에 대한 배려(9,10절)
   품꾼의 임금을 체불하지 말 것(13절)
   부와 권력 앞에 불공평한 재판을 하지 말 것(15절)
   이웃 사랑(18절), 노인에 대한 공경(32절), 타국인과 객에 대한 친절(33,34절) 등

쉼터: 출애굽기 20장과 레위기 19장의 비교

출애굽기 20장의 십계명	레위기 19장의 율법
나는 너를 애굽 땅 종되었던 집에서 인도하여 낸 너의 하나님 여호와로라 너는 나 외에는 다른 신들을 네게 있게 말지니라(2,3절).	나는 너희 하나님 여호와니라(3절).
너를 위하여 새긴 우상을 만들지 말고...그것들에게 절하지 말며 그것들을 섬기지 말라 나 여호와 너의 하나님은 질투하는 하나님인즉...(4,5절)	너희는 헛 것을 위하지 말며 너희를 위하여 신상들을 부어 만들지 말라 나는 너희 하나님 여호와니라(4절).
너는 너의 하나님 여호와의 이름을 망령되이 일컫지 말라(7절).	너희는 내 이름으로 거짓 맹세함으로 네 하나님의 이름을 욕되게 하지 말라...(12절).
안식일을 기억하여 거룩히 지키라. 엿새 동안은 힘써 네 모든 일을 행할 것이나…(8~11절)	나의 안식일을 지키라(3절). 내 안식일을 지키고 내 성소를 공경하라… (30절)

출애굽기 20장의 십계명	레위기 19장의 율법
네 부모를 공경하라. 그리하면 너의 하나님 나 여호와가 네게 준 땅에서 네 생명이 길리라(12절).	너희 각 사람은 부모를 경외하고(3절)
살인하지 말지니라(13절).	원수를 갚지 말며 동포를 원망하지 말며...(18절)
간음하지 말지니라(14절).	음행(20~22절)과 매춘을 금함(29절)
도적질하지 말지니라(15절).	너희는 도적질하지 말며...(11절)
네 이웃에 대하여 거짓 증거하지 말지니라(16절).	속이지 말며 서로 거짓말하지 말며(11절), 너는 네 백성중으로 돌아다니며 사람을 논단하지 말며...(16절)
네 이웃의 집을 탐내지 말지니라. 네 이웃의 나내나 그의 남종이나 그의 여종이나 그의 소나 그의 나귀나 무릇 네 이웃의 소유를 탐내지 말지니라(17절).	너는 네 이웃을 압제하지 말며 늑탈하지 말며..(13절), 네 형제를 마음으로 미워하지 말며...(17절)

20장 치명적 범죄(죄에 대한 형벌) *(Punishments for Sin)*

1. 위치설명: 레위기 '기' 자에 획 순서로 표시
2. 맥 절: (15, 16절), 맥 보충: (13절)
3. 관주구절: "그 앞에 거룩하고 흠이 없게 하시려고"(엡 1:4)
   "우리 아버지 앞에서 거룩함에 흠이 없게 하시기를"(살전 3:13)
4. 찬송: 영원히 죽게 될 내 영혼, 주의 피로 이룬 샘물, 주 믿는 사람 일어나
5. 해설: 20장에서는 18장과 19장에서 금지하고 있는 악행과 죄를 반복하면서 이에 대한 형벌을 말하고 있다. 그것은 주로 우상숭배, 성적 범죄에 대한 것으로 형벌을 극형으로서 돌로 쳐 죽이는 사형에 해당한다.

쉼터: 거룩하신 하나님

거룩으로 번역된 히브리어 '코데쉬'(Kodesh)는 '잘라냄,분리함'을 의미하는 것으로 더러움과 분리된 상태를 말한다. 본래 거룩은 하나님께만 있는 성품으로 모든 피조물과 완전히

다르게 구별되심을 말한다. 그러나 어떤 것도 거룩하신 하나님과 관계되면 그안에 '거룩'이 있게 된다. 하나님과 관련되어 거룩해진 것들은 무엇인가?

1) "너희는 거룩 하라 나 여호와 너희 하나님이 거룩함 이니라"(레19:2).
2) 하나님은 안식일, 안식년, 희년을 거룩하게 하시고 노동을 금하셨다(레 25:2~7).
3) 특별한 장소를 지정하여 거룩하게 하셨다. 떨기나무(출 3:5), 시내산(출 19:11), 길갈(수 5:13~15), 언약궤가 머무는 곳(대하 8:11), 벧엘(창 28:17), 약속의 땅(출 15:13) 등
4) 인간이 죄를 깨달을 수 있는 것은 하나님의 거룩하심 안에 있을 때이다(사 6:3~8). 믿는 자들이 거룩해질 수 있는 것은 오직 예수님으로만 가능하다(히 2:11,10:10). 만일 사람이 죄를 짓는다면 그것은 하나님의 거룩을 더럽히는 일이 된다(레 10:3).

21장 제사장의 거룩 *(Rules for Priests)*

1. 위치설명: 레위기 '기' 자에 획 순서로 표시
2. 맥 절: (5~7절). 맥 보충: (13절). 기타 중요내용: (9절).
3. 관주구절: "그 아들들이…여인과 동침하였음을 듣고"(삼상2:22)
4 찬송: 나 맡은 본분은, 겸손히 주를 섬길 때 , 날 대속하신 예수께
5. 해설:

하나님의 백성으로 부름 받은 자들이 성결의 의무가 있듯이, 특별히 하나님의 성소를 지키고 백성의 제사를 집행하기 위해 선택된 제사장은 더더욱 행동과 가정생활 그리고 신체에 있어서 성결과 무흠이 요구되고 있다. 특히 위임 맡은 대제사장은 부모의 죽음에 대해서도 자제해야 한다.(10~12)

쉼터: 대제사장의 아내는 흠 없어야?

구약의 대제사장은 우리의 신랑이신 예수 그리스도, 대제사장의 아내는 교회나 성도를 상징한다. 이것은 대제사장의 아내가 흠 없는 사람이어야 했듯이, 오늘날 예수님의 신부 된 우리도 세상과 구별되어 살아야한다는 의미이다. 우리는 다시 오실 예수님을 기다리며 매일의 삶을 성결하게 지켜나가야 한다.

22장 서원제 *(The Vow)*

1. 위치설명: 레위기 '기' 자에 획 순서로 표시
2. 맥 절: (2,18). 맥 보충: (2,19).
3. 찬송: 날 대속하신 예수께, 내 주 예수 주신 은혜, 하나님의 크신 사랑
4. 관주구절: 마음을 다하고 목숨을 다하고 뜻을 다하여 주 너의 하나님을 사랑하라 "(마 22:37)
5. 해설

성물의 성결(22장)

하나님께 드려진 성물을 먹을 수 있는 자는 부정하지 않은 아론과 그의 자손 또는 그 가족에 소속된 종 등이다. 그 외의 사람들이 성물을 먹으면 죄가 된다. 여호와께 드리는 예물도 흠이 없는 완전한 것으로 드려야 하며(19~25절). 난 지 8일이 된 것이라야 하며(27절). 어미와 새끼를 같은 날 잡지 못한다(28절).

쉼터: 왜 이방인은 성물을 먹을 수 없었을까?

이스라엘 백성은 하나님께 받쳐진 성물을 먹을 수 있었지만 외국인(이방인)은 먹을 수 없었다(레 22:11). 이러한 규정을 특별히 만든 이유는 성물을 다른 것들과 비교하기 위함 이었다. 왜냐하면 성물은 거룩한 하나님께 속한 것이기 때문이다(레 21:22). 이 규례 역시 하나님의 거룩하심을 강조하기 위해 만든 것이다.

이제는 예수님 안에서 그러한 차별대우의 담이 무너졌다(행 11:18). 예수님 안에서는 내국인 외국인의 구별이 있을 수 없다. 왜냐하면 예수님 안에 있는 사람들은 모두 거룩하기 때문이다(벧전 2:9).

23장 7대 절기의 성결

1. 위치설명: 레위기 '기' 자에 획 순서로 표시
2. 맥 절: (2, 4절), 맥 보충: (3,5,10,15,24,27,34절)
3. 관주구절: 절기(출 13, 23장, 민 28, 29장, 신 16장)
4. 찬송: 즐겁게 안식할 날, 이 날은 주의 정하신, 지난 이레 동안에
5. 해설

• 일년 중에 성회로 모이는 축제일과 기간에 대해 나열하고 있다.

(1) 안식일(1~4절)

쉼은 인간에게 필수적인 것이다. 하나님도 우리가 일만 계속하길 원치 않으신다. 매주 안식일에는 성회로 모여 하나님을 예배하게 된다.

(2) 유월절과 무교절(5~8절)

정월(유대력) 십사일(만월전날) 저녁(황혼 때)에 유월절이 시작된다. 유월절 다음 날은 무교절의 시작으로 7일간 지낸다.

(3) 초실절(9~14절)

이 시기는 유월절 이후, 첫 안식일 다음 날이다. 이는 첫 열매, 즉 햇보리추수에 대한 감사와 봉헌을 기념함이다.

(4) 칠칠절(15~22절)

무교절이 끝난 뒤 50일 후인 오순절이다(15,16). 이는 밀 추수 감사절이다.

(5) 신년절(나팔절)(23~25절)

7월(종교력은 7월이지만 민간력은 1월이다.) 첫날은 이스라엘 백성들에게 있어서 새해의 시작이다. 나팔을 불어 신년을 알린다.

(6) 속죄일(26, 32절)

이 날은 7월 10일로, 레위기 16장을 따르고 있다. 9일 저녁부터 10일 저녁까지는 아무 일도 하지 않고 회개의 시간을 갖는다.

(7) 초막절(33~44절)

7월 15일에 땅의 소출 타작해서 거두어들인 것과 포도의 수확에 대하여 대대적인 감

사를 드리는 절기로 7일간 초막에 거하게 된다. 초막절을 곡식을 거두어 저장한다는 의미로 수장절이라고 한다.

쉼터: 절기의 의미

거룩한 절기	시기	참고 성경	이 절기의 의미와 상징
안식일	매주 제7일	출 20:8~11	1. 노동에서의 휴식 2. 창조주를 기억
유월절	1월 14일	레 20:5, 민28:16,신16:1,2	1. 애굽의 속박에서 해방 2. 우리를 죄에서 구원
무교절	1월 15일 ~21일	레 23:6~8, 민 28:17~25, 신 16:3~8	1. 애굽에서 고난을 기억 2. 고난의 그리스도
초심절	1월 16일	레 23:9~14	1. 보리 추수의 시작 2. 잠자는 자들의 첫 열매되신 그리스도
칠칠절 (오순절)	3월 6일	출 34:22 레 23:15~22 신 16:9~12	1. 율법을 주신 것을 기념하고 밀 추수의 첫 소산을 바침 2. 성령강림과 교회의 시작
나팔절	7월 1일	레 23:26~32 민 29:7~11	1. 기쁨을 선포 2. 장차 새 이스라엘을 다시 모으는 예언
속죄일	7월 10일	레 23:26~32 민 29:12~40 신 16:13~15	1. 백성의 모든 죄를 위해 대제사장이 속죄 제사드림 2. 대제사장 그리스도
초막절	7월 15일 ~21일	레 23:33~44 민 29:12~40 신 16:13~15	1. 추수감사와 광야의 장막 생활을 기념 2. 하나님나라
안식년	매7년마다	출 23:10,11 레 25:1~7	2. 영원한 안식
희년	매50년 마다	레 25:8~55	1. 자유의 해 2. 천년왕국

24장 등 • 진 • 자 (등잔, 진설병, 야훼모독한 자) *(Oil and bread set Before the LORD)*

1. 위치설명: 레위기 '기' 자에 획 순서로 표시
2. 맥 절: (3, 5, 16절). 맥 보충: (4, 8, 9절)
3. 관주구절: 진설병과 등대(출 25:23, 31, 37:10, 17)
4. 찬송: 예수가 거느리시니, 주 날개 밑 내가 편안히 쉬네, 날빛보다 더 밝은 천국
5. 해설: 등잔불은 지성소 밖 성소에 두는데, 세상의 어두움을 비취는 하나님의 백성을 의미한다. 그것은 순결한 기름과 등대로 밝혀지며 꺼지지 않아야 한다. 매안식일에 새 것으로 상위에 진열된 열두 개의 진설병은 이스라엘 열두 지파를 상징하며, 그들의 생활과 노동의 열매를 하나님께 바침을 뜻한다.

훼방 죄(24:10~23)

하나님의 이름을 훼방하고 저주한 자에게 돌로 쳐 죽이는 형벌이 내려진다. 하나님을 부인하는 죄가 가장 큰 영적 범죄이다.

쉼터: 하나님 앞에 정결한 향기

다양한 종류의 보수웰리아 나무에서 흰 우유 빛 진액으로 분비되는 향기로운 수지를 말한다. 유향이 추출되는 나무는 몰약과 발삼의 원료를 제공하는 테레빈 나무나 관목들과 연관성이 있다. 나무껍질에 판 '수지홈'이나 칼로 벤 자국에서 투명한 구술 모양으로 스며 나오는 수지는 서서히 굳은 후에 원통형의 황색조각으로 압축되며, 그 다음에 가루로 만들어진다. 이것을 태우거나 가열하면 발삼향과 비슷한 유쾌하고 넓게 퍼지는 향기가 나온다.

25장 안 • 희년(안식년과 희년) *(The Sabbath Year/The year of Jubilee)*

1. 위치설명: 레위기 '기' 자에 획 순서로 표시
2. 맥 절: (4, 12절), 맥 보충: (8, 10절)

3. 관주구절: "이스라엘 자손의 희년을 당하여 그 기업이"(민 36:4)
4. 찬송: 즐겁게 안식 한 날, 이날은 주의 정하신, 주와 같이 길 가는 것
5. 해설: 안식일이 제7일째 있듯이 땅에는 제7년마다 안식년이 있어 제6년째의 가을 즉 추수가 끝날 때부터 제7년의 가을까지 땅을 경작 하지 않는다. 안식년에 스스로 난 것은 공동의 소유로 모든 사람과 모든 짐승의 식물이 된다.

   희년은 일곱 번째 안식년이 끝나고, 새해가 시작되는 즈음에 속죄일(7월 10일)에 전국에 나팔을 불므로 선포된다. 이는 자유의 해로 잃었던 자기의 기업을 회복하게 되고, 종 되었던 자들이 해방을 받는 해이다.

쉼터: 이스라엘의 토지 매매

토지는 모두 하나님의 것이다(레25:23). 따라서 원칙적으로 그 토지는 사거나 팔수 없다 비록 팔거나 사더라도 희년에는 돌려주게 되므로 매매의 값을 산정할 때에는 희년을 기준으로 남은 횟수에 따라 값을 정하게 된다(27,28절). 이것은 몸을 팔아 종이 된 자를 속량할 경우에도 해당된다(레 25:47~54).

26장 저 • 축 *(Reward for obedience/punishment for Disobedience)*

1. 위치설명: 레위기 '기' 자에 획 순서로 표시
2. 맥 절: (3,14절), 맥 보충: (18, 21, 28절)
3. 관주구절: 저.축(신 11, 28장; 왕상 9장)
4. 찬송: 천지에 있는 이름 중, 세상의 헛된 신을 버리고, 양떼를 떠나서
5. 해설: 17~26장의 성결법전을 끝맺는 부분으로, 축복의 길과 저주의 길에 대해 기록하고 있다. 축복과 저주의 갈림길은 하나님의 명령을 준행하는가, 않는가에 있다(3, 14절). 그러나 비록 그들이 불순종으로 심판의 저주를 받았을 때라도 회개하게 될 때는 하나님께서 열조와의 언약을 기억하시고 형벌을 순히 받게 하실(43절) 것을 말씀하셨다(40~45절).

쉼터: 안식년

하나님은 이스라엘에게 6년 동안 파종하고, 제7년 즉 안식년에는 휴경시키라고 하셨다. 사람들이 육일 동안 일하고 안식일에 쉬어야 하는 것처럼 땅도 쉬게 하신 것이다. 따라서 안식년에는 파종하거나 가지를 치는 일, 곡식을 거두어들이는 일 등등 모두 농업활동이 중지되었다. 만일 안식년을 지키지 않고 땅을 소홀하게 다루면 하나님은 그들을 심판하시겠다고 경고 하셨다(레 26:34~35). 이러한 경고에도 불구하고 이들은 계속 안식년 법을 지키지 않아서 수세기 후에 바벨론 포로로 끌려가게 되었다. 이스라엘 백성들은 70년 동안 바벨론 포로생활을 했는데, 이 기간은 이스라엘 백성들이 땅을 휴경시키지 않았던 기간과 같았다(대하 36:20~21).

27장 서원(십일조) *(Redeeming What Is the LORD's)*

1. 위치설명: 레위기 '기' 자에 획 순서로 표시
2. 맥 절: (2절), 맥 보충 절: (9, 14, 16, 30절)
3. 관주구절: "서원하였거나...서약하였거든...다 행할 것이니라(민 30:2)
4. 찬송: 날 대속하신 예수께, 내 주 예수 주신 은혜, 부름 받아 나선 이 몸
5. 해설: 서원이란 반드시 해야 하는 하나님의 명령이 아니라 백성의 자원에 의한 것이므로 서원에 관한 명령은 부록형식으로 추가되고 있다.

1) 서원한 것을 속할 경우(1~27절)

서원을 통해 완전히 자신을 바칠 수 있으나 그렇지 않을 경우에도 서원에 해당하는 값을 정하여 하나님께 드리게 된다. 사람을 드리기로 한 경우(2~8절), 생축을 드리기로 한 경우(9~13절). 집과 땅을 드리기로 한 경우(14~25절), 생축의 초태생(26,27절)을 속할 경우를 설명하고 있다.

2) 서원한 것을 그대로 바치는 경우(28,29절)

아주 바친 물건은 속할 수 없으며, 그것이 생축, 사람인 경우는 반드시 죽여야 한다(신 7:26; 수 6:18).

서원과 그 값

남녀의 구분을 둔 것은 성의 차별을 반영한 것이 아니다. 사람의 경제력을 감안한 명령이며, 질서를 포함하는 규례로 볼 수 있다.

쉼터: 서원과 그 값

1개월~5세	5~20세	20~60세	60세 이상	가난한 자
남 / 여	남 / 여	남 / 여	남 / 여	남 / 여
5 / 3	20 / 10	50 / 30	15 / 10	제사장이 정함

교훈 및 적용

1. 하나님은 인간의 완전한 순종을 원하고 계신다. 결국, 성결이란 하나님께 순종하며 나아가는 삶 전체를 말한다. 우리는 하나님의 영광을 위해서는 속된 것으로부터 분리된 삶을 살아야 한다.
2. 이스라엘 백성이 "희생제물"을 통하여 속죄함 받았듯이, 우리는 예수 그리스도의 보혈로 속죄함을 받았다.
3. 우리는 죄 사함을 받았고 의인이 되었으므로, 담대한 믿음으로 나아가 승리의 삶을 살아야 한다.

민수기 지도

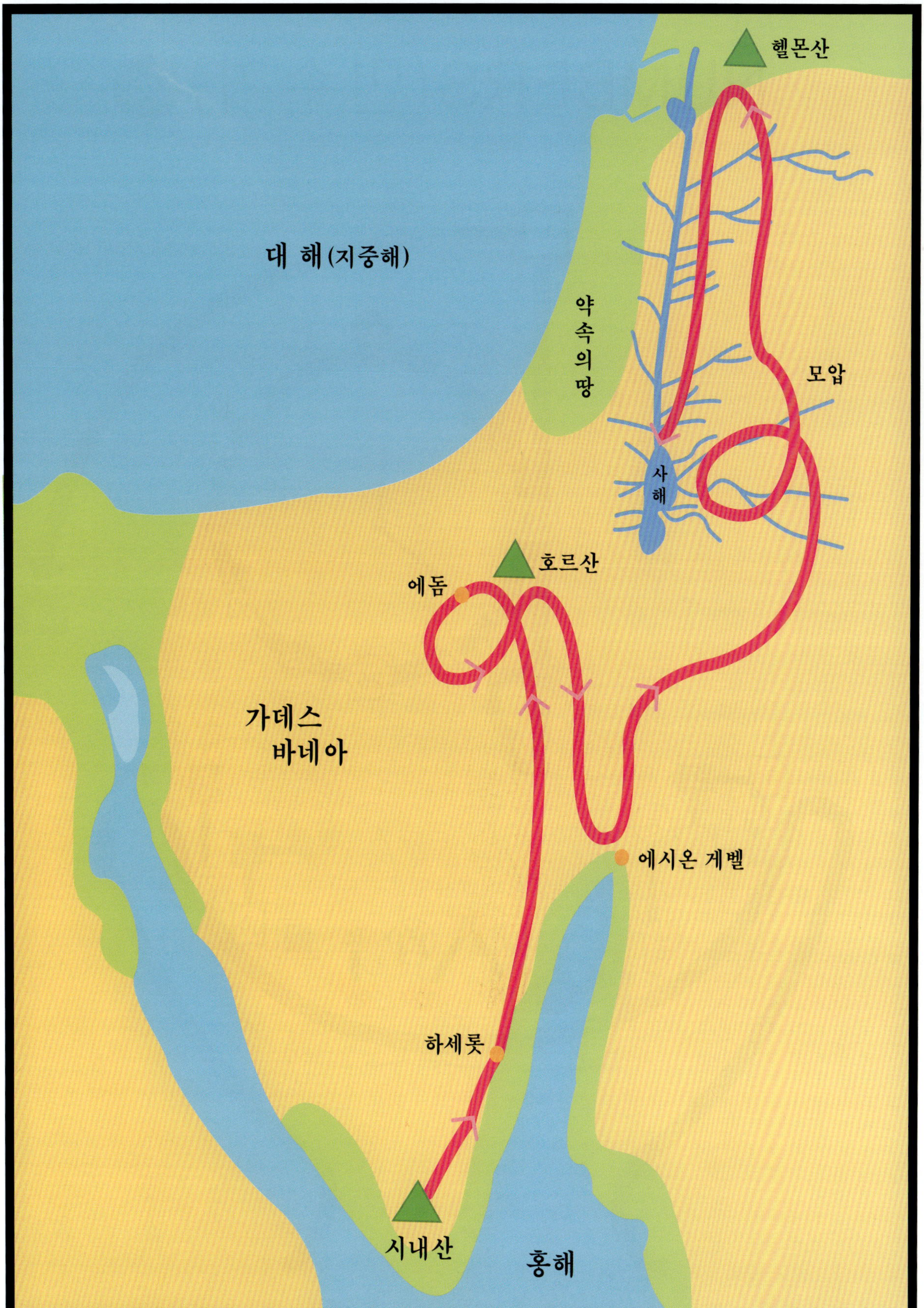

NUMBERS(민수기) 36

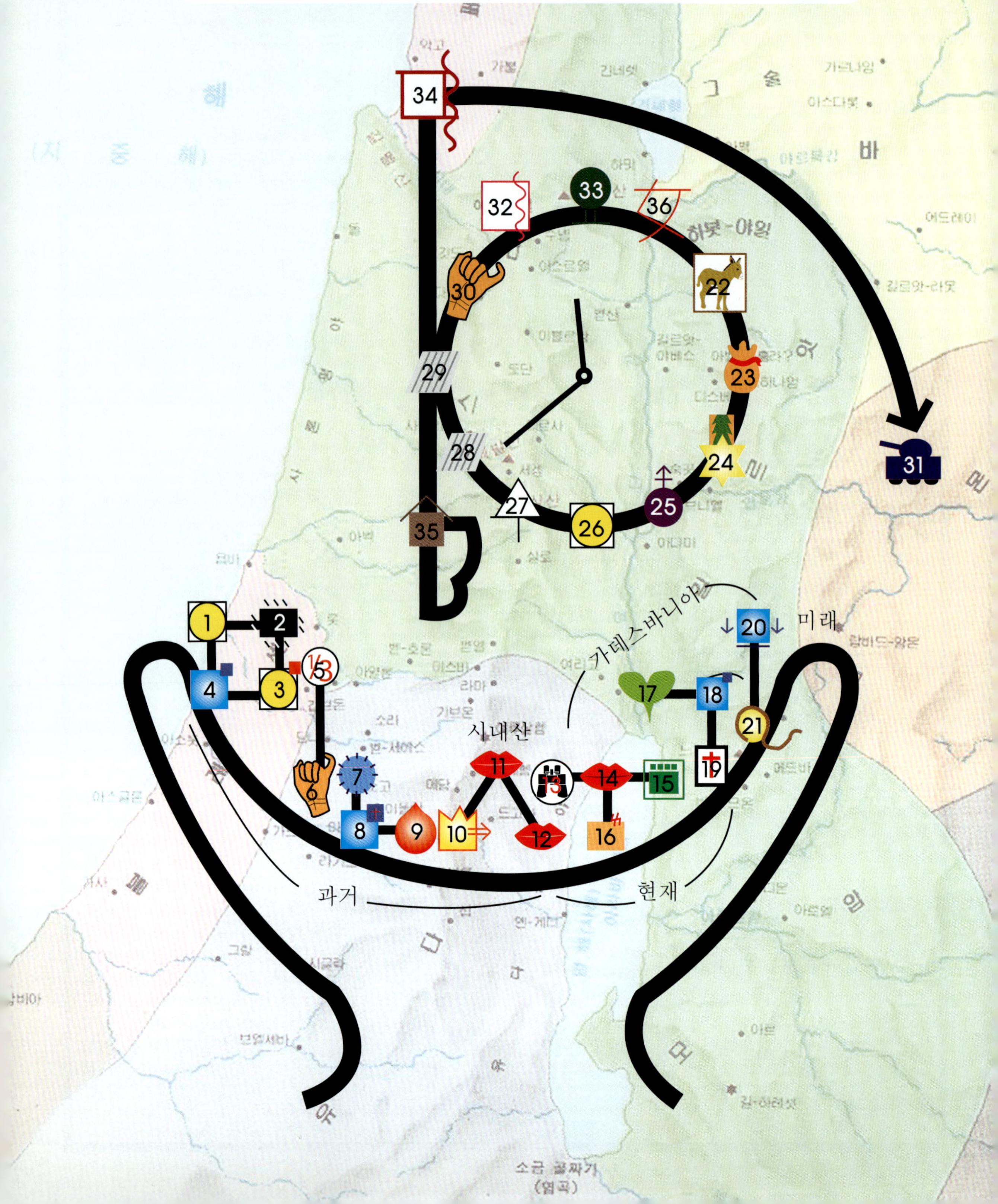

민수기

요절: 이같이 이스라엘 자손의 그 종적을 따라 이십세 이상으로 싸움에 나갈 만한 자가 이스라엘 중에서 다 계수함을 입었으니 계수함을 입은 자의 총계가 육십만 삼천 오백 오십 명이었더라(1:45, 46).

1. 명칭

- 히브리어 성경: "베미드바르(bemidbar)"(광야에서)
- 70인역: "아리드모이(aritmoei)"(수효들)
- 영어 성경: "Numbers"

2. 기록자: 모세(민 1:1, 33:2...)

3. 기록연대: B.C. 1446~1406년경

4. 기록목적: 40년간의 광야생활을 통하여 이스라엘의 불순종에 대한 하나님의 심판과 자비를 기록함으로써 하나님을 신뢰하는 믿음으로 약속의 땅에 들어가야 할 것을 보여준다.

5. 주제: 하나님께 대한 불순종의 결과가 어떠한가?

6. 중심사상

1) 하나님의 약속하신 기업(은혜)은 하나님을 신뢰하는 믿음으로만 차지한다(14:30).
2) 하나님은 거룩하시므로 죄(원망, 불평, 불순종)에 대해 진노하시고 심판하신다(20:12).
3) 언약의 하나님은 하신 말씀을 반드시 이루시는 성취의 하나님이시다(23:19).

7. 핵심

1) 단어: 방황
2) 구절: 14:22~23, 20:12
3) 장: 14장

8. 신약과의 관련

1) 놋뱀과 십자가에 달리신 그리스도(21:9; 요 3:14)
2) 광야에서의 불순종과 하나님의 심판(14:29~35, 16:41~50, 20:1~13; 고전 10:5~11)
3) 발람의 사건과 그 교훈(22~24장; 벧후 2:15,16; 계 2:14)

9. 내용분해: 36장 1,288절

대주제	옛 세대								새 세대	
배경	시내산에서 (출발준비)			바란광야에서 (방황)					모압평지에서 (입성준비)	
소주제	1.인구조사 (1:1~4:)	2.성결의 규례 5:~8:)	3.행군준비 완료(9: ~10:10)	4.출발(10:11 ~12:16)	5.가나안 정탐 (13:~14:)	6.방황 (15: ~20:13)	7.모압으로 (20:14 ~22:1)	1.바알브올 사건 (22:2~25;)	1.제2차 인구조사 (26:)	2.새세대를 위한 지시들 (27:~36:)
내용	1)인구조사 2)진배치 3)아론과 레위지파	1)부정 방지법 2)나실인에 대한 규례 3)봉헌예물 4)레위자손의 정결	1)유월절 2)구름기둥과 불기둥 그리고 은나팔	1)출발 2)원망과 불평, 비방	1)정탐과 보고 2)불순종과 징벌	1)율법의 반복 2)고라당의 반역과 심판 3)모세의 범죄	1)에돔의 거절 2)불뱀사건 3)아모리왕 정복	1)발락의 요청 2)발람의 축복 3)음행과 염병	1)인구 조사와 땅의 분배원칙	1)상속권과 후계자 2)예물과 절기 3)여자의 서원 4)미디안과의 전쟁 5)요단 동편 도착 6)여정 7)약속의땅에 대한 규정들
신학	하나님의 백성에게 요구되는 성품은 순종과 믿음									

10. 주요 사건 연대

제 1차 인구 조사(1:2)	시내광야 출발(10:12)	가나안 정탐과 보고(13:1-33)	40년간의 광야생활	아론의 죽음(20:28)
1445	1445	1445	1445-1406	1406
BC -----------	-----------	-----------	-----------	---------►
1406	1406	1406		
제 2차 인구 조사 (26:1-4)	여호수아를 후계자 로 임명(27:1-23)	미디안 정복과 요단 동쪽 땅의 분배	(31:1-32:42)	

1장 1차 인구조사 *(The Census)*

1. 위치설명: 시내산 밑에 민수기 글자를 나열하여 ㅁ에 획순서로 표시
2. 맥 절: (2,3절), 맥 보충: (46절).
3. 관주구절: 출 12:37;38, 26, 민 26:2, 51
4. 찬송: 내 주는 강한 성이요, 마귀들과 싸울지라, 십자가 군병되어서
5. 해설: 광야에서의 행군을 위해, 여호와께서는 모세에게 인구조사를 명하시고(1:2), 진영의 배치 및 행군시 성막의 이동에 관한 일반적인 지시를 내리셨다(2:2, 17).

인구조사(1장)

출애굽 제2년1일에 모세는 시내 광야 회막에서 싸움에 나갈 만한 이십 세 이상의 남자를 대상으로 가족과 종족을 따라 인구조사를 하였다(1~4절). 여기에서 레위지파는 제외되었으며 계수된 자의 총 수는 603,550명이었다(46, 47절).

출애굽기 30장의 인구조사가 세금의 징수(속전)를 위한 것인데 비해서, 민수기 1장의 인구조사는 군사적인 목적에서 행해졌다.

쉼터: 인구조사의 목적

- ●광야길에 나타날 대적과 가나안 입성 시 전쟁에서 승리하기 위하여
- ●말씀 안에서 질서 정연하게 행군하도록
- ●한 사람, 한 사람 불러서 체크하시는 하나님의 사랑 표현(요일 4:8)

2장 진과 행군의 순서 *(The Arrangement of the Tribal Camps)*

1. 위치설명: 시내산 밑에 민수기 글자를 나열하여 ㅁ에 획 순서로 표시
2. 맥 절: (2절), 맥 보충: (3, 10, 18, 25절)
3. 찬송: 믿는 사람들아 군병 같으니, 십자가 군병들아, 어둔 밤 쉬되리니
4. 관주구절: 민 1:50, 10:31, 12:16, 33:5, 수 6:4
5. 해설: 종족별로 계수된 이스라엘 자손은 회막을 사면으로 대하여 진을 쳤다(2절). 성막을 중심으로 진을 친 것은 하나님 중심적인 신앙을 보이는 것이다.

〈이스라엘의 지파별 진 배치도〉

<table>
<tr><td rowspan="5">베냐민
35,400
(45,600)

므낫세
32.200
(52,700)

*에브라임
40,500
(32,500)</td><td>*단
62,700
(64,400)</td><td>아셀
41,500
(53,400)</td><td>납달리
53,400
(45,400)</td><td rowspan="5">*유다
74,600
(76.500)

잇사갈
54,400
(64,300)

스불론
57,400
(60,500)</td></tr>
<tr><td rowspan="3">게르손</td><td>므라리</td><td rowspan="3">모세,
아론</td></tr>
<tr><td>성 막</td></tr>
<tr><td>고핫</td></tr>
<tr><td>갓
45,650
(40,500)</td><td>시므온
59,300
(22,200)</td><td>*르우벤
46,500
(43,730)</td></tr>
</table>

*표시는 각 그룹의 지도적인 지파, (　　)숫자는 2차 인구조사 때의 숫자

쉼터: 진의 위치에 담긴 뜻

1) 성막을 중심으로 각 지파의 천막을 쳤다. 이것은 이스라엘 백성이 하나님을 중심으로 모시고, 하나님은 이스라엘 백성 가운데 임재하심을 나타낸다.

2) 인구조사에서 계수에 포함되지 않은 레위 자손들은 성막 바로 곁에 있어 이스라엘 회중에 진노가 임하지 않게 하나님과 백성간의 완충지대 역할과 중보 역할을 감당했다.
3) 진을 칠 때는 동서남북에 병력을 알맞게 배치시킴으로써, 함께 멍에를 매는 것(빌 4:3)이 하나님 백성의 본분임을 깨닫게 했다.
4) 유다지파가 맨 앞에 기를 들고 서서 온 백성을 선도했는데, 이것은 유다족속 가운데 예수님이 태어나서 온 인류를 구원의 대열로 인도하실 것임을 보여준다.

3장 레위 계수(인구조사) *(Count the Tribe of Levites)*

1. 위치설명: 시내산 밑에 민수기 글자를 나열하여 'ㅁ'에 획순서로 표시
2. 맥 절: (15절), 맥 보충: (민 3:15, 34절)
3. 관주구절: 출 6:16~27
4. 찬송: 네 맘과 정성을 다하여서, 내 평생소원 이것뿐, 예수로 나의 구주 삼고
5. 해설: 여호와께서 아론과 그 아들들에게 제사장 직분을 행하게 하고 레위인들은 거룩히 구별하여 회막에서 봉사하도록 하였다(3:5~10). 생후 1개월 이상으로 계수된 레위 남자는 22,273 명이었으며, 이스라엘 자손의 처음난 자는 이보다 273명이 더 많았다(3:43, 46). 이들을 속하기 위하여 매명에 5세겔씩 속전을 드렸는데(3:46~48), 이는 레위기 27:6에 기록되어 있는 서원에 관한 규례에 따른 것이었다.

쉼터: 레위인은 내 것이라!

●누구인가 : 레위인은 레위의 세 아들 고핫, 므라리, 게르손의 자손을 말한다. 하나님께서는 금송아지 사건 때 충성을 보였던 이들을 특별히 선택하셔서 성막에서 봉사하도록 하셨다.

●하는 일 : 고핫 자손은 증거궤, 진설병, 등대, 향단, 성소의 기구, 제단에 관련된 일을 했다. 게르손 자손은 성막의 양장, 문장, 줄 등을, 므라리 자손들은 장막의 널판, 띠, 기둥, 받침, 말뚝 등을 운반했으며, 성전이 건축된 후에는 성막과 기구를 운반하는 일을 더 이상 할 필요가 없었다. 다윗 왕 때는 38,000 명의 레위인 중 4,000 명이 찬양하고 악기를 연주 하는 등 성전에서 찬송하는 일을 하였고, 백성들에게 율법을 가르치는 일도 하였다.

4장 레위의 직무 *(Perform Levite's Duties)*

1. 위치설명: 시내산 밑에 민수기 글자를 나열하여 'ㅁ'에 획 순서로 표시
2. 맥 절: (4절), 맥 보충: (24, 29절). 기타 중요내용: (31절)
3. 관주구절: 레 6, 7장(제사장의 직무)
4. 찬송: 겸손히 주를 섬길 때, 나의 생명 드리니, 나 맡은 본분은
5. 해설: 레위 자손은 30세 이상으로 50세까지 회막의 일을 하기 위하여 계수되었는데 그 종족별 숫자와 분담된 역할은 아래의 도표의 내용과 같다.

레위 자손의 임무

	고핫	게르손	므라리
1개월이상	8,600명	7,500 명	6,200 명
성막봉사자	2,750명	2,630 명	3,200 명
임무	놋관, 물두멍, 등대.등잔, 떡상, 금단, 지성소 휘장, 증거궤,	성막과 장막과 덮개. 회막문자, 뜰의 휘장과 문장	장막널판,기둥, 기둥받침,말뚝,줄
운반자	어깨로	수레 둘과 소 넷	수레 넷과 소 여덟
진배치	성막 남편	성막 서편	성막 북편
행진시	갓과 에브라임 사이	스불론과 르우벤 사이	스불론과 르우벤 사이

쉼터: 왜 외인이 성막에 가까이 오면 죽임을 당했는가?

하나님의 거룩함을 침범했기 때문이다. 한편 여기에서 '외인'은 성막봉사를 위해 특별히 구별된 레위인을 제외한 모든 일반 사람들을 가리킨다.

5장 삼대분리(부정, 보상, 의심)

(The Purity of the Camp/Restitution for Wrongs/The Test for an un faithful wife)

1. 위치설명: 시내산 밑에 민수기 글자를 나열하여 'ㅣ'에 획순서로 표시
2. 맥 절: (2절), 맥 보충 절: (7, 14, 17, 27절)
3. 관주구절: 창 17장(할례언약), 레 16장(제사장)
4. 찬송: 예수 앞에 나오면, 너 예수께 조용히 나가, 구주의 십자가 보혈로
5. 해설: 성결의 규례(5~8장)

여호와께서는 출발에 앞서 이스라엘 백성을 정결케 하라는 명령을 내리셨다.

부정 방지법(5장)

여호와께서는 겉으로 드러나는 부정한 자(문둥병, 유출병, 주검으로 부정케 된 자)를 격리시킬 것을 명한 뒤(1~4절), 인간관계에서 사람들이 범하는 죄를 제거하기 위하여 '의심의 소제'에 대한 규례를 명하셨다. 이는 하나님이 거하시는 전을 성결케 하기 위한 것이었다(3절).

쉼터: 삼대분리의 목적

- 하나님의 거룩함이 드러나야 하는 진의 청결을 위해
- 상호간의 불신에 대한 방지
- 죄의 유무를 가려 애매한 징벌이나 죄의 재발을 엄중히 예방하기 위해

6장 나실인의 서원 *(The Nazirite/The Priestly Blessing)*

1. 위치설명: 시내산 밑에 민수기 글자를 나열하여 'ㅣ'에 획순서로 표시
2. 맥 절: (2절), 맥 보충 절: (13절)
3. 관주구절: "하나님께 바치운 나실인이 됨이니라"(삿13:5)

4. 찬송: 구주께서 부르되, 내주 예수 주신 은혜, 너 하나님께 이끌리어
5. 해설: 나실인의 서원을 하고 자기 몸을 구별하여 여호와께 드리는 자는 포도나무에서 나오는 소산을 먹거나 마실 수 없으며(3,4), 삭도를 댈 수 없으며(5), 시체를 가까이 하여 자신을 더럽힐 수 없었다(6,7). 이와 같은 규례는 하나님께 헌신했다는 공적인 증거의 역할을 하였다.

쉼터: 나실인은 누구인가?

- 나실인은 여호와께 자신을 거룩하게 구별하기로 서원한 사람이다.
- 일정기간 혹은 전 생애 동안 하나님만을 위해 살기로 작정한 자(레 27:2)
- 레위지파가 아닌 타지파 출신 중에서 자원하여 여호와께 헌신하려는 자
- 나실인은 이스라엘 백성의 성결, 희생 양으로 자신을 드린 예수님을 예표함(히 7:26,27)

7장 12 지도자의 봉헌예물 *(Offerings at the Dedication of the Tabernacle)*

1. 위치설명: 시내산 밑에 민수기 글자를 나열하여 'ㄴ' 에 획순서로 표시
2. 맥 절: (10, 11절). 맥 보충: (84절)
3. 관주구절: 출 35, 40장(성막, 봉헌식), 스 6:16, 느 12:27
4. 찬송: 나의 생명 드리니, 나 주의 도움 받고자, 나 가진 모든 것
5. 해설: 모세가 장막을 세우고 단과 그 모든 기구에 기름을 발라 거룩히 구별한 날에, 각 지파의 족장들은 회막 봉사와 단의 봉헌을 위하여 예물을 드렸다. 성막의 이동을 위하여 게르손 자손에게는 수레 둘과 소 넷을, 므라리 자손에게는 수레 넷과 소 여덟을 주었다. 고핫 자손은 어깨로 메는 일을 하였기 때문에 수레를 주지 않았다(7~9절).

쉼터: 축도

축도란 축복하는 선언이나 행위를 말한다. 하나님께서 아론과 그 아들들에게 이것을 명령하셨다(민 6:22~27). 아론은 하나님의 이름으로만 축복을 선포할 수 있다. 아론의 축도 속에는 하나님의 절대적인 보호와 평강이 담겨져 있다. 이 축도에는 축복의 근원은 하나님 한분이시며

하나님은 육체적, 영적 복을 주시는 분이라는 내용도 포함되어 있다. 한편, 신약에서는 바울은 아래와 같이 삼위 일체 하나님의 이름으로 성도들을 축복하고 있다. "주 예수 그리스도의 은혜와 하나님의 사랑과 성령의 교통하심이 너희 무리와 함께 있을 찌어다"(고후 13:13).

8장 레위인의 정결의식 *(The Setting Apart of the Levites)*

1. 위치설명: 시내산 밑에 민수기 글자를 나열하여 'ㄴ' 에 획 순서로 표시
2. 맥 절: (6절), 맥 보충: (11절)
3. 관주구절: 레 14:11, 민 19:12, 19. 겔 43:20
4. 찬송: 날 대속하신 예수께, 주님께 귀한 것 드려, 영광을 받으신 만유의 주여
5. 해설: 아론에게 등대의 제도를 보이신(1~4절) 후에, 여호와께서는 성막 봉사를 위하여 레위인의 정결의식을 명하셨다(5~12절). 이스라엘 자손 중에서 레위인을 구별한 것은 이스라엘 자손 중 모든 처음 난 자의 대신으로 레위인을 취했기 때문이었다.

쉼터: 제사장 위임식과 레위인의 정결의식의 비교

제사장(레 8:1~13절)	레위인(민 8:5~26)
물로 씻김(8:6절)	속죄의 물을 뿌림(8:7)
제사장 예복을 입힘(7~9절)	의복을 빤다(7절)
관유를 부음(12절)	삭도로 민다(7절)
제물의 피를 뿌림(30절)	요제를 드림(11,13절)
거룩하게 됨(39절)	정결케됨(21절)

9장 유월절 2(행군 준비의 완료) *(The Passover)*

1. 위치설명: 시내산 밑에 민수기 글자를 나열하여 'ㄴ' 에 획 순서로 표시
2. 맥 절: (4, 5, 17절), 맥 보충:(10절)

3. 관주구절: 유월절(출 12:11, 수 5:10, 왕하 23:23)

4. 찬송: 웬말인가 날 위하여, 유월절 때가 이르매, 성부의 어린 양이

5. 해설: 두 번째 유월절을 지낸 후, 은 나팔 둘을 만듬으로써 행군준비를 완료한다.

1) 유월절(9:1~14)

출발에 앞서, 유월절을 지내게 함으로써 하나님께서 이스라엘을 구별하시고 그들과 함께 거하심을 상기시키셨다. 부정하거나 여행 중 이라서 참여할 수 없는 자는 한 달 후인 이월 십사일에 유월절을 지켜야 했으며(9, 10절), 타국인도 유월절을 지킬 수 있었다(14절). 이것은 예수님의 피 흘림을 통한 구원이 이방인에게까지 미침을 상징적으로 보여 주는 것이다.

2) 구름기둥과 불기둥 그리고 은 나팔(9:15~10:10)

이스라엘은 구름이 성막에서 떠오를 때, 진행하고 구름이 머무는 곳에 진을 쳤는데(17절) 이는 성령의 인도를 받아 성령과 동행하는 생활을 교훈해준다. 구름기둥을 나타내심과 함께 은 나팔 둘을 만들어 제사장의 지시에 순종해야 할 것을 보이신 것이었다.

쉼터: 구름은 하나님의 임재의 상징

구름은 하나님의 임재와 이스라엘 백성이 광야를 행진할 때, 하나님이 친히 인도하신다는 것을 상징하고 있다. 구름기둥은 성막 전체를 뒤덮고 있었다. 이것은 하나님의 영광을 보고 살아날 수 있는 사람이 없었기 때문에 하나님이 스스로 영광을 감추신 것이었고, 불 모양 같은 것, 불기둥은 하나님의 위엄을 나타내는 것이었다. 신약에서도 구름은 예수님의 임재를 나타낸다. 예수님은 변화산상에서 구름으로 자신을 가리셨고, 승천하실 때도 구름 속으로 사라지셨다. 예수님은 완전한 성막이셨다(요 1:14, 말씀이 육신이 되어 우리 가운데 장막을 치시고 거하시매) 바울과 베드로는 '육신을 임시로 거하는 장막'으로 비유했다(고후 5:1~4). 그리스도의 몸은 성막처럼 성령님이 계시는 성전이다(고전 6:19). 그러므로 우리는 성령으로 충만하여 주님의 발자취를 따라갈 수 있고, 광야 같은 세상에서 사탄의 유혹에 대항할 수 있다.

10장 산지 이동 *(The Israelites Leave Sinal)*

1. 위치설명: 시내산 밑에 민수기 글자를 나열하여 'ㅅ' 에 획 순서로 표시
2. 맥 절: (11, 12절), 맥 보충: (29절)
3. 관주구절: "언약궤를 메고 백성 앞서 나아가니라"(수 3:6).
4. 찬송: 하나님의 나팔 소리, 힘차게 일어나, 행군 나팔 소리로
5. 해설: 가나안으로의 여행이 감격과 희망에 벅찬 여행이 되어야 함에도 불구하고, 패역한 이스라엘 백성은 출발 때부터 원망과 불평을 쉬지 않는다. 제 2년 2월 20일, 구름이 증거막에서 떠오르매, 동편의 유다 진부터 시작해서 남편, 서편, 북편의 순으로 행진하였다. 유다 지파의 지도자적 역할은 창세기 49:8-10에 예언되었다. 성막을 맡은 게르손 자손과 므라리 자손은 동편과 남편 사이, 고핫 자손은 남편과 서편 사이에 끼어서 행진하였다.

쉼터: 여호와의 언약궤

- "언약궤가 그 삼일 길에 앞서 행하며"
- 언약궤는 모든 광야 행군에 있어서 핵심
- 가나안을 향한 광야 행군 길에 법궤를 통하여 하나님이 함께하셨음을 보여줌
- 방향감각을 잃은 채 방황하는 현대인들은 하나님을 중심으로 방향을 잡아야 한다.

11장 만나 원망 *(They keep Waiting to me,' Give us meat to eat')*

1. 위치설명: 시내산 밑에 민수기 글자를 나열하여 'ㅅ' 에 획 순서로 표시
2. 맥 절: (1절), 맥 보충: (4~6절)
3. 관주구절: 불평(출 14, 15, 16, 17, 32장, 민 11, 12, 14, 21장)

4 찬송: 눈을 들어 하늘 보라, 웬 일인가 내 형제여, 그 영원하신 사랑은

5. 해설: 가데스에 이르는 동안 이스라엘은 백성에서 지도자에 이르기까지 하나님께

반역하기를 쉬지 않았다. 다베라에서 백성이 악한 말로 원망하매, 여호와의 불이 붙어 진 끝을 살랐다(11:1~3). 기브롯 핫다아와에서는 이스라엘 중에 섞여 사는 무리가 탐욕을 품으매, 이스라엘 자손도 울며 고기가 없는 것을 원망하였고(11:4), 모세조차 불평과 함께(11:12) “고기를 일개월간 먹이시리니” 하여도 하나님을 온전히 신뢰하지 못하였다(11:21, 22). 그러나 하나님께서는 메추라기를 주심과 함께 탐욕을 낸 백성들에게 심히 큰 재앙으로 치셨다(11:33).

쉼터: 만나 불평사건의 결과

고기가 아직 잇 사이에 있어 씹히기 전에 큰 재앙으로 치셨다. 광야생활은 애굽에서 누렸던 옛 생활의 죄 뿌리를 뽑아내는 연단의 과정이다. “감사를 넘치게 하라”(골 2:7), “범사에 감사하라”(살전 5:18)는 말씀처럼 늘 하나님께 감사해야 한다.

12장 미리암 문둥병(형제들 원망) *(Miriam and Aaron Oppose Moses)*

1. 위치설명: 시내산 밑에 민수기 글자를 나열하여 ‘ㅅ’에 획 순서로 표시
2. 맥 절: (1절), 맥 보충: (10절)
3. 관주구절: 신 27:9, 왕하 5:27;15:5
4. 찬송: 큰 죄에 빠진 날 위해, 겸손히 주를 섬길 때, 십자가 군병 되어서
5. 해설: 하새룻에서는 모세가 구스여자를 취한 것에 대해 미리암과 아론이 모세를 비방하였는데, 그들의 죄는 하나님의 종에 대한 반역, 곧 하나님의 인도하심에 대한 반역이었다. 이로 인해 미리암이 문둥병을 들어 칠 일간 진밖에 있게 되었다(10~15절). 미리암의 문둥병 사건은 영적 권위에 대한 도전의 결과가 얼마나 무서운가를 보여주는 생생한 교훈이다.

쉼터: 권위를 인정하지 않은 미리암

모세가 이방 여인과 결혼했다고 아론과 미리암이 비방하는 이야기가 나온다. 아론과 미리암의 비방은 모세가 이방인과 결혼했다는 빌미로 모세가 가진 권위와 특권에 대항해서 질투한 것이다. 아론과 미리암은 자신들도 이스라엘의 지도자급에 있음을 나타내기 위해 모세를 비방하였다. 그러나 하나님은 이스라엘 백성을 가나안으로 인도하시려는 뜻을 갖고 계셨으며, 이를 위해 모세를 지도자로 세우시고 그에게 특별한 신적 권위를 주셨다. 그렇기 때문에 아론과 미리암의 비방은 결과적으로 모세에게 권위를 부여하신 하나님께 대한 도전이었던 것이었다. 모세에 대한 비방은 자신들이 갖지 못한 모세의 신적 권위에 대하여 시기와 질투를 나타낸 죄 된 행동일 뿐이었다.

13장 정탐(가나안 정탐) *(Exploring Canaan)*

1. 위치설명: 가데스 바네아에서 '⊤'에 획 순서로 표시
2. 맥 절: (2, 30, 31절), 맥 보충: (25절)
3. 관주구절: 신 9:1, 수 14:8, 민 14:6, 24
4. 찬송: 허락하신 새 땅에, 내 주는 강한 성이요, 군기를 손에 들고
5. 해설: 이스라엘의 불신앙은 가나안 정탐을 통하여 절정에 이른다. 결국, 그들이 정탐한 날 수 40일을 40년으로 계산하여 광야에서 유리하다가 죽으리라는 심판을 받게 된다(14:32~35). 열두 지파의 족장들이 40일 동안 땅을 탐지하고 돌아온 후, 여호수아와 갈렙을 제외한 그들의 보고는 부정적이었다. 그 땅은 과연 젖과 꿀이 흘렀지만(13:27), 환경적인 조건 때문에 차지할 수 없다는 것이었다(13:28, 29). 이는 그들이 구원자 되시는 하나님을 바라보지 못하고, 환경을 더 바라보았기 때문이었는데, 이것이 곧 불순종이었고 불신앙이었다(히 3:18, 19).

♥ 쉼터: 열 정탐꾼과 여호수아와 갈렙

환경 \ 태도	열 정탐꾼	여호수아와 갈렙
강한 거민(13:28)	그 백성을 치지 못하리라(13:31)	그들은 우리의 밥이다(14:9)
견고한 성읍(13:28)	능히 올라가지 못하리라(13:31)	그들의 보호자는 그들에게서 떠났고(14:9)
거인 아낙자손(13:28)	우리는 스스로 보기에도 메뚜기 같으니(13:33)	여호와는 우리와 함께 하시느니라 그들을 두려워 말라(14:9)
땅: 남방,산지,해변,요단가에 빈 터가 없음(13:29)	그 거민을 삼키는땅이다(13:32)	그 땅으로 인도하여 들이시고 그 땅을 우리에게 주시리라(14:8)

14장 정탐 불평(불순종과 징벌) *(The people Rebel)*

1. 위치설명: 가데스 바네아에서 'ㅜ'에 획 순서로 표시
2. 맥 절: (1~4, 10, 34절), 맥 보충: (9절).
3. 관주구절: 출 16:2;17:3, 민 11:1, 출 16:10
4. 찬송: 어려운 일 당할 때, 주 믿는 사람 일어나, 주의 진리 위해 십자가 군기
5. 해설: 열 정탐꾼의 보고를 들은 온 회중은 소리를 높여 부르짖으며 야훼를 원망하며, 한 장관을 세워 애굽으로 돌아가자고 하였다(4절). 야훼께서는 모세의 중보기도를 듣고 이스라엘을 멸하시려는 뜻을 돌이키시지만. 열 번이나 하나님을 시험하고 불순종한 이스라엘에게 징벌을 내리셨다(20~23절). 징벌의 내용은 갈렙과 여호수아를 제외한 20세 이상의 계수함을 받은 자 곧 하나님을 원망한 자의 전부가 광야에서 죽을 것이요(29,30절). 그 자녀들은 40년간 광야에서 유리하는 자가 되리라는 것이었다(33절).

   열 명의 정탐꾼들은 여호와 앞에서 재앙으로 죽고(37절), 이스라엘은 아말렉과 가나안인에게 패하여 광야에서 유랑생활을 하게 되었다(45절).

쉼터: 기도의 사람 조지 뮬러

조지 뮬러는 영국 브리스톨에서 고아원을 운영했다. 그 고아원에는 2,500 명의 아이들이 있었다. 그러나 조지 뮬러는 고아원을 운영하기 위해 가까운 사람에게 도움을 요청하거나 신문이나 방송에 광고를 낸 적이 없다. 그는 참새도 먹이시고 입히시는 하나님이 고아들을 먹여주시고 입혀주신다는 믿음 하나로 고아원을 운영해 나갔다. 그가 93세가 되었을 때, 그는 일기에 이렇게 썼다.

"내가 처음으로 기도하기 시작했을 때, 그리고 하나님께서 내게 공급하실 것을 처음으로 믿었을 때, 1달러를 구하기 위해 나의 모든 믿음을 사용하지 않으면 안 되었다. 그러나 매일 그런 식으로 나의 믿음을 양육하고 단련하여 50년이 지난 지금에는 50년 전 1달라를 구했던 것처럼 아주 쉽게 백만 달러를 믿음으로 구할 수 있다."

방황(15장~20:13)

가데스 사건 후에, 이스라엘은 계속적으로 하나님께 범죄한다. 심지어 모세까지 하나님 앞에 죄를 범한다. 방황하는 기간(38년) 동안에 하나님께서는 옛 세대를 멸하시고 새로운 세대를 훈련시키신다.

15장 제사요약 *(Supplementary Offerings)*

1. 위치설명: 가데스 바네아에서 '⌐'에 획 순서로 표시
2. 맥 절: (1~3절), 맥 보충: (15절)
3. 관주구절: 절기(레 1~7장, 출 13, 23장, 민 28, 30장, 신 16장)
4. 찬송: 내 주의 보혈은, 감사하는 성도여, 구주의 십자가 보혈로
5. 해설

율법의 반복(15장)

비록 정탐꾼에서 이스라엘이 하나님께 불순종했다 하더라도 거룩한 백성으로서의 언약은 취소되지 않았다(40, 41절). 제사법 규정의 강조(1~31절)와 안식일을 범한 자의 죽

음과(32~36절) 옷술에 청색 끈을 더하게 한 것은(37~39절). 이스라엘이 제사장 나라요 거룩한 백성임을 확신케 하신 것이었다.

♥쉼터: 4가지 제사방법-5대 제사는 번제, 소제, 속죄제, 속건제, 화목제이다.

이들 제사는 4가지 방법으로 드려졌다.

화 제	제물을 불에 태워 드리는 제사법(레 1:13)
거 제	제물을 번제단 위에 높이 들어올려 드리는 제사법례(레 7:32)
요 제	제물을 하나님 앞에서 몇 번 앞뒤로 흔든 뒤 드리는 제사방법(레 7:30)
전 제	포도주나 기름, 피를 부어 드리는 제사법(출 29:40) 신약에서는 관제라고 표현한다(딤후 4:6; 빌 2:17)

16장 고라, 다단 (반역과 심판) *(Korah, Dathan, and Abiram)*

1. 위치설명: 가데스 바네아에서 'ㅜ' 에 획 순서로 표시
2. 맥 절: (1, 2절), 맥 보충: (10, 19, 32, 33절)
3. 관주구절: 잠 17:11, 스 4:15, 요 19:12, 삼하 15:12
4. 찬송: 예수 십자가에 흘린 피로써, 나 행한 것 죄뿐이니, 형제여 지체 말라
5. 해설: 고핫의 자손 고라는 미리암 사건을 기억하지 못하고 제사장 직분을 탐내어 (16:10) 다단, 아비람, 온과 당을 짓고 족장 250인과 함께 일어나서 모세를 거슬렸다 (16:1,2, 12~14). 이러한 반역은 분수를 넘은 탐욕이었다(16:7, 10). 이에 땅이 입을 열어 고라, 다단, 아비람과 그 가족과 모든 소속을 삼켰으며 분향하는 250인은 여호와의 불로 인하여 소멸되었다(16:31~35).

   또한, 이 일로 인해 온 회중이 모세와 아론을 원망하다가 염병에 죽은 자가 14,700명이나 되었다(16:41, 49). 고라당의 반역으로, 하나님께서는 250인의 향로를 쳐서 제단을 싸는 편철을 만들게 함으로써 제사장의 권위에 대한 반역죄가 얼마나 큰가를 교훈해 주셨다(16:38).

쉼터: 왜 권위에 복종해야하는가?

성경은 모든 권위와 능력은 하나님께 있다고 말한다. 하나님이 이 세상 모든 것을 만드시고 다스리는 주인이시기 때문이다. 그래서 하나님은 영원한 왕이시다. 구약에서는 왕, 선지자, 제사장 등과 같은 사람들이 하나님의 권위를 위임받아 일했다. 그래서 이렇게 불순종하거나 대적하는 것이 곧 하나님께 대항하는 것과 동일하게 생각되었던 것이다. 고라의 반역과 미리암의 비방은 곧 하나님을 향한 반역이요, 비방이므로 하나님께서는 이들을 벌하셨다. 하나님이 세우신 모든 권위에 복종하는 것은 곧 하나님의 권위를 인정하는 행위이다(롬 13:1~2).

17장 아론의 싹난 지팡이 *(The Budding of Aaron's Staff)*

1. 위치설명: 가데스 바네아에서 'ㄱ' 에 획 순서로 표시
2. 맥 절: (7, 8절), 맥 보충: (4절)
3. 관주구절: 지팡이(출 4:20, 14:16)
4. 찬송: 다 함께 주를 경배하세, 영광의 왕께 다 경배하며, 나 형제를 늘 위해
5. 해설: 열두 지파의 족장 중 아론의 지팡이에 꽃이 피고 살구 열매를 맺게 하심으로써(17:8), 제사장의 권위가 하나님의 절대 주권에 의한 것임을 확인시켜 주셨다.

쉼터: 싹난 아론의 지팡이

하나님은 죽은 자도 살리시는 분이시다. 하물며 죽어 있는 나무에서 싹이 나고 열매를 맺히게 하실 수 없겠는가? 특별히 죽어 있었던 많은 나무 가운데 아론의 지팡이에서만 싹이 나게 하신 이유는 무엇일까? 그 이유는 하나님께서 아론에게 그 일을 수행할 수 있는 능력과 생명력을 공급하셨음을 사람들 앞에서 보여주기 위해서이다. 또한 많은 나무들 가운데 살구나무의 꽃과 열매를 보여주신 것은 살구나무가 히브리어로 '깨어있다', '지켜보다' 와 비슷한 발음으로 하나님께서 항상 깨어 계시면서 모든 것을 인도하시는 분임을 교훈하시기 위함이었다.

18장 레위인의 직무 *(Duties of Priests and Levites)*

1. 위치설명: 가데스 바네아에서 'ㄱ' 에 획 순서로 표시
2. 맥 절: (7, 8절), 맥 보충: (20절)
3. 관주구절: 레 6, 7장(제사장의 직무)
4. 찬송: 거룩한 주님께, 네 맘과 정성을 다하여서, 주와 같이 길가는 것
5. 해설: 여호와의 진노가 다시는 이스라엘 자손에게 미치지 않도록 하나님께서는 레위인에게 성소의 직무와 단의 직무를 지키도록 하셨다(18:5). 아론의 아들들에게는 제사장의 직분을 주셨음을 상기시켰다(18:7).

쉼터: 십일조

하나님께서는 이스라엘 백성들에게 생산물의 1/10을 바치게 하셨다(신 14:22). 레위인들 또한 그들이 받은 십일조 중에 1/10을 하나님께 드려야만 했다(민 18:26). 십일조는 하나님의 백성들이 갖고 있는 모든 것이 하나님이 주신 것임을 인정하는 믿음의 행위였다. 그러므로 십일조는 감사하는 마음으로 자발적으로 드려야 한다. 십일조는 다음과 같이 사용되었다.

첫째, 기업이 없이 성막에서 봉사하는 레위인들의 생계를 보장해 주기 위해서 그들에게 돌려졌다

둘째, 3년마다 드려지는 십일조로는 구제사업에 쓰여 졌다.

셋째, 성전이 완성되고 나서는 성전 유지와 보수를 위해서 십일조가 쓰여 졌다.

19장 정결 규례 *(The Water of Cleansing)*

1. 위치설명: 가데스 바네아에서 'ㄱ' 에 획 순서로 표시
2. 맥 절: (13절), 맥 보충: (9, 19절)
3. 관주구절: 암송아지(신 21:3, 4) 벧전 3:2

4. 찬송: 너의 죄 흉악하나, 예수 십자가에 흘린 피로써, 먹보다도 더 검은
5. 해설: 고라당의 반역에 동조하던 이스라엘 백성의 죽음으로 인해 부정케 된 자들을 위해 야훼께서는 암송아지의 재를 취하여 부정을 깨끗케 하도록 하셨다(19장). 이를 통해 하나님께서는 이스라엘의 불순종과 불신앙에 심판을 내리시지만, 징계 후에는 자비로 그들을 용서하시고 거룩하게 하심을 볼 수 있다.

쉼터: 소금 언약

소금은 부패를 방지하며 맛이 변하지 않는다는 점에서 하나님의 영원한 언약을 상징했다. 하나님께서는 제사장들과 그 후손에게 이스라엘 백성들이 거제로 드리는 성물을 주시겠다고 약속하시면서 이를 변하지 않는 '소금 언약'이라 하셨다(민 18:19).

20장 모세의 범죄 *(Water From the Rock/Death of Aaron)*

1. 위치설명: 가데스 바네아에서 '1' 에 획 순서로 표시
2. 맥 절: (11절), 맥 보충: (12절)
3. 관주구절: 잠 17:9, 시 95:8
4. 찬송: 아버지여 이 죄인을, 천부여 의지 없어서, 목마른 자들아
5. 해설: 가데스에서 미리암이 죽은 후(1절) 회중은 물이 없으므로 그들의 조상들이 했던 것처럼(출 17:1~7) 또 모세와 아론을 공박한다(2~5절). 이에 하나님께서는 첫 번째 경우와는 달리 모세에게 "반석을 명하여" 물을 내라고 하셨으나 모세와 아론 역시 이스라엘 자손의 목전에 여호와의 거룩함을 나타내지 아니하고 "반석을 두 번 쳐서" 물을 내게 하였다(11절). 모세는 이 범죄로 가나안 땅에 들어가는 것이 허락되지 않았다(12절).

모압으로(20:14~22:1)

광야에서의 방황을 거의 끝낸 이스라엘은 요단 동편을 거쳐서 가나안의 입구인 모압 평지에 서게 된다.

에돔의 거절(20:14~21:3)

가데스에서 가나안 입성을 위해 에돔 왕에게 왕의 대로를 통과할 것을 요청하나 거절당하였다(20:14~21). 호르산에서 아론의 죽음을 뒤로 한(20:22~29) 후에, 패역한 세대가 가나안인에게 패했던 호르마에서(14:49~50), 그의 후손들은 첫 승리를 거둔다(21:1~3).

쉼터: 모세 왜 반석을 쳤나?

물을 달라고 불평하는 백성들의 요구에 대해, 모세는 지팡이로 반석을 두 번 쳐서 물이 솟아나게 했다(민 20:10~11). 백성들의 불순종에 화가 난 모세는 "반석에게 명령하여 물이 나오게 하라"는 하나님의 말씀에 자신의 감정을 담아서 너무 지나치게 표현했던 것이다. 이 일이 일어난 가데스바네아는 오래 전 가나안을 정탐하고 돌아온 정탐꾼들의 보고를 듣고 이스라엘 백성들이 하나님을 원망했던 곳이다.

불순종으로 인해 가나안 땅을 곧장 밟지 못하고 오랜 훈련을 받아야 했던 그들은 또 한번 하나님을 향해 불평하였다(민 21:5). 그리고 이런 백성들을 보면서 화가 치밀어 오른 모세도 하나님의 영광을 드러내기보다는 혈기를 드러내고 말았다. 하나님의 의도를 그대로 전해야 하는 중보자의 역할을 잊었던 것이다. 이 일로 인해 결국, 모세와 아론은 바로 눈 앞에 가나안 땅을 두고도 들어가지 못할 것이라는 하나님의 말씀을 듣게 된다.

21장 놋뱀 사건 *(The Bronze snake)*

1. 위치설명: 가데스 바네아에서 '1'에 획 순서로 표시
2. 맥 절: (4~6절), 맥 보충: (8,9절)
3. 관주구절: "광야에서 뱀을 든 것같이 인자도 들려야"(요3:14)
4. 찬송: 이 눈에 아무 증거 아니 뵈어도, 주의 약속하신 말씀 위에서, 이 세상은 험하고
5. 해설

불뱀 사건(21:4~9)

에돔의 거부로 먼 길을 돌아가게 된 백성들은 마음이 상해서 하나님과 모세를 원망하다가 불뱀에게 물려 죽게 되었다(4~6절). 이에, 모세가 놋뱀을 만들어 장대 위에 다니 뱀

에게 물린 자마다 놋뱀을 쳐다본즉 살게 되었다(9절). 놋뱀은 우리의 저주를 대신 짊어지신 예수 그리스도를 예표한다(요 3:14. 15참조).

분석	불뱀	놋뱀	장대 위에 달아	물린 자마다	쳐다본즉	살더라
상징	사단	심판	십자가에 달림	모든 죄인	믿음으로	구원

아모리왕 정복(21:10~22:1)

이스라엘도 계속 진행하여 요단 동편의 아모리족 해스본 왕 시혼과 바산왕 옥을 물리치고 요단 건너편 여리고 맞은편인 평지에 이른다(22:1).

요약(1~21장)

시내산에서 출발을 한 후에, 광야에서의 생활은 하나님께 대한 반역의 역사이다. 이로 인해 그들은 광야에서 소멸되지만, 하나님께서는 크신 자비로 새 세대를 이끌어 모압 평지까지 이르게 하신다.

장소	내용	이유	누가	누구에게	징계	하나님의 자비
다베라 (11: 1~3)	원망		백성	야훼	불로 진 끝을 사름	모세의 기도로 불이 꺼짐
기브롯 핫다아와 (11: 4~35)	불평	고기가 없음	섞여 사는 무리, 이스라엘 백성	모세	심히 큰 재앙	메추라기를 주심
하세롯 (12: 1~16)	비방	모세가 구스 여자를 취함	아론과 미리암	모세	미리암의 문둥병	칠일 후 회복
가데스 (13:,14:)	불신앙과 불순종	가나안 정탐 보고	열정탐꾼	모세	재앙으로 죽음	자녀들을 살리심
			회중	모세와 아론	40년간 유리	
가데스 (16:)	탐욕	제사장 직분을 탐냄	고라당	모세와 아론	땅이 삼킴	편철로 교훈, 아론의 싹난 지팡이, 암송아지
			250인	모세와 아론	불에 소멸됨	
			회중	모세와 아론	염병	
므리바 (20:1~13)	불평과 불신앙	물이 없음	회중	모세와 아론	가나안 입성 불허	물을 내심
		거룩함을 나타내지 아니함	모세와 아론	여호와		
홍해길 (21:4~9)	원망	길로 인해 마음이 상함, 입맛이 변질 (박한 식물)	백성	하나님과 모세	불뱀에게 물려 죽음	놋뱀으로 구원

쉼터: 성경에 나타난 뱀의 모습

1. 에덴동산에서 하와를 유혹한 간교한 동물 이후로 저주를 받았음(창 3:1~14)
2. 모세가 바로에게 가기 전 하나님께서 권능을 나타내시는 방법으로 지팡이를 뱀으로 변하게 만드심, 애굽을 상징함(출 4:3)
3. 시내 광야에서의 불뱀은 하나님을 거역한 백성들을 죽음으로 이끔. 장대에 달린 놋뱀은 구원을 주는 뱀-그리스도를 상징(민 21:6~9)
4. 새 하늘과 새 땅에서는 뱀도 해를 끼치지 않을 것이라고 묘사됨(사 65:25)
5. 외식하는 악인이나 타락한 사람(마 23:33)
6. 지혜를 나타내는 동물로 묘사됨(마 10:16)
7. 마귀, 사탄(계 12:9)

교훈 및 적용

1. 환경이 우리의 믿음을 빼앗으려고 할 때, 환경을 보고 두려워하지 말고 우리와 함께 하시는 하나님을 바라보자.
2. 신앙 안에서 우리가 누릴 기업은 믿음으로 쟁취해야 하는 것임을 깨닫고 믿음의 무기로 젖과 꿀이 흐르는 땅을 정복하자.
3. 원망, 불평, 탐욕의 결과는 심판과 징벌인 것을 깨닫고 절대 순종과 절대 신앙의 생활을 습관화 하자.

22장 발람의 나귀사건 *(Balaam's Donkey)*

1. 위치설명: 모압에서 발람과 발락의 사건을 시계방향으로 차례대로 2시 방향에 표시
2. 맥 절: (23절), 맥 보충: (28절)
3. 관주구절: 수 5:13, 단 10:7, 행 22:9

4 찬송: 샘물과 같은 보혈은, 큰 죄에 빠진 날 위해, 너희 죄 흉악하나

5. 해설

바알브올 사건(22:2~25:)

바알브올 사건을 통하여 야곱의 허물을 따라 심판하지 아니하시고 언약을 지키시는 신실한 하나님이심을 계시한 후, 새로운 세대로 하여금 가나안에 들어가도록 준비시키신다.

발락의 요청(22:1~40)

모압 왕 발락은 이스라엘이 아모리인에게 행한 일을 듣고 심히 두려워하여 이스라엘을 저주하기 위하여 복술가 발람을 청하였다(5,6절). 발람은 하나님의 말씀을 듣고(12) 발락의 첫 번째 요청을 거절하였으나 불의의 삯을 사랑하여 두 번째 요청을 승낙하게 되었다. 그러나 그가 가는 동안에 발람의 눈이 어두워져서 여호와의 사자를 보지 못하게 되었다. 하나님께서는 나귀를 통하여 발람을 깨우침으로 오직 여호와께서 이르는 말만 하도록 다시 한 번 역사하셨다(35절, 벧후 2:15, 16).

쉼터: 발람의 범죄의 진행

범죄의 진행	성구
불의의 삯을 사랑	벧후 2:15, 민 22:21
이스라엘이 여호와 앞에 범죄하도록 꾀를 냄	민 31:8
우상제물을 먹게 하고 행음케 함	계 2:14

23장 저주를 축복으로(발람의 축복)

1. 위치설명: 모압에서 발람과 발락의 사건을 시계방향으로 차례대로 3시 방향에 표시
2. 맥 절(11절), 맥 보충: (20절)
3. 관주구절: 십자가에 못 박으니(마 27:38), 살아나셨느니라(마 28:6)
4.찬송: 나의 기쁨 나의 소망 되시는, 이 몸의 소망 무엔가, 주 하나님 크신 능력
5. 해설

발람은 바알의 산당에서(22:41), 비스가 꼭대기에서(23:14), 브올산 꼭대기에서(23:28), 세 번에 이르러 이스라엘을 저주하라는 발락의 요청을 받았다.

쉼터: 저주를 축복으로 바꾸시는 하나님

① 예수님께서 십자가에 죽으심으로써 그것이 오히려 구원에 이르게 됨(요 19:30)
② 요셉의 꿈을 죽이려고 애굽으로 팔았지만 그것이 오히려 꿈을 이루게 됨(창 41장)
③ 지금도 하나님은 우리에게 오는 저주를 축복으로 바꾸신다.
④ "모든 것이 합력하여 선을 이루느니라"(롬 8:28),

24장 예언 *(Balaam's Forth Oracle)*

1. 위치설명: 모압에서 발람과 발락의 사건을 시계방향으로 차례대로 4시 방향에 표시
2. 맥 절: (14절), 맥 보충: (17, 19절).
3. 관주구절: "저희가 별을 보고 가장 크게 기뻐하고 기뻐하더라"(마 2:10).
4. 찬송: 나의 기쁨 나의 소망되시는, 이 몸에 소망 무엔가, 참 아름다워라
5. 해설: 발람은 하나님의 권능에 사로 잡혀 세 번이나 이스라엘을 축복하였다(24:10). 이어서 발람은 이스라엘의 영광에 대해서 네 번째로 예언하였는데(24:15~24), 17절의 한 별과 한 홀은 메시아의 예언이다.

쉼터: 말하는 동물

성경에는 동물이 말하는 경우가 몇 번 나온다. 첫 번째로 에덴동산에서 뱀이었다. 두 번째로 발락을 만나러 가는 발람에게 나귀는 말을 했다. 모압의 왕이었던 발락은 이스라엘이 아모리인을 무찌르는 것을 보자 겁이 났다. 자기의 생명과 나라가 위협 받는다고 생각했기 때문이다. 그래서 메소포타미아의 예언자 발람을 불러서 이스라엘의 저주를 부탁했다. 그러나 발람은 거절했다. 하지만 결국에는 하나님이 시키는 말만 전한다는 조건으로 하나님의 허락을 받아 발락에게로 향했다. 그러나 이미 물질에 어두워진 발람의 행동에 진노하신 하나님은 여호와의 사자를 발람이 가는 길에 보냈다. 칼을 들고 막아선 여호와의 사자를 본 나귀는 길이 아닌 밭으로 들어갔고, 담에 발람의 발을 비벼 상하게 하였다. 그리고는 피할 곳 없는 좁은 길에 서 있는 여호와의 사자 앞에서 나귀는 발람의 밑에 엎드리고 말았다. 이에 화가 난 발람은 지팡이로 나귀

를 때렸다. 그때 하나님께서 나귀의 입을 여셨다."내가 네게 무엇을 하였기에 이같이 세 번 때리느뇨?"동물이 말을 하다니 놀라운 일이다. 발람은 "네가 나를 거역했기 때문이다, 내 손에 칼이 있었다면 너를 죽였을 것이다"라고 대답했다. 마침내 하나님께서는 발람의 눈을 여셨고, 자기 앞에 서있는 여호와의 사자를 보게 되었다. 깜짝 놀란 발람은 머리를 숙이고 엎드려서 여호와의 사자로부터 꾸지람을 들었다. 다시 한번 경고를 들은 발람은 하나님의 말씀대로 전했다. 즉 이스라엘을 저주한 것이 아니라 이스라엘을 향해 축복과 모압, 에돔에 대한 파멸을 전했다(민 24:3).

25장 미・모 여인 사건(음행과 염병) *(Moab Seduces Israel)*

1. 위치설명: 모압에서 발람과 발락의 사건을 시계방향으로 차례대로 5시 방향에 표시
2. 맥 절: (1,2절), 맥 보충: (6,9절)
3. 관주구절: 삿 20:6, 왕하 9:22, 겔 22:11, 고전 5:1, 계 2:21
4. 찬송: 예수 나를 위하여, 주 달려 죽은 십자가, 나 행한 것 죄뿐이니
5. 해설: 발람은 탐욕에 눈이 어두워 음모를 꾸며 모압 여인들로 하여금 이스라엘을 유혹하게 하였다(25:1~5). 이스라엘 백성은 자기들과 음행한 여자들에게 이끌려서 바알브올 이라는 우상에 절하게 되고 그 결과 염병이 들어 24,000명이 죽게 되었다(25:9).

쉼터: 비느하스

그는 이스라엘 백성의 우상 숭배(음행죄)로 인해 염병이 퍼졌을 때, 미디안 여인을 데리고 온 이스라엘 자손을 미디안 여인과 함께 죽임으로 이스라엘에 대한 하나님의 저주를 그치게 했다(민 25:1~9). 이러한 행위로 그와 그의 후손이 대대로 제사장이 될 것을 보장받았다. 모세의 명을 따라 미디안과 싸울 때 성소의 기구와 나팔을 들고 싸움에 나가기도 했으며, 이스라엘 지파들이 분열될 위기에 처했을 때, 평화사절 책임자의 역할을 잘 수행하였다(수 22:12~19).

26장 2차 인구 조사 *(The Second Census)*

1. 위치설명: 6시 방향에 표시
2. 맥 절: (2절), 맥 보충 절: (4,51절)
3. 관주구절: 다윗의 인구조사(삼하24, 대상21장), 인구조사(느7장)
4. 찬송: 나 가나안 복지 귀한 성에, 나의 영원하신 기업, 시온의 영광이 빛나는 아침
5. 해설

인구조사와 땅의 분배 원칙

염병 사건 후에 모세와 엘르아살은 2차 인구조사를 실시하였다. 1차의 조사 때와는 달리 2차 인구조사 때는 각 지파의 인구와 함께 각 지파를 구성하고 있는 가족도 기록하였다. 이는 땅의 분배를 위한 것이었다. 분배의 원칙은,

첫째, 지파의 크기에 따라(54절)

둘째, 제비뽑기에 의한 것이었다(55절).

쉼터: 제1, 2차 인구조사 비교

구분	1차 인구조사	2차 인구조사	비고
목적	군사적 목적	군사적 목적과 땅의 분배	2차 때는 가족도 함께 기록
인원수	603,550	601,730 (1,820 명 감소)	시므온 지파는 37,100 명이나 감소하였는데 이는 시므온 지파의 수령인 시므리가 바알브올사건의 주모자였기 때문이다(25:14).

27장 후계자 여호수아 *(Joshua to Succeed Moses)*

1. 위치설명: 7시 방향에 표시
2. 맥 절: (18절), 맥 보충: (4,22,23절)
3. 관주구절: 여호수아(출 17:13, 24:13, 32:17, 민 14:6, 신 31:7)
4. 찬송: 허락하신 새 땅에, 주가 맡긴 모든 역사, 십자가 군병들아

5. 해설

• **새 세대를 위한 지시들(27~36장)**

가나안의 입성을 눈 앞에 두고, 하나님께서는 가나안에서 지켜야 할 몇 가지의 지시를 내리신다.

• **상속권과 후계자(27:1~23)**

여성에게도 기업의 상속권이 있다는 것과 함께(1~11)눈의 아들 여호수아를 안수하고 후계자로 삼도록 명하셨다(18~23절)

쉼터: 기업

구약성경에서 기업은 '재산, 소유, 상속'의 뜻으로 쓰였으며 이스라엘에게 분배하신 '약속의 땅, 토지'와 같은 개념으로 많이 쓰여졌다(출 6:8, 32:13, 신 12:10). 또한 소유를 뜻하는 '아후지'란 단어도 기업으로 번역되어 기업은 '토지의 소유'(창 17:8) '재산으로 상속된 부동산'(레 27:16)을 의미하는 말로 쓰였다. 이스라엘 백성들에게 있어서 기업이란 하나님이 주신 선물이다(신 12:10). 궁극적으로 하나님의 것이기 때문에(레 25:23), 그들은 청지기로서 그것을 잘 보존하는 것이 중요하다. 그래서 하나님이 주셨고 조상에게 물려받은 기업을 팔거나 옮기는 것을 죄로 생각하였다.

28장 절기 예물1 *(Daily Offerings)*

1. 위치설명: 8시 방향에 표시
2. 맥 절: (2절), 맥 보충: (9, 11, 16, 26절)
3. 관주구절: 절기(레 1~7장, 출 13, 23장)
4. 찬송: 주님께 귀한 것 드려, 허락하신 새 땅에, 주 예수님 내 맘에 오사
5. 해설

• **상번제**

성도가 날마다 하나님께 헌신, 감사하는 마음으로 살아야 한다.

• 안식일

하나님의 창조 사역과 인간이 구속받아 새로운 피조물이 된 것을 기념하는 것이다.

• 유월절과 칠칠절

헌신을 상징하는 번제와 성결된 삶을 상징하는 소제를 드려야 한다.

쉼터: 칠칠절

- 수확한 보리의 첫 단을 요제로 드린 날로부터 50일째 되는 날에 지키는 절기
- 오순절이라고도 하는데 단 하루만을 절기로 지킴
- 보리 수확에 이어 밀 수확을 가능케 하신 여호와께 감사와 기쁨을 표시하기 위해 첫 소산을 바치고 봉헌한다는 의미에서 볼 때, 일종의 추수감사절
- 초대 교회 당시, 이 날에 성령께서 강림(행 2:1~13)하심으로써 오늘날에는 성령강림절

29장 절기예물 2 *(Feast of Trumpets)*

1. 위치설명: 9시 방향에 표시
2. 맥 절: (1절), 맥 보충: (7,12,39절).
3. 관주구절: 절기(레 1~7장, 출 13, 23장, 신 16장, 겔 45장)

4 찬송: 나 주의 도움 받고자, 내 갈길 멀고 밤은 깊은데, 주의 주실 화평

5. 해설: 가나안에서 드릴 제사의식에 관하여 자세히 명하신다.
   레위기 23장은 일반 평민을 위한 절기의 규정이다. 민수기 28, 29장은 제사장을 위한 규례라고 할 수 있다.

〈하나님께 드리는 제물〉

제물을 드리는 경우		번제			속죄제
		수송아지	숫양	어린양	숫염소
매일(28:3~8)		–	–	2(4)	–
안식일(28:9,10)		–	–	7(9)	–
매월1일(28:11~15)		2	1	7(9)	1
무교절(28:17~25)		2	1	7(9)	1
칠칠절, 오순절(28:26~31)		2	1	7(9)	1
나팔절(29:1~6)		1(3)	1(2)	7(9)	1
속죄일(29:7~11)		1	1	7(9)	1(2)
초막절	제 1 일	13	2	14(16)	1
	제 2 일	12	2	14(16)	1
	제 3 일	11	2	14(16)	1
	제 4 일	10	2	14(16)	1
	제 5 일	9	2	14(16)	1
	제 6 일	8	2	14(16)	1
	제 7 일	7	2	14(16)	1
	제 8 일	1	1	7(9)	1

(　　)는 당일에 드린 제물의 누계

쉼터: 왜 하나님은 반드시 제물을 요구하셨나?

인간이 거룩하신 하나님께 나아가 그분과 화목을 이루고 교제를 나누기 위해서는 반드시 '죄 문제'가 해결되어야 했다. 죄 문제가 해결되기 위해서는 반드시 죄지은 당사자의 피가 요구되었는데, 하나님은 인간의 피 대신에 동물의 피를 대신 받으시기로 정하셨다. 그래서 하나님은 인간들에게 반드시 제물을 요구하신 것이다. 하지만 구약시대의 동물은 상징물에 불과했고, 그것의 실체는 인류의 영원한 희생 제물이 되신 예수 그리스도이시다.

30장 여자 서원 *(Women's Vows)*

1. 위치설명: 10시 방향에 표시
2. 맥 절: (2, 3절), 맥 보충: (6, 7, 9, 11절)
3. 관주구절: 레 27장(서원의 규례)
4. 찬송: 주님께 귀한 것 드려, 나의 생명 드리니
5. 해설: 과부와 이혼당한 여자의 경우를 제외하고도(9절), 여자의 서원이나 서약은 아버지나 남편의 허락 하에 유효하게 되었다(5, 12절).

쉼터: 서원이란?

하나님께 무엇을 하겠다거나, 하지 않겠다고 일정기간동안 자발적으로 약속하는 것을 서원이라고 한다(레 27:1~29). 하나님의 도우심을 받기 위해서나 베풀어 주신 은혜에 감사하기 위해서도 서원을 행하였다. 서원은 자발적으로 하는 것이지만 서원한 이상 반드시 지켜야 했으며(민 30:1~2), 이행하지 못했을 경우에도 속죄제를 드려 용서를 받아야 한다.

31장 미디안 정복 *(Vengeance on the Midianites)*

1. 위치설명: 미디안 정복이므로 사건의 배경이 미디안 방향에 표시
2. 맥 절: (2절), 맥 보충: (8절).
3. 관주구절: "미디안 두 왕 세바와 살무나를 사로잡고"(삿 8:12)
4. 찬송: 군기를 손에 높이들고, 주의 진리 위해 십자가 군기, 슬픈 마음 있는 사람
5. 해설: 이스라엘 자손의 원수를 미디안에게 갚으라는 명령을 좇아(2절), 모세는 미디안의 다섯 왕과 함께 브올의 아들 발람을 칼로 죽였다(8절). 이는 발람이 브올 사건의 배후 인물이 있기 때문이었다(16절).

민수기에 나타난 광야 전투

상대자	배경
아말렉, 가나안 (민 14:45)	가나안 정탐 사건후 모세의 만류에도 불구하고 가나안으로 전진하다 패함. 여호와의 언약궤와 모세는 진을 떠나지 않았음. 호르마까지 밀림.
아랏 (민 21:1~3)	이스라엘 백성이 아랏 왕의 영토로 들어갔다가 몇 사람이 체포 되어 싸움
아모리 (민 21:21~26)	이스라엘이 아모리 왕 시혼에게 사자를 보내어 그들의 땅을 지나가게 해 달라는 요청을 하자 그들이 먼저 선수를 치려고 나왔으나 결국 패함
바산 (민 21:31~35)	이스라엘 백성이 바산 길로 올라오자 바산왕 옥이 에드레이에서 맞섰으나 패하고 말았음
미디안 (민 31:1~12)	하나님의 지시로 미디안을 침, 이 전투에서 미디안의 다섯왕과 브올의 아들 발람을 죽임

쉼터: 전쟁 중 이스라엘 군인이 한명도 안 죽다니?

하나님의 이적적인 도우심이 이스라엘 군인들과 함께 하셨기 때문이다. 전쟁에 참여한 군인들은 12,000 명인데 비하여, 미디안 군사들은 32,000 명으로, 적어도 이스라엘보다 3배 이상은 더 많았을 것이다.

32장 요단 동편의 땅 분배 *(The Transjordan Tribes)*

1. 위치설명: 11시 방향에 표시
2. 맥 절: (5, 33절), 맥 보충: (4, 27절)
3. 관주구절: 수 13:8, 요 1:11, 민 13:29, 민 21:24
4. 찬송: 나 어느 곳에 있든지, 영광스럽도다 참된 평화는, 나의 영원하신 기업
5. 해설: 갓 자손과 르우벤 자손과 므낫세 지파는 그들의 가축이 많으므로(1절), 가나안 땅의 기업을 분배받았다. 그들이 분배받은 땅은 인간의 눈으로 보기에는 기름진 땅이었지만. 그것의 '지리적인 조건' 때문에 이방의 침략을 많이 겪은 곳이었다.

쉼터: 요단 동편의 기업

- "모세가 갓 자손과 르우벤 자손과 요셉의 아들 므낫세...그들에게 주매"(33절)
- 요단 동편땅은 요단 서편에 비해 더욱 빈번한 이방의 침략이 있었음
- 아무리 좋아보여도 하나님이 주신 축복이 아니고는 영원한 가치를 지닌 것이란 있을 수 없음을 깨닫게 됨
- 이 땅에서 누릴 수 있는 축복이란 어디까지나 한시적인 것, 하나님의 나라와 그의 의를 구하는 믿음의 삶(마 6:33)이 되어야 함

33장 광야여정 요약 *(Stages in Israel' s Journey)*

1. 위치설명: 12시 방향에 표시
2. 맥 절: (1절), 맥 보충: (3, 4절)
3. 관주구절: 가나안 정복 요약(수 12장)
4. 찬송: 오 놀라운 구세주, 자비하신 예수여, 주는 귀한 보배
5. 해설

약속의 땅에 대한 규정들(33:50~36:13)

여호와께서는 가나안땅에 들어가거든 그 땅 거민을 다 몰아내고 우상을 파하며, 살 땅을 정해 주셨다(34:1~15). 땅을 기업으로 나눌 족장들의 명단과 함께(34:16~29).

*출애굽기 그림 참조-민 33장을 보면 광야 생활 40년의 사건들을 한 눈에 볼 수 있다.

쉼터: 이스라엘이 무슨 권리로 가나안을 취하려고 하는가?

약 700여 년 전에, 하나님께서는 이스라엘의 조상 아브라함에게 가나안 땅을 주겠다고 약속하셨다(창 12:7). 그래서 아브라함이 본토를 떠나 가나안으로 수천 마일에 이르는 먼 여행을 했다. 하지만 하나님은 당장 주시지 않고, 가나안 민족들이 죄가 가득차면 그때, 그 땅을 아브라함 자손들에게 줄 것이라고 약속하셨다(창 15:12~21). 마침내 가나안 족속들의 죄가 가득 찼고, 하

나님은 약속하신대로 모세를 통해 애굽 땅의 이스라엘 민족을 출애굽시켜 가나안 땅을 쳐서 차지하도록 명하셨다. 그것은 아브라함에게 하신 약속의 성취임과 동시에, 가나안 민족들의 죄에 대한 징벌이었다.

34장 가나안 땅 분배 *(Boundaries of Canaan)*

1. 위치설명: 가나안 땅의 경계이므로 요단강 위에 표시
2. 맥 절: (2절), 맥 보충: (3~15절)
3. 관주구절: 가나안 땅의 분배(수 13~19장)
4. 찬송: 다 함께 주를 경배하세, 예수가 함께 계시니, 내 주는 강한 성이요
5. 해설

약속의 땅에 대한 규정들(33:50~36:13)

여호와께서는 가나안땅에 들어가거든 그 땅 거민을 다 몰아내고 우상을 파하며, 살 땅을 정해 주셨다(34:1~15). 땅을 기업으로 나눌 족장들의 명단과 함께(34:16~29).

쉼터: 구약에 나타난 광야

광야는 인적이 없고 개혁되지 않은 넓은 들판이다. 개역 성경에서는 미드바르, 애쉬몬, 아라바, 에레모스, 예레미야 등의 단어가 '광야'라고 번역되었다. 광야는 가나안 땅에 들어가기 전 이스라엘 백성들이 40년간을 지냈던 곳으로 마실 물이나 음식이 없었고 위험한 짐승이 있던 곳이다. 광야는 어려움과 고통, 이스라엘 백성들의 반역, 하나님의 인도하심, 황폐된 지경 등으로 묘사되었다. 하지만 척박한 땅, 시험의 장소였던 광야는 하나님의 능력으로 아름답게 변한 땅이며 하나님의 인도하심을 경험했던 사랑의 장소였다.

35장 도피성 *(Cities of refuge)*

1. 위치설명: 사해가 시작하는 패인 곳에 표시
2. 맥 절: (11절), 맥 보충: (6, 15절)
3. 관주구절: 도피성(출 21:13, 신 4:43, 수 21:13, 21, 27, 32)
4. 찬송: 고통의 멍에 벗으려고, 나 주의 도움 받고자, 그 참혹한 십자가에
5 해설: 레위인에게 48성읍과 주변의 들을 기업으로 주셨다(35:7). 그중에서, 6성읍은 도피성으로서 실수로 살인한 자들을 피신시켜 주는 역할을 하였다(35:15). 실수로 살인한 자는 거룩한 기름부음을 받은 대제사장이 죽은 후에야 자기 산업의 땅으로 돌아갈 수 있었는데(35:28). 이것은 우리의 대제사장 되시는 예수 그리스도의 죽음으로 우리가 심판의 진노를 면할 수 있음을 보여 주는 것이다.

쉼터: 6개의 도피성

지명	뜻	그리스도 안에서의 의미	비고
게데스	의(거룩)	우리의 죄를 용서받음	요단 서편 (가나안)
세겜	어깨	우리의 짐을 져주심	
헤브론	교제	하나님과의 교제가 가능함	
베셀	산성	가장 안전함	요단 동편
라못	존귀	하늘 보좌에 그리스도와 함께 앉음	
골란	기쁨	완전한 행복을 얻을 수 있음	

36장 여성 상속법 *(Inheritance of Zelophehad' s Daughter's)*

1. 위치설명: 1시 방향에 표시
2. 맥 절: (6절), 맥 보충: (3, 10절)
3. 관주구절: "슬로브핫의 딸들의 말이 옳으니"(민 27:7)

4. 찬송: 나 가나안 복지 귀한 성에, 전능하신 여호와여, 다 감사드리세
5. 해설: 모세는 슬로보핫의 딸의 질문을 받고 "이스라엘 자손이 다 각기 조상 지파의 기업을 지킬 것이니라"(36:7)는 판결을 내림으로써 땅의 분배에 대한 마지막 판결을 내린다.

***교훈 및 적용**

1. 야훼께서는 우리의 패역을 보지 아니하시고, 택한 백성을 회개시켜 복주시기 원하는 좋으신 하나님이심을 알자.
2. 광야에서 연단 받은 새 세대에게 가나안 입성이 허락된 것을 본받아, 하나님의 말씀으로 우리의 마음을 새롭게 하여 약속된 복을 받아 누리자.

신명기 지도

DEUTERONOMY(신명기) 34

신명기

요절: 이스라엘아 들으라 우리 하나님 여호와는 오직 하나인 여호와시니 너는 마음을 다하고 성품을 다하고 힘을 다하여 네 하나님 여호와를 사랑하라(6:4, 5).

1. 명칭

- 히브리어 성경: "엘레 하데바림(elleh haddebarim)"(이는 말씀이니라)
- 70인역: "듀테로노미온(duteronomion)"(두 번째 율법)
- 영어 성경: "Deuteronomy"
- 신명기: 하나님의 계명을 더욱 자세히 설명해 주는 책 이라는 뜻이다.

2. 기록자 : 모세(신 31:24~26…)

3. 기록 연대 : B.C. 1410~1395년 사이

4. 기록 목적 : 가나안 땅에 들어갈 새로운 세대들에게 율법을 새롭게 재해석해 줌으로써, 하나님의 규례에 순종하는 길만이 하나님께 복을 받는 유일한 길임을 강조하기 위하여 기록되었다.

5. 주제 : 잊지 않도록 주의하라!

6. 핵심

1) 단어: 언약

2) 구절: 10:12~13, 30:19~20

3) 장: 27장

7. 중심사상

1) 구속과 자비로운 은혜를 베푸신 하나님을 기억하라(8:18).

2) 하나님의 계명을 지키는 것이 하나님을 사랑하는 것이다(6:5).

3) 하나님의 율법의 준행에는 복이, 불순종에는 저주가 뒤따른다(11:26~28).

8. 신명기적 역사관

신명기적 역사관이란 이스라엘의 역사가 야훼 하나님과 맺은 언약의 이행여부에 따라 전개된다는 역사관으로서, 역사를 언약의 관점에서 이해하는 것을 말한다. 즉 언약의 준행 시에는 축복과 번영이 따르고, 언약의 불이행시는 저주와 멸망이 따른다는 것이다. 이 경우에, 하나님께서 역사를 이끌어나가시는 척도가 되는 것이 바로 언약 백성의 "신앙적 의"가 된다.

언약 백성인 이스라엘의 신앙적 의와 그에 따라 역사하시는 하나님의 손길의 관계는 세 가지 차원으로 발견된다.

첫째, 이 관계는 이스라엘 민족과 이방 사이에서 발견되는데, 이 경우 언약 백성인 이스라엘이 "신앙적 의"를 지녔을 때에 한해서 이스라엘은 이방민족을 심판하는 도구로 사용된다. 그러나 이스라엘이 하나님 앞에 "신앙적 의"를 잃은 경우, 오히려 이방 민족이 이스라엘을 회개시키는 "하나님의 징계의 채찍"으로 사용된다.

둘째, 이 관계는 동일한 이스라엘 민족 안에서도 발견된다. 가나안 정탐 후 불순종한 옛 세대의 멸망과 순종한 여호수아와 갈렙의 가나안 입성 사실은 "신앙적 의"와 그에 따른 하나님의 손길의 관계를 잘 설명해준다.

셋째, 이 관계는 또한 각 개인에 극한된 문제이기도 하다. 각 개인이 하나님 앞에서 "신앙적 의"를 얻으면 개인적으로 복을 받고, 그렇지 못하면 비록 민족적으로는 복을 받더라도 개인적으로는 파멸을 면하지 못한다. 이와 같은 신명기적 역사관은 오늘날 그리스도 안에서도 동일하게 적용된다. 구원과 복은 일차적으로 개인적인 것이지만, 국가적으로 하나님의 말씀을 떠났을 때는 범국가적인 징계를 면할 수 없음을 역사는 입증해왔다.

9. 내용분해 : 34장 959절

대주제	하나님이 하신 일	하나님이 주신 율법				하나님의 언약	
초점	과거	현재				미래	
소주제	1.방황역사회고 (1:~4:43)	1.십계명 (4:44~11:)	2.의식 법 (12:~16:17)	3.민법 (16:18~18:)	4.기타사회법 (19:~26:)	1.복과 저주 (27:~30)	2.고별사 (31:~34:)
내용	1)역사적 노정 2)역사적 교훈	1)십계명 2)하나님 사랑 3)이방인 분리 4)광야의 교훈 5)모세의 권면	1)제사법 2)우상숭배 경고 3)구별된 음식 4)십일조 5)안식년 6)세 절기	1)재판장과 유사 2)왕 3)제사장과 선지자	1)도피성 2)복과 저주 3)언약의 갱신	1)기념비 2)복과 저주 3)언약의 갱신	1)후계자 여호수아 2)모세의 노래 3)모세의 축복 4)모세의 임종
신학	계약 관계의 근본 원리는 사랑						

10. 주요 사건 연대

모세의 출생 (출 2:2)	출애굽 (출 12:37~51)	시내산(호렙산) 도착 (신 1:6~18)	시내산 출발 (1:19)	40년간 광야생활 (1:19)
1526	1446	1446	1445	1445-1406

BC --►

1406	1406	1406	1406		
모압평지에 도착 (3:29)	여호수아를 후계자로 임명 (3:28~33:29)	모세의 고별설교 (31:1~33:29)	모세의 죽음 (34:1~12)		

1장 1차 설교 *(The First of a Sermon)*

1. 위치설명: 목차에 신명기의 신자에 'ㅅ'에 획순서 첫번째 표시
2. 맥 절: (19절), 맥 보충: (2, 3, 36, 38절). 기타 중요내용: (5절)
3. 관주구절: 민 12:36, 신 2:7;8:15;32;10
4. 찬송: 달고 오묘한 그 말씀, 하나님 아버지 주신 책은, 주와 같이 길 가는 것
5. 해설

방황역사 회고(1:1~4:43)

모세는 그의 첫 번째 설교에서 이스라엘 백성의 불순종으로 말미암아 38년간 광야에서 유랑한 사실을 상기시킨 후, "순종은 복, 불순종은 멸망을 가져 온다"는 역사적 교훈을 가르친다.

첫 설교에 앞서 "… 열하루 길 이었더라."와 "제 사십년… "을 대칭시킴으로써(2 ,3절), 모세의 설교의 주제와 광야생활의 방황에 대한 회고임을 암시적으로 보이고 있다. 호렙 산에서 가데스 바네아까지 거리(약 270Km)를 열하루 만에 가는 속도이면, 가나안 지경인 브엘세바까지(약 40Km) 4일이면 도착할 수 있었다.

그러나 이스라엘 백성은 불순종으로 말미암아 이 거리를 38년 동안 방황하게 되었는데, 이는 1:21의 "열조의 하나님"의 명령을 저버렸기 때문이었다. "열조의 하나님"이 의미하는 바와 그의 명령을 신앙적 차원에서 분석해보자.

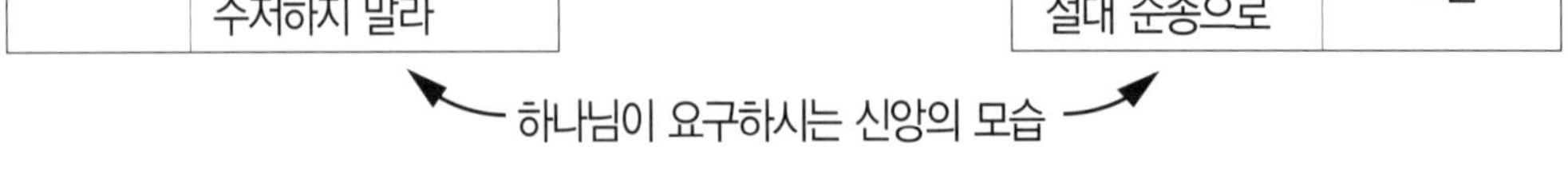

모세가 회고한 이스라엘의 광야역사는 옛 세대와 새 세대의 역사로 대조되는데, 옛 세

대의 역사는 불순종으로 말미암아 38년 동안에 다 멸절되는 역사이다(1:6~2:15).

쉼터 : 재판의 기준은 하나님의 공의

모세는 이스라엘이 가나안으로 향하던 노정에서 재판제도를 제정했다. 그 목적은 공의에 근거한 재판을 시행하여 언약 공동체의 질서를 유지하는데 있었다.

이스라엘 백성 간의 공정한 판결을 위한 강령

① 타 국민에 대한 공정한 판결

② 외적인 조건을 근거해서 판결하지 말라.

③ 귀천을 구별하지 말라.

④ 사람의 얼굴을 두려워 말라.

⑤ 판결하기 어려운 문제는 모세 자신에게 제기하라.

이처럼 하나님은 모세를 통해서 언약 공동체 가운데 공의가 세워지기를 원하셨다.

2장 헤스본 왕(아모리족) 정복 *(Defeat of Sihon King of Heshbon)*

1. 위치설명: 목차에 신명기의 신자에 'ㅅ'에 획순서 두번째 표시
2. 맥 절: (24~26절), 맥 보충: (30~33절)
3. 관주구절: 신 2:24, 신 3:6, 느 9:22, 출 23:27, 민 21:23
4. 찬송: 십자가 군병들아, 주의 진리 위해 십자가 군기, 내 맘에 한 노래 있어
5. 해설: 본장에서는 이스라엘 백성이 하나님의 명령에 순종한 사실이 많이 언급된다. 전반부는 이스라엘이 싸워서는 안 될 족속들을 주지시키고, 후반부에서는 헤스본 왕 시혼을 정복한 기사를 소개한다.

쉼터 : 모압은?

가나안 정복 당시에, 이스라엘 백성들은 요단 동편으로 북진할 때(신 2:3), 모압 족속의 땅을 지나야 하였다. 이때, 하나님께서는 이스라엘 백성들에게 그들과 싸우지 말라고 명령하셨다. 그것은 모압 사람들이 이스라엘 사람들과 친척 사이였기 때문이었다.

모압 사람들은 롯의 큰 딸과의 사이에서 낳은 자손(창 19:36~38)이었다. 롯은 아브라함의 조카였으므로, 이스라엘과 피를 나눈 형제이다. 그뿐 아니라 300여 년 후에 모압 여인 룻은 이스라엘 사람 보아스를 만나 오벳을 낳았고 그 후손은 이새, 다윗으로 이어진다. 모압 여인 룻은 예수님의 조상이 되었다(룻 4:13~22). 이것은 구원이 유대인에게만 한정된 것이 아니라, 모든 믿는 자에게까지 이르게 됨을 알려주는 것이다(고전 1:24).

3장 바산 정복 *(Defeat of Og King of Bashan)*

1. 위치설명: 목차에 신명기의 신자에 'ㅅ' 에 획순서 세번째 표시
2. 맥 절: (1~3절), 맥 보충: (11절)
3. 관주구절: 민 21:33, 34. 창 14:5. 수 13:30
4. 찬송: 십자가 군병되어서, 내가 깊은 곳에서, 행군 나팔 소리로
5. 해설: 새 시대의 역사는 하나님의 도우심을 입어 아모리의 두 왕(헤스본 왕 시혼과 바산 왕 옥)을 물리치고, 가나안 문턱인 모압 평지에 서게 되는 승리와 정복의 역사였다(2:16~3:29).

쉼터: 가나안 입성을 소원한 모세의 기도

모세는 간절하게 소원을 담아 "구하옵나니 나로 건너가게 하사 요단 저편에 있는 아름다운 땅 아름다운 산과 레바논을 보게 하옵소서"라고 하나님께 가나안 입성을 요청하였으나 거절당했다. 하나님의 영광을 가리는 불순종이 얼마나 심각한 결과를 초래하는지를 보여준다.

4장 2차 설교(순 • 우 • 동집) *(Obedience Commanded)*

1. 위치설명: 목차에 신명기의 신자에 'ㅅ' 에 획순서 네번째 표시
2. 맥 절: (1, 16, 43절), 맥 보충: (24절)

3. 관주구절: “너는 나 외에는 다른 신들을 네게 있게 말찌니라”(출 20:3).

롬 10:5, 신 2:25 ; 9:12 ; 31:29, 수 20:8

4. 찬송: 내 주는 강한 성이요, 나는 예수 따라가면, 네 맘과 정성을 다하여서

5. 해설: 광야생활을 회고한 모세는 바알브올의 사건을 통하여, 야훼께서 명령한 규례와 법도를 준행하는 것만이 기업으로 주신 가나안 땅을 얻는 길임을 이스라엘에게 가르쳤다(1~8절). 모세는 또한 호렙산에서 이스라엘의 겪은 일을 상기시키면서 가나안 땅에서의 우상숭배의 결과가 멸망과 포로생활일 것임을 예언적으로 경고한 후에, 상천하지의 한 분 야훼를 섬기고 그의 규례와 명령을 지킬 것을 강조하였다.

갓, 므낫세 지파를 위하여 요단 동편에 도피성 셋을 두었는데(41~43절), 도피성에 대해서는 민수기 35:9~34을 참고하자.

쉼터 : 특정한 상황에서 하나님의 뜻을 아는 법

특정한 상황에서 하나님의 뜻을 아는 것은 정말 중요한 문제이다. 모든 일에 우리는 하나님의 뜻을 물어야 한다. 그런데 어떻게 하나님의 뜻을 알 수 있을까?

첫째, 내린 결정에 대해 다른 사람과 이야기하라. 신뢰할 만한 사람과 이 문제를 의논하라.

둘째, 인도하심을 위해 성경을 매일 읽어라. 하나님은 성경을 통해 말씀하신다.

셋째, 하나님은 그의 선하신 섭리로 삶을 인도하신다.

넷째, 시간을 두고 결정하라. 무엇을 해야 할지 확신하지 못할 때는 정확한 분별력이 생길 때까지 가능한 한 결정을 미루라.

다섯째, 기도하라. 기도는 하나님의 뜻을 아는 가장 중요한 방법이다. 문제가 생길 때만 기도하지 말고, 아무 일이 없을 때에라도 하나님과의 올바른 관계를 위해 기도하라.

하나님이 주신 율법(4:44~26:19)

십계명

4:44~26:19은 모세의 두 번째 설교로서, 여기에는 이스라엘이 받은 율법의 대략이 기록되어 있다. 11:32까지는 기본적인 계명인 십계명에 관한 것이고, 나머지 부분은 특별규범에 관한 것들이다.

5장 십계명 *(The ten Commandments)*

1. 위치설명: 5~11장은 십계명에 관계되므로, 삼각형 안에 십자가와 'ㅣ' 자를 결합시켜 표시
2. 맥 절: (7~21절), 맥 보충: (10절)
3. 관주구절: "너는 나 외에는 다른 신들을 네게 있게 말찌니라"(출 20:3).
4. 찬송: 옳은 길 따르라 의의 길을, 눈을 들어 산을 보니, 다정하신 목자 예수
5. 해설

십계명(4:44~5장)

"듣고", "배우며", "지켜", '행하라"는 율법 순종의 권면과 함께(5:1) 모세는 호렙산 언약의 기본적 계명인 십계명을 가장 먼저 새 세대에게 가르쳤다. 신명기 5장에서 반복된 십계명은 출애굽기 20장의 십계명과 비교해 볼 때, 안식일 준수의 이유에서 차이를 보인다.

신명기에서는 안식일 준수의 이유로서 구원이 특별히 강조되었는데. 그것은 율법준수의 현재적 중요성을 이스라엘의 과거 역사를 돌보신 하나님의 손길에서 찾으려는 신명기적 특성 때문이었다.

쉼터: 호렙산에서 목소리만 들려주신 이유

하나님은 호렙산에서 모세에게 십계명을 주셨다. 이때 하나님은 산 아래 있는 백성들에게 흑암 가운데 목소리만 들려주시고(신 4:2), 자신의 형상은 보여 주지 않으셨다. 그 이유는 우상들과 달리 하나님은 형상으로 섬길 수 있는 분이 아님을 알리시기 위해서였다. 당시, 이방 나라들은 별, 태양, 사자, 여자, 새, 곤충, 물고기 등의 피조물을 만들어 신으로 섬기고 있었다. 그래서 만일 누군가가 하나님의 모습을 보았다면 그 모습을 형상으로 만들어, 초월적인 하나님을 일정한 공간 안에 제한시킬 수 있었다(신 4:25). 사실, 하나님은 이 세상의 어떤 형상으로도 표현될 수 없는 크시고 놀라우신 분이다. 그러나 그런 하나님은 오랜 시간이 흐른 후에 인간(예수)의 모습으로 우리에게 나타나셨다.

6장 쉐마 (하나님의 사랑) *(Love The LORD Your God)*

1. 위치설명:5~11장은 십계명에 관계되므로, 삼각형 안에 십자가와 'ㅣ' 자를 결합시켜 표시
2. 맥 절: (5절), 맥 보충: (6~9절)
3. 관주구절: 신 9:1, 신 20:3, 막 12:29
4. 찬송: 네 맘과 정성을 다하여서, 주의 사랑 비칠 때에, 주 예수 내 맘에 들어와
5. 해설: 율법의 준수와 약속된 복을 다시 한 번 상기시키신 후, 모세는 언약준수의 정신이 "하나님을 사랑"하는 것임을 설명해 주었다(4~9절). 신명기 6:4-9에는 신명기의 주제가 압축되어 있다. 이것은 "쉐마(이스라엘아 들으라)"라고 불리는 것으로서, 경건한 유대인의 신앙고백이기도 하다.

   예수님께서도 이 말씀이 모든 계명 중 가장 으뜸이 되는 계명임을 인정하셨고(마 22:37~38), "하나님의 사랑"이 율법 준수의 근본적인 동기와 목적이 되어야 함을 가르쳐 주셨다(요 14:15). 이를 손목에 매며 미간에 붙이게 한 것은(6~8절), 하나님의 말씀을 행동의 지침과 사고의 원리로 삼아야 함을 보이신 것이다.

쉐마란?

쉐마는 히브리어로 '들으라' 는 뜻이다.

쉐마는 이스라엘 백성들이 그의 자녀들에게 가르쳤던 하나님에 관한 교육 내용이다.

- 쉐마 교육의 때: 가르칠 기회를 만들어 언제든지 하나님의 말씀을 가르침(신6:7)
- 쉐마 교육의 방법: 쉐마를 문, 문설주, 이마, 손목에 매어놓음(신 6:8~9)

쉼터: 쉐마 교육 내용

하나님은 한 분(신 6:4)	여호와만이 창조주이시며 절대 신성을 가지신 유일한 분임을 가르치는 것
사랑하는 방법(신 6:5)	하나님을 사랑하되 지, 정, 의를 다해 하나님만을 전인격적으로 사랑하도록 가르침
전달할 책임(신 6:6~9)	부모가 먼저 하나님의 말씀만이 이스라엘 백성의 삶의 표준이고 지표임을 가르침

7장 가나안 정복하라(이방인들의 분리) *(Driving Out the Nations)*

1. 위치설명: 5~11장은 십계명에 관계되므로, 삼각형 안에 십자가와 'ㅣ' 자를 결합시켜 표시
2. 맥 절: (2, 3절), 맥 보충 절: (4절). 기타 중요내용: (7절)
3. 관주구절: 출 23:33, 출 34:12, 신 12:30, 수 23:13,욥 5:5, 욥 18:9, 욥 22:10, 시 18:5
4. 찬송: 주 믿는 사람 일어나, 천성을 향해 가는 성도들아, 저 좋은 낙원 이르니
5. 해설: 모세는 가나안에 들어가면 가나안의 일곱 족속을 진멸하고 그들과 언약도 맺지 말고 혼인도 하지 말라고 했는데, 이것은 그들의 신이 이스라엘에게 올무가 될 것임을 경고해서 하신 말씀이었다(1~5절). 이스라엘은 야훼 하나님의 성민으로 선택되었고, 오직 야훼 하나님의 법도를 지킬 때에만 하나님의 복이 약속되어 있음을 다시 한 번 깨닫게 해주었다(6~26절).

쉼터: 너희를 사랑하심을 인하여

하나님께서 이스라엘 백성을 선택하신 이유는 그들의 숫자가 많아서도 아니요 그들이 선함도 아니다. 그들의 선택은 전적으로 하나님의 특별한 사랑에 근거하였다. 그러나 그들에게 왜 이런 특별한 사랑을 나타내 보이셨는가 하는 것은 본질적으로 신비에 있다.
원래 '속량하다'라는 말은 일반적으로 '값을 지불하고 살려내다'라는 의미로 종종 사용된다. 그러나 여기에서 이 말이 쓰인 강조점은 값을 지불했다는데 있는 것이 아니라, 그 결과 곧 그 백성이 해방되었다는데 초점을 맞추고 있다. 왜냐하면 하나님께서 이스라엘 백성을 애굽의 속박에서 구출하시는 데는 어떤 값을 지불한 것이 아니기 때문이다. 이스라엘의 해방은 은혜로운 언약의 약속에 기초한 것이고, 여호와의 능력이 나타남으로 가능하였다.
인애를 베푼다는 말에서 '인애'는 히브리어로 '헤세드'이다. 이 말은 구약에 245회 나타나며, 그 뜻은 '언약에 기초한 견고한 사랑'이라고 요약할 수 있다. 이 말은 자기 백성에 대한 하나님의 태도와 하나님에 대한 그들의 태도에 사용되며, 후자의 경우는 호세아에서 나타난다.

8장 광야의 교훈(축복을 잊지 말라) *(Do not Forget the LORD)*

1. 위치설명: 5~11장은 십계명에 관계되므로, 삼각형 안에 십자가와 'ㅣ' 자를 결합시켜 표시
2. 맥 절: (11, 18절), 맥 보충: (1절).
3. 관주구절: 레 26:45, 레 11:10
4. 찬송: 눈을 들어 산을 보니, 예부터 도움 되시고, 은혜 구한 내게 은혜의 주님
5. 해설

광야의 교훈(8:1~10:22)

모세는 이스라엘을 과거로 인도해서, 광야생활의 훈련이 주는 교훈을 가르쳤다. 그것은,

첫째, 하나님을 기억하라는 것이었다(8:11, 18). 가나안의 소유가 이스라엘의 능력과 의로움 때문이 아니라(8:18, 9:6, 7), 전적인 하나님의 인도 때문이었음을 가르치기 위한 것이었다. 모세가 9장에서 이스라엘의 죄악들을 적나라하게 열거한 것도 장차 있을 이스라엘의 교만을 막기 위한 의도에서였다.

둘째, 하나님의 말씀으로 살아야 한다는 것이었다(8:3). 왜냐하면 장차 얻을 기업인 가나안 땅은 말씀에 대한 신뢰와 순종으로 차지할 땅이었기 때문이었다.

셋째, 복을 바라보게 하기 위한 것이었다. 이스라엘의 광야생활이 민수기에는 불순종에 대한 심판으로 기록되었지만, 모세는 이것을 신명기에서, 복을 주시기 위한 하나님의 자비로운 섭리로 해석하였다(8:16). 그리하여 복주기를 원하시는 하나님께서 가나안 땅을 차지하게 해 주실 것을 믿음으로 바라보게 하였다.

쉼터: 이스라엘 사람들은 어떤 일들을 했을까?

1) 곡식생산
2) 가축 사육
3) 원예 산업
4) 아라바 양편에는 구리광산
5) 레바논 맞은 편 시돈에는 건축 자재로 쓰이는 백향목 생산
6) 직조 산업

9장 돌판 파괴 *(The two Tablets Break)*

1. 위치설명:5 ~11장은 십계명에 관계되므로, 삼각형 안에 십자가와 'ㅣ' 자를 결합시켜 표시
2. 맥 절: (17절), 맥 보충: (12절)
3. 관주구절: "그 판들을 산 아래로 던져 깨뜨리니라"(출 32:19), 출 34:1
4. 찬송: 충성하라 죽도록, 나 같은 죄인 살리신, 너 시험을 당해
5. 해설: 이스라엘이 가나안 땅을 차지하게 된 것은 하나님의 섭리 때문이었다. 이 사실을 밝히기 위해, 모세는 이스라엘이 대항해야 할 가나안 족속들이 이스라엘보다 더 강하다는 점을 지적한다. 나아가 그는 구체적으로 출애굽 이후에, 이스라엘이 거듭하여 범했던 반역과 불순종의 자취들 및 모세 자신의 중보기도를 상기시킨다.

쉼터: 모세는 왜 언약의 돌판을 깨뜨렸나?

모세는 40일 동안 먹지도 마시지도 않으면서 하나님과 교통하는 가운데 언약의 돌판을 받았다. 하나님께서 손수 만드시고 글씨까지 새겨 주신 이 증거판에는 언약을 아끼는 하나님의 마음과 언약을 충실히 지키겠다는 그분의 의지가 담겨 있었다. 그러나 언약의 두 돌판을 들고 산에서 내려온 모세는 진지 가까이에 이르러 금송아지 우상을 둘러싸며 춤추고 있는 무리를 보게 되었고, 이에 격분하여 증거판을 내던져 깨뜨렸다. 모세의 행위는 하나님의 사람이 우상의 모습을 보고 참지 못해 터뜨린 의분이면서 동시에 언약의 파기를 알리는 극적인 선포였던 것이다. 그러나 모세는 범죄한 백성들을 위해 자신의 생명을 걸기까지 하나님께 간절히 용서를 구하였고, 자비로우신 하나님은 그들에게 다시 언약을 맺어 주셨다(출 34장).

10장 2차 돌판 *(Tablets Like the First Ones)*

1. 위치설명: 5~11장은 십계명에 관계되므로, 삼각형 안에 십자가와 'ㅣ' 자를 결합시

켜 표시

2. 맥 절: (2,3절), 맥 보충: (4,16절)

3. 관주구절: "모세가 돌판 둘을 처음 것과 같이 깎아 만들고… 산에 올라가니"(출34:4)

4. 찬송: 주의 말씀 받은 그날, 여호와 하나님

5. 해설: 모세는 하나님이 주신 돌판을 회상함으로써, 이스라엘의 불순종과 하나님의 자비와 인내를 극적으로 대조시킨다. 이것은 하나님 섭리 이스라엘을 버리지 않겠다는 증거였다. 하나님이 그 열조들과 맺으신 언약을 신실히 지키신다는 표시였다. 따라서 이스라엘은 하나님만 섬기며 순종함으로써 은혜를 저버리지 말아야 하였다.

쉼터: 왜 돌판을 또 만들었는가?

하나님께서는 시내산 위에서 십계명을 새긴 돌판을 모세에게 주셨다. 그러나 모세가 산에서 내려오지 않자, 참을성 없는 이스라엘 백성들이 금송아지를 만들어 우상을 숭배하는 죄를 범했다. 이 일로 모세는 언약의 두 돌판을 던져 깨뜨려 버렸고, 하나님께서는 범죄한 이스라엘 백성들을 멸하려 하셨다.

그러나 모세가 40일간 금식하며 중보기도 했을 때, 하나님은 또 한 번 은혜를 베풀어 주셨다. 다시 십계명을 통해서 그들이 자기 죄를 깨닫고 하나님 말씀대로 살기를 바라셨기 때문이다. 이때, 십계명을 받아 가지고 내려오는 모세의 얼굴은 광채가 나서 수건으로 가려야 할 정도였다(출 34:35)

11장 복 • 저주(순종, 불순종) *(Love and Obey the LORD)*

1. 위치설명: 5~11장은 십계명에 관계되므로, 삼각형 안에 십자가와 'ㅣ' 자를 결합시켜 표시

2. 맥 절: (26~28절), 맥 보충: (29절).

3. 관주구절: "마땅히 행할 길을 아이에게 가르쳐라 그리하면 늙어도"(잠 22:6), 신 28:15

4. 찬송: 오 놀라운 구세주, 내 주 하나님 넓고 큰 은혜는, 주님의 마음을 본받는 자

5. 해설

모세는 그의 두 번째 설교의 전반부의 결론적 말씀으로,

(1) "오늘날 기억하라"(2절)

(2) "오늘날 명령을 지키라"(13절)

(3) "가르쳐라"(18~21절)

(4) "복과 저주가 너희 앞에 있다"(26절)고 권면하였다.

신명기 이해의 도식

신명기의 중심 사상은 야훼를 사랑하며 그의 규례와 법도를 준행하라는 것이다. 모세는 "야훼 경외"를 가르치기 위해 한편으로는 과거를 돌아보게 하고 다른 한편으로는 미래의 복을 바라보게 하였다. 이를 도식으로 나타내 보면 다음과 같다.

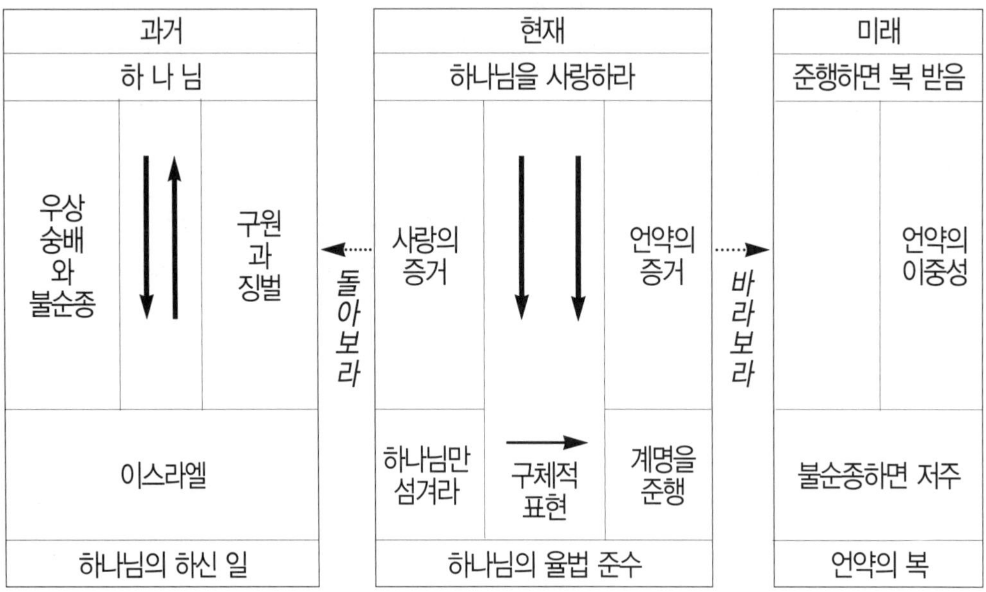

쉼터: 십계명의 돌판이 두 개라니?

십계명의 돌판이 두 개의 돌판에 기록된 것은 그 시대의 일반적인 체결관습에 근거한 것이다. 두 개의 돌판에 서로 다른 것이 기록된 것이 아니고, 원본과 사본처럼 똑같은 내용이 기록 되어 있다. 그중 하나는 군주에게(이 경우에는 하나님), 또 하나는 복종할 의무가 있는 종에게(이스라엘) 주어졌다. 그리고 중요한 계약서는 각자가 섬기는 신의 전에 보관 하였는데, 그래서 하나님과 이스라엘은 모두 하나님 성막의 법궤 안에 십계명 두 돌판을 보관하였다.

교훈 및 적용

1. 환난과 곤고의 길을 걷는 때가 곧 하나님께서 우리에게 하나님의 말씀대로 사는 방법을 가르치는 때임을 깨닫자.
2. 하나님을 사랑하는 증거가 하나님이 주신 말씀을 지키는 것임을 깨닫고, 하나님의 말씀을 생활의 원리로 삼자.
3. 하나님의 말씀에는 복이 약속되어 있음을 깨닫고, 철저히 말씀대로 생활하여 복 받는 인생을 살자.

12장 외적 우상 금지 *(Do not Worshiping Other Country gods)*

1. 위치설명: 12~16장까지는 의식법으로 점선 십자가에 'ㄴ'을 합하여 우상은 점선에 표시
2. 맥 절: (5절), 맥 보충: (11, 14, 18, 21, 26절)
3. 관주구절: 레 26:1, 레 26:30, 민 33:52, 신 4:23, 신 5:8
4. 찬송: 내 구주 예수를 더욱 사랑, 주의 귀한 말씀, 거룩한 주님께
5. 해설: 이스라엘 백성은 가나안 땅을 정복할 때까지 바른 방법으로 제사를 드리지 않았다(8절). 그래서 모세는 여기서 가나안 땅에 정착했을 때의 바른 제사에 대해서 설명하였다. 그것은 첫째, 모든 우상을 타파하고(2, 3절) 둘째, 하나님이 택하신 한곳에서 제사를 드릴 것이며(10~14절) 셋째, 다른 신들을 섬기지 말라는 것이었다(29~32절).

쉼터: 사람은 무엇 때문에 살아가나?

사람은 무엇 때문에 살아가는가? 이에 대해 웨스트민스틴 소요리 문답은 하나님을 영화롭게 하는 것과 영원토록 그를 즐거워하기 위해 살아간다고 하였다. 우리는 하나님을 찬양하도록 지음 받은 존재다. 하나님보다 더 소중한 대상은 없다. 요한계시록에서 하늘나라의 피조물답게 하나님을 찬양했던 사도 요한처럼 우리도 하나님께 찬미의 제사를 드려야 한다. "죽임을 당하신 어린양이 능력과 부와 지혜와 힘과 존귀와 영광과 찬송을 받으시기에 합당하도다(계 5:12)

13장 내적 우상 경계 *(You must not listen to the words of that Prophet or Dreams)*

1. 위치설명: 12~16장까지는 의식법으로 점선 십자가에 'ㄴ' 을 합하여 우상은 점선에 표시
2. 맥 절: (3, 5절), 맥 보충: (6, 9절)
3. 관주구절: 겔 23:30, 37, 49. 겔 33:25, 겔 37:23
4. 찬송: 온 세상이 어두워 캄캄하니, 빛의 사자들이여, 내 주 된 주를 참 사랑하고
5. 해설: 하나님께서는 거짓 선지자나 꿈꾸는 자가 비록 이적과 기사를 행할지라도 그들을 죽이라고 하셨다(1~5절). 이것은 이적과 기사가 중요하지 않거나 마귀적인 것이라는 뜻이 결코 아니다. 중요한 것은 그 기적이 하나님으로부터 온 것이 아니라는 점이었다. 또한 우상 숭배하는 성읍을 진멸하라고 명하셨다(12~18절).

쉼터: 예배란?

예배란 '절하다, 엎드리다' 라는 뜻을 담고 있다. 즉 존경과 경외심을 갖고 최상의 존재 앞에 엎드려 절하는 것이 예배이다. 예배는 '우리가 무엇을 드릴까' 하는 것에 초점을 맞추어야 한다. 진정한 예배를 알게 될수록 무한한 하나님의 능력을 체험하게 된다. 그 어떤 다른 것도 우리의 찬미와 경배의 자리에 올 수 없다. 하나님을 예배하는 헌신된 마음으로 성실하게 교회에 출석할 것을 다짐하라. 참된 영적 예배를 가르쳐 달라고 주님께 기도하자.

14장 십일조(정한, 부정한 구별된 음식) *(Tithes / Clean and Unclean Food)*

1. 위치설명:12~16장까지는 의식법으로 점선 십자가에 'ㄴ' 을 합하여 표시
2. 맥 절: (22절), 맥 보충: (3, 4, 7절)
3. 관주구절: "먹을 만한 생물… 먹지 못할 것은 이러하니"(레 11:2, 4)
4. 찬송: 성도여 다함께, 너의 죄 흉악 하나, 이 죄인을 완전케 하옵시고

5. 해설: 하나님께서는 굽도 갈라지고 되새김질도 하는 짐승과 지느러미와 비늘이 있는 어족과 정한 새만 먹으라고 하셨다(6, 9, 20절). 음식을 구별하신 것은 건강상의 이유도 없지 않지만, 근본적으로는 이스라엘 백성을 가나안인과 구별하려는 영적인 의도에서였다. 그러나 신약시대에 와서는 하나님의 백성을 식물과 절기로써 구별하는 제도가 폐지되었다(딤전 4:4,5; 골 2:16, 17)

십일조

구분	내용	용도
첫째 십일조 (민 18:21~24)	매년 추수 후 소득의 1/10을 성전봉사를 맡은 레위인에게 바치고 레위인은 그것의 1/10을 제사장에게 바친다.	레위인의 생계유지
둘째 십일조 (신 12:6~19, 14:22~28)	첫째 십일조를 바친 나머지에서 다시 1/10을 떼어 가족과 함께 한 감사축제와 성소에 필요한 기구제작에 소요되는 경비충당을 위해 바친다.	감사 잔치 성소기구 제작비
셋째 십일조 (신 14:28, 29 26:12~15)	매 7년 안식년을 기준하여 제3년과 제6년에는 둘째 십일조로 축제와 성소경비에 충당하지 않고, 레위인과 객과 고아와 과부들을 먹여 배부르게 하였다.	구제비

쉼터: 진멸할 물건?

히브리 원어 '헤렘'은 '바쳐진 물건' 혹은 '저주를 받은 물건' 이라는 뜻이다. 곧 죄(우상숭배의 죄)의 영향력 하에 있는 저주받은 물건으로서, 그것은 하나님의 공의를 만족시켜드리기 위해 하나님의 진노의 제단 위에 바쳐져야 할 물건이라는 뜻이다. 따라서 그 물건은 다른 용도로 사용해서는 안 되고 철저히 파괴하거나 불태워져야 한다. 가나안 정복 전쟁시 아간이 이 물건을 빼돌렸다가 온 가족이 몰살당하는 징벌을 받았다(수 7:24~26).

15장 면제년(형제 • 종 도우라) *(The Year for Canceling Debts)*

1. 위치설명: 12~16장까지는 의식법으로 점선 십자가에 'ㄴ'을 합하여 표시
2. 맥 절: (1,2,5절), 맥 보충: (7절)
3. 관주구절: "가난한 자를 학대하는 것은… 그를 지으신 이를 멸시"(잠 14:31)
   마 5:42, 잠 19:17, 신 31:10
4. 찬송: 내 주되신 주를 참 사랑하고, 아 하나님의 은혜로, 나 위하여 십자가에
5. 해설: 면제년에 깔려 있는 정신은 "이웃사랑"이었다.

면제년에는, 첫째, 형제의 빚을 면제해 주었다. 그러나 이방인은 해당되지 않았다(1~6절). 둘째, 형제 중 곤란한 자나 궁핍한 자에게 즐거운 마음으로 구제하게 하였다(7~11절). 셋째, 동족 히브리 종들을 자유하게 하도록 하였다(12~18절). 안식년은 죄의 종살이에서 해방을 얻는, 그리스도 안에서의 자유를 예표해주는 것이었다.

쉼터: 오늘날 면제의 규례를 지켜야 하나?

고대 시대 상황 속에서 주어진 독특한 사항이다. 따라서 오늘날 우리들에게 똑같은 규정이 그대로 적용되지 않는다, 그렇지만 면제의 규례 속에 깃든 정신만큼은 오늘날에도 여전히 유효하다. 그것은 곧 가난한 자들을 향한 사랑과 관용의 정신이다.

16장 3대 절기(유 • 칠 • 초) *(Passover • Feast of Weeks • Feast of Tabernacles)*

1. 위치설명: 12~16장까지는 의식법으로 점선 십자가에 'ㄴ'을 합하여 표시
2. 맥 절: (1, 10, 13절), 맥 보충: (16절)
3. 관주구절: "너는 매년 삼차 내게 절기를 지킬찌니라"(출 23:14)
4. 찬송: 유월절 때가 이르매, 주님께 귀한 것 드려, 주님의 뜻을 이루소서
5. 해설

세 절기(16:1~17)

이스라엘의 모든 남자는 일 년 삼차, 곧 무교절과 칠칠절과 초막절에 하나님 야훼의 택하신 곳에서 야훼께 제사를 드리도록 명을 받았다(16절). 하나님께 나아갈 때는 주신 복을 따라 풍성한 예물을 드려야 했다. 세 절기에 대해서는 출애굽기 23:14-19을 참고하라.

재판장과 유사(16:18~17:13)

각 성에서 지파를 따라 재판장과 유사를 두었는데(16:18), 그들은 오늘날의 판사와 경찰에 해당된다.

쉼터: '아빕월'

'아빕'은 '푸르른'이란 뜻으로 본래 유대 민간력으로는 7월이지만, 출애굽 사건을 기념하기 위해 유대 종교력으로 '정월'(1월)로 삼은 달이다. 오늘날의 태양력으로는 푸른 풀이 돋아나는 3월 중순~4월 중순경에 해당된다.

17장 왕의 규례 *(The King's Rules)*

1. 위치설명: 17~20장은 시민법으로 목록 신명기 'ㅁ'에 획순서로 표시
2. 맥 절: (14, 15절), 맥 보충: (16~19절)
3. 관주구절: "오직 너희는 택하신 족속이요 왕 같은 제사장들이요"(벧전 2:9).
4. 찬송: 왕 되신 우리 주께, 예수 따라가면, 주의 말씀 듣고서
5. 해설

왕(17:14~20)

이스라엘 백성이 왕을 세울 것을 예견한 모세는 그들에게 그들의 형제 중에서 하나님의 택하신 자를 왕으로 삼도록 제시하였다(14,15절). 왕 된 자가 주의할 점은 다음과 같은 것들이었다.

(1) 말을 많이 두지 말아야 한다(16절).-하나님보다 군사력을 더 의지하지 말라는 의미였다. 실제로 이스라엘은 군사력이 약할 때 오히려 하나님의 구원을 더 많이 체험하였다. 그 한 예로 (이사야 36장, 37장)

(2) 아내를 많이 두지 말아야 한다(17절). - 아내가 많으면 하나님을 공경하는 마음이 어두워지기 때문이었다. 실제로 솔로몬은 칠백의 후비와 삼백의 빈장을 둔 결과, 말년에 우상숭배를 허용함으로써 하나님께로부터 큰 징계를 받았다(왕상 11:3, 4).

(3) 자기를 위하여 은금을 많이 쌓지 않는다(17절). - 그 이유는 백성들이 피폐하게 되고, 왕은 돈에 눈이 어두워서 바른 정치를 하지 못하기 때문이었다.

(4) 율법서를 늘 곁에 두고 정치한다(18,19절). - 하나님의 말씀으로 나라를 다스릴 때, 왕이 하나님의 주권 아래서 하나님의 뜻을 좇아 나라를 다스릴 수 있기 때문이었다.

쉼터: 왕정을 싫어하셨던 하나님께서 왜 왕을 선택하는 법규를 주셨나요?

하나님께서는 훗날 이스라엘 주변 국가들의 영향을 받아 지상에 왕을 요구하게 되리라는 것을 미리 내다보셨다. 이런 요구는 하나님께서 그들의 왕이 되어 축복과 보호를 약속하시고 이스라엘은 그분의 백성이 되어 충성을 맹세한 언약을 파기한다는 것을 의미한다. 그럼에도 불구하고 하나님께서 왕의 선택에 관한 법규를 주신 것은 그분이 인간의 연약함을 용납하시고, 왕정 가운데서도 그분의 목적을 이루시려는 데 이유가 있었다. 이를 위해 하나님은 당시 이스라엘 주변 국가들의 전제 군주적 왕정제도와는 근본적으로 다른 왕정제도를 수립하기 위한 지침을 제시하셨는데 그 핵심은 이스라엘의 왕이란 하나님의 뜻에 따라 백성을 다스리는 대리자일 뿐이라는 이념이었다.

18장 메시아 예언(제사장) *(Offerings for Priests and Levites)*

1. 위치설명: 17~20장은 시민법으로 목록 신명기 'ㅁ'에 획순서로 표시
2. 맥 절: (15절), 맥 보충: (3~5절)
3. 관주구절: "나 같은 선지자를 세우리라 하던 자가 곧 이 모세라"(행 7:37)
4. 찬송: 주는 귀한 보배, 나의 영원하신 기업, 공중 나는 새를 보라
5. 해설

메시아 예언

앞에서 언급된 왕이 이스라엘의 정치적 지도자라면 제사장(레위인)과 선지자는 이스라

엘의 종교적 지도자였다. 왕과 제사장, 선지자는 구약시대에 기름부음을 받은 3대 직분이었는데, 이는 장차 오실 예수 그리스도의 메시아적 직분을 예표해주는 것이었다. 특히 신명기 18:15은 그리스도에 관한 현저한 예언인데, 신약에서 제사장과 광야의 무리들과(요6:14) 성전에서의 무리들이(요 7:40) 이 예언을 그리스도께 적용시켰다.

쉼터: 땅의 휴가 안식년은 어떤 기간인가?

- 사람은 6일간 일하고 하루 쉰다.
- 안식년은 땅을 6년 동안 경작하고 1년간 쉬게 하는 제도이다.
- 안식년은 땅에 씨를 뿌리거나 가지를 잘라주는 일을 못한다.
- 안식년은 빚을 면제받을 수 있었다.
- 안식년은 단순히 노동을 그치고 쉬는 것 이상의 의미를 지닌다. 땅의 휴경을 통해 땅이 하나님의 것임을 인정하는 제도이며(레 25:23), 빚의 면제, 종의 해방과 같은 일을 통해 궁극적으로 맞이할 영원한 안식을 미리 맛보기 위한 것이기도 하다(히 4:9). 이런 안식년의 원리가 확정된 것은 '희년'으로, 이는 안식년을 일곱 번 맞은 이듬해인 오십 년째 해를 가리킨다(레 25:8~12).

19장 도피성 *(Cities of Refuge)*

1. 위치설명: 17~20장은 시민법으로 목록 신명기 'ㅁ'에 획순서로 표시
2. 맥 절: (2, 3절), 맥 보충: (5절) 기타 중요내용: (21절)
3. 관주구절: 도피성(출 21:13, 민 35:9~34)
4. 찬송: 고통의 멍에 벗으려고, 나 같은 죄인 살리신, 내 맘이 낙심되며
5. 해설: 야훼께서는 우발적으로 살인한 자를 위하여 도피성 제도를 명하셨다(3~5). 도피성은 요단 동편과 서편에 각각 세 개씩 두었다. 도피성에 관한 자세한 것은 민수기 35:9~34까지를 참고하라. 14~21절에는 경계표의 이동금지와 위증에 관한 경고가 실려 있다. 19장의 규례들에서 우리는 '생명존중의 정신'을 엿볼 수 있다.

쉼터: 피 흘린 죄를 이스라엘에서 제하라

하나님은 도피성 제도를 통해 생명의 귀중함을 가르치셨다. 살인자가 그곳으로 피하여 살 만한 때는 아무 원한이 없이 과실로 사람을 죽일 경우 뿐이다. 이런 살인자도 도피성으로 피하여 그의 생명을 보존 할 수 있었다. 그는 대제사장이 죽을 때까지 그 곳에 머물러 있었다가 자기 산업의 땅으로 돌아갈 수 있었다. 이처럼 부지중에 이웃을 죽였을지라도 오랫동안 자유를 잃는 고통을 당해야 했다.

20장 전쟁 법 *(War's Laws)*

1. 위치설명: 17~20장은 시민법으로 목록 신명기 'ㅁ' 에 획순서로 표시
2. 맥 절: (1절), 맥 보충: (10, 16절).
3. 관주구절: "각각 그 장막으로 돌려보내고 그 삼백 명을 머물러 두니라"(삿 7:8)
4. 찬송: 주 예수여 은혜를, 여러 해 동안 주 떠나, 겸손히 주를 섬길 때
5. 해설: 본장에는 이스라엘 백성이 가나안을 정복하는 과정에서 치러야 할 전쟁에 대한 규례가 언급되어 있다. 전쟁시의 충고의 말씀은,
   (1) 하나님이 함께 하시니 전쟁을 두려워 말라(3, 4절).
   (2) 병역 면제자들을 돌려보내라(5~8절).
   (3) 군대의 장관들을 세우라는 것이었다(9절).

쉼터: 이스라엘의 전투 수칙

① 전쟁에 참여하는 자는 절대 신앙과 승리에 대한 확신(수 1:6)

② 상대방에게 먼저 화친을 제의(10절), 거부될 경우에만 싸우도록

③ 가나안 족속들은 예외, 철저한 진멸 지시

④ 이스라엘의 전쟁은 악에 대한 응징, 하나님의 의의 나라 건설을 목적으로 하였기에 무분별한 파괴와 수탈을 금지

⑤ 하나님의 자비와 공의를 실천하기 위한 율법규례

사회법과 기타 규례(21~25장)

21장의 사회법들은 제5계명과 제6계명에 관계되는 것들이고, 22:13-30에는 제7계명과 관계되는 규례들이다.

21장 미•포•장•패•나(미결살인사건/포로된 자/장자권/패역한 자식/나무에 달린 시체)

(Atonement or an Unsolved Murder/Marrying a captive Woman/The Right of the Fist born/ A Rebellious son)

1. 위치설명: 21~26장은 사회법으로 신명기의 'ㅕ' 에 획 순서로 표시
2. 맥 절: 미(1~9절), 포(10~14절), 장(15~17절), 패(18~21절),나(22, 23절).
   맥 보충: (15, 21 ,23절). 기타 중요내용: (5절)
3. 관주구절: "군병들이 예수를 십자가에 못 박고"(요 19:23)
4. 찬송: 내 주의 보혈은, 이 세상의 모든 죄를, 주여 우리 무리를
5. 해설: 범인을 알 수 없는 살인 사건에 대해서까지 속죄의식을 거행하고, 포로로 잡힌 여자를 아내로 맞이할 경우와, 힘없어 무시당하는 사람들의 인권 보호, 이방 여인으로 말미암아 우상 숭배 풍습을 이스라엘 사회에 침투하는 것을 방지하고, 부친의 편애에 의해 장자의 권리가 무시되는 일이 없도록 하고, 패역한 자식의 처벌에 대한 규례가 있다.

쉼터: 왜 송아지제물을 죽일 때 항상 물이 흐르는 골짜기에서 잡는가?

그것은 피흘린 죄에 대한 속죄의식으로, 상징하고 있는 바는 다음과 같다.

① 항상 흐르는 물–송아지의 피로 인해 대속된 살인자의 피흘린 죄를 멀리 떠내려 보냄을 상징함

② 갈지도 않고 씨 뿌린 일도 없는 골짜기–그 땅에 흩어져 땅 속으로 스며든 송아지의 대속의 피가 행여 사람들의 경작으로 말미암아 밖으로 드러나는 일이 없도록 하기 위한 외딴 장소

③ 송아지의 목을 꺾음–피흘린 죄를 속하기 위해서는 역시 피를 흘려야 된다는 것을 상징하고(히 9:22), 또한 살인자가 밝혀질 경우에는 송아지처럼 죽임당할 것임을 나타냄

22:1-4과 23:19-25까지에는 이웃사랑에 관한 규범들이 구체적으로 제시되어 있다.

22장 이 • 창 • 성(이웃사랑/창조질서/성도덕) *(Marriage Violations)*

1. 위치설명: 21~26장은 사회법으로 신명기의 'ㅕ' 에 획 순서로 표시
2. 맥 절: (4, 9, 17절), 맥 보충: (20, 21절)
3. 관주구절: "행음하여 스스로 더럽히면...불사를 찌니라"(레 21:9).
4. 찬송: 네 맘과 정성을 다하여서, 예수 따라가면, 주 예수여 은혜를
5. 해설: 율법의 근본정신은 원수를 갚지 않고 이웃을 자기 몸처럼 사랑(레 19:18)하라는 말씀처럼 공동체 생활에 기본이 되는 이웃 사랑의 규례와 남녀 의복 혼용금지(5절), 자연의 종족 보존 방해 금지(6, 7절), 가옥 건축 시 인명 보호시설 설치(8절), 동, 식물은 물론 옷감일지라도 혼합금지(9~12절)하고, 결혼 제도의 순수성을 보호하며 성의 오용을 방지하기 위한 규례(창 19:5)다.

쉼터: 남자의 옷을 입으면 안 되나?

남자가 여자의 옷을 입거나 여자가 남자의 옷을 입는 것을 금지했다. 남녀가 옷을 바꿔 입는 것은 단순하게 그냥 옷을 바꿔 입는 것 이상의 의미가 있기 때문이었다. 이렇게 하는 것은 성의 구별을 애매하게 하여 신성한 창조 질서를 어기는 것이라고 보았다(창 1:27). 또한 하나님의 창조질서를 어기는 동성연애와도 관련이 있다. 남녀가 옷을 바꿔 입는 것은 '혐오스럽다' 는 말로, 동성연애에 관한 구절(레 18:22)에서도 쓰인 단어였다. 더구나 그 당시 이방인들은 서로 옷을 바꾸어 입고 문란한 제사의식을 행했기 때문에 이 명령을 단순히 문자적으로 해석하기 보다는 창조 질서의 원리로 기억해야 한다.

23장 총 • 진 • 자(총회 못 들어올 자/진중설교/자비) *(Exclusion From the Assembly)*

1. 위치설명: 21~26장은 사회법으로 신명기의 'ㅕ' 에 획 순서로 표시

2. 맥 절: (1절), 맥 보충: (9, 15절)

3. 관주구절: "너희는 스스로 성결케 하라 여호와께서 내일...행하시리라"(수 3:5).

4. 찬송: 거룩 거룩 거룩, 주여 우리 무리를, 이 죄인을 완전케 하옵시고

5. 해설: 1절부터 18절까지는 진을 정결케 하기 위한 규례들인데, 특히, 모압과 암몬 족속은 야훼의 총회에 영원히 들어오지 못하도록 하였다.

쉼터: 여호와 총회에 못 들어오는 자

여호와의 총회는 거룩한 하나님께 드리는 공식적인 예배나 집회를 말한다. 그러므로 총회 참석자에 대한 규정은 엄격했다(신 23:1~8). 우상숭배로 인해 거세당한 자, 근친상간에서 태어난 사생자, 오랫동안 이스라엘을 괴롭혔던 암몬, 모압 사람들은 여호와의 총회에 들어올 수 없었다. 하나님께서는 그분과 그의 백성들을 거부했던 죄를 그냥 넘기지 않으시고 자신의 예배를 거룩하게 하셨다.

24장 가난한 자 보호 규례 *(Poor's laws)*

1. 위치설명: 21~26장은 사회법으로 신명기의 'ㅋ'에 획 순서로 표시

2. 맥 절: (17절), 맥 보충: (19절)

3. 관주구절: "너는 과부나 고아를 해롭게 하지 말라"(출 22:26).

4. 찬송: 내 맘이 낙심 되며, 오 신실하신 주, 내 주 하나님 넓고 큰 은혜는

5. 해설: 1절부터 4절까지는 이혼에 관한 규정들이다. 이스라엘 남자들은 "수치되는 일"(24:1)을 사소한 가정 일에 까지 적용시켜, 자신에게 유익이 될 것 같으면 쉽사리 아내를 내쫓아 버리곤 하였다. 그러나 예수님께서는 "간음한 연고 외에" 아내와 이혼하는 것은 하나님의 뜻이 아니라고 하셨다(마 19:3~9). 24장의 나머지 부분은 약한 자와 가난한 자에 대한 보호규례들인데, 객과 고아와 과부는 구약시대의 대표적인 약자들이었다.

쉼터: 품삯을 체불하지 말라

여호와는 사람이 품삯을 마땅히 받는 것에 대해 관심을 가지신다. 품삯으로 어떤 사람이라도 그를 학대해서는 안 되었다. 그의 생계가 품삯에 달려 있으므로, 품삯으로 여호와께 호소하면 죄가 고용인에게 돌아갈 수 있다는 것이다. 오늘날 그리스도인 경영자로서 재산의 증식과 사업의 확장을 위해 임금을 체불하거나 부당한 저임금을 지불하려 한다면 그것은 비성경적이다. 또한 사업이 번창한 후에 임금과 복지를 후하게 하겠다는 발상도 거룩할 수 없다.

25장 혼인 문제(태 • 계 • 음)(태형 때릴 때, 계대 결혼 거부자, 음낭 잡은 여인) *(Various laws)*

1. 위치설명: 21~26장은 사회법으로 신명기의 'ㅕ' 에 획 순서로 표시
2. 맥 절: (2, 5, 11절), 맥 보충: (3절)
3. 관주구절: "유대인들이 사십에 하나 감하는 매를 다섯 번 맞았으며"(고후 11:24)
4. 찬송: 형제여 지체 말라, 뜻 없이 무릎 꿇는, 마귀들과 싸울지라
5. 해설: 수혼제도에 있어서 비록 범죄자일지라도 무자비하게 다루지 않도록 규정하고 수고하는 일꾼에 대한 배려와 친절 정신으로, 계대 결혼 법은 후손이 없이 죽음으로 가문의 단절을 방지하는 목적이고, 자손의 번성을 축복으로 여기던 당시 사회에서 종족 보존과 직접 관련되는 남성의 생식기에 손상을 주는 행위는 금기 사항이었다. 특별히, 25:9의 "신을 벗기다"는 것은, 형의 지위와 재산을 이어받을 자격이 없다는 것을 뜻하는 것이었다.

쉼터: 상거래 질서를 회복하라

저울과 되를 속이지 말라는 금지법이 언약의 법 가운데 나타난다. 하나님의 백성은 장사를 하면서 다른 사람에게 물건을 살 때는 큰 저울추와 큰 되를 사용하고 팔 때는 작은 저울추와 작은 되를 사용하여 불의한 이익을 남겨서는 안 되었다. 이런 부당한 이익을 취하려는 마음은 '하나님 여호와께 가증' 한 것이며, 축복의 땅에서 축출되는 씨앗을 심는 죄악이다.

26장 십일조(첫 열매) *(First fruits and Tithes)*

1. 위치설명: 21~26장은 사회법으로 신명기의 'ㅕ' 에 획 순으로 표시
2. 맥 절: (2, 12절), 맥 보충 절: (10, 13절)
3. 찬송: 다 감사드리세, 감사하는 성도여, 하나님이 언약하신 그대로
4. 관주구절: "십일조를 창고에 들여...시험하여 내가 하늘 문을 열고"(말 3:10)
5. 해설: 26장은 모세의 두 번째 설교의 마지막 부분으로서, 그 내용은 이스라엘 백성이 가나안에 정착하여 첫 열매를 거두게 될 때 그 첫 수확을 하나님께 드리는 규례(1~11절)와 제 3년의 십일조에 관한 규례이다(12~15절). 이것은 각각, 하나님을 사랑하고, 이웃을 사랑하라는 십계명의 정신의 실천을 요약적이면서도 결론적으로 보여주는 내용들이다.

쉼터: 은혜로 지키는 계명

이스라엘은 모세를 통해서 하나님의 말씀을 듣고 여호와를 그들의 하나님으로 인정하고 언약규정을 지키겠다고 약속하였다. 하나님께서 그 백성들에게 마음을 다하고 성품을 다하여 언약규정을 지켜 행하라고 하심은 그들이 육신의 힘으로 지킬 수 있다는 뜻이 아니며, 하나님께서 힘주실 때에 지킬 수 있다는 것이었다. 이스라엘은 이 점에서 실패했다. 우리도 복음을 듣고, 믿어 구원을 받았는데, 이 구원을 지키기 위해서 자기 힘으로 하나님의 계명을 지키겠다고 힘쓰는 경우가 많다. 나는 어떠한가?

27장 언약적 축복(에·그아멘)(12저주죄) *(The Altar on Mount Ebal/Curses From Mount Ebal)*

1. 위치설명: 27~28장은 저주와 축복이므로 신명기의 'ㅇ' 자에 표시
2. 맥 절: (2, 11~13, 20~23절), 맥 보충: (4, 13절)
3. 관주구절: "절반은 그리심 산 앞에, 절반은 에발산 앞에"(수 8:33)
4. 찬송: 성도여 다함께, 허락하신 새 땅에, 세상 모든 수고 끝나

5. 해설

• **복과 저주**

모세는 그의 마지막 설교에서 순종에 따르는 복과 불순종의 결과로서의 저주를 선포한 뒤 생명과 복을 택하라고 지혜롭게 권면한다.

• **기념비**

과거에 시내산에서 열두 기둥으로 제단이 세워지고, 하나님과 이스라엘 사이에 엄숙한 언약 조인식이 거행되고 언약의 책이 만들어졌던 것처럼(출 24:4), 모세는 가나안에 도착하자마자 율법의 조인식을 갖도록 하였다. 그 조인식의 절차는 다음과 같다.

(1) 율법의 모든 말씀을 돌비석에 기념비를 새기게 하였다(2, 3절).-이것은 언약의 백성인 이스라엘이 약속의 땅에서 하나님의 말씀으로 살아야 함을 가르치기 위함에서였다.

(2) 그 돌들을 에발산에 세우게 하였다(4절).-율법의 기념비를 저주의 표상인 에발산(11:29, 27:13)에 세우게 한 것은 율법아래 있는 자는 여전히 저주 아래 있다는 사실을 상징하는 것이기도 하였다(참조, 갈 3:19).

(3) 율법을 새긴 돌비가 있는 곳에 번제와 화목제를 드리도록 하였다(6,7절).-이것은 하나님을 예배하는 우리의 생활이 하나님의 말씀을 떠나서는 안 된다는 것을 보여주는 것이었다(롬 12:1, 2).

(4) 다듬지 않은 돌로 돌단을 쌓으라고 하였다(5, 6절).-철기는 살상의 무기로 사용될 수 있기 때문에, 생명을 구원하는 제단을 만드는데 이런 것을 사용하는 것은 부정한 일이었다. 또한 다듬지 않은 돌로 하라는 것은 외모를 꾸미지 말고 신령과 진정으로 하나님을 예배해야 함을 의미하는 것이기도 하였다(요 4:23).

(5) 유다를 위시한 여섯 지파가 에발산에 선 후에, 레위 지파가 두 산 계곡 중앙에서 저주와 축복을 선포하게 하였으며, 백성들은 이에 응답하여 "아멘"하게 하였다(14, 15절). 에발산상에서 선포된 열두 가지의 저주는 모두 십계명과 관계되는 것들이었다.

쉼터: 에발산의 저주

이스라엘의 미래는 그들이 현재 어떻게 하느냐에 달려 있었다. 에발산에서의 저주는 다음의 순서로 열거되었다.

1) 우상숭배의 죄

2) 부모를 얕보고 멸시하는 죄

3) 사리적인 불의

4) 성적 타락

5) 살인 죄

이런 죄악을 한마디로 요약하면, 하나님과 이웃을 사랑하지 않는 것이라 말할 수 있다. 이 죄악은 이스라엘을 극도로 타락시키고 부패케 할 소지가 있는 것들이었다. 마찬가지로, 새 언약 공동체인 교회도 이런 죄악에 떨어지지 않기 위해서 늘 주의하고 돌아볼 필요가 있다.

28장 큰 저•축(순종/불순종)(복/저주) *(Blessings for Obedience/Curses for Disobedience)*

1. 위치설명: 27~28장은 저주와 축복이므로 신명기의 'ㄱ' 에 표시
2. 맥 절: (2, 15절). 맥 보충 절: (57절)
3. 관주구절: "이기는 자는 이것들을 유업으로 얻으리라"(계 21:8).
4. 찬송: 주의 말씀 듣고서, 내 영혼에 햇빛 비치니, 나의 죄를 씻기는
5. 해설

모세는 율법의 순종 여부에 따른(28:1, 15) 하나님의 복과 저주를 구체적으로 언급하였는데, 본 장의 내용은 결국 후일 복음에 순종하는 자들이 받게 될 구원과 이를 거부하는 자들에게 임할 징벌을 예표하고 있다. 복과 저주의 내용을 분석해 보면 다음과 같다.

복		
구분	복의 내용	성구
개인적 복 (2~6절)	본인	3절
	자녀들	4절
	소유물 (육축과 토지소산)	4, 5절
	가정과 일터	6절
국가적 복 (7~14절)	전쟁에서의 승리	7절
	경제적 부여	11, 12절
	머리되는 복	13절

저주		
구분	저주의 내용	성구
개인적 저주	신체적 질병	20,21,27,28,35절
	경제적 재앙	21, 24절
국가적 저주	전쟁에서의 패배	25, 26, 29, 32, 33, 41, 43, 44절
	포로로 잡혀감	36, 37, 41, 68절
	경제적 재앙과 질병	38~67절

이상에서 보듯이, 신명기에 나타난 복과 저주는 하나님의 은혜와 저주의 결과로서 나타나는 "현실적인" 것이었으며, 그 내용은 주로 물질적이며 육적인 것이었다. 그렇다고 해서 신명기에 나타난 복관이 근본적으로 신약의 복관과 다른 것은 아니다. 오히려 신명기의 복은 신약시대 예수 그리스도 안에서 받는 "영적인 복"을 예표해 준다.

쉼터: 들어와도 복을 받고 나가도 복을 받고… (28:1~6)

성경 본문	받을 복
1, 10절	모든 민족 위에 뛰어나게 하심
2, 3절	성읍과 들에서 복을 받음
4절	자손과 토지의 소산물과 육축의 번성으로 복을 받음
5절	광주리 떡반죽 그릇이 복을 받음
7절	전쟁에서 승리함
8절	창고와 하는 일에 복을 내리심
9절	하나님의 성민이 되게 하심
11, 12절	약속의 땅에서 풍성한 복을 받음
13절	머리가 되고, 꼬리가 되지 않게 하심

29장 모압 언약(출애굽 2세대) *(Renewal of the Covenant)*

1. 위치설명: 29장은 모압 언약이므로 'ㄱ' 에 표시
2. 맥 절: (1절), 맥 보충: (14, 15절)
3. 관주구절: 수 24:1~13(언약의 갱신), "유다집에 새 언약을 세우리라"(렘 31:31)
4. 찬송: 눈을 들어 산을 보니, 예부터 도움 되시고, 은혜구한 네게 은혜의 주님
5. 해설

모세는 결론적으로, 이스라엘의 과거를 다시 번 상기시킨 후에, 하나님의 언약의 말씀을 지켜 행하라고 하였다(29:1~9). 29:1의 "언약 외에" 라는 말은 호렙산 언약 외에 다른 언약이 있다는 것을 뜻하는 것이 아니라. 호렙산 언약에 "덧붙여" 라는 뜻으로 해석되

어야 한다. 사실상 모압 땅에서의 언약은 호렙산 언약과 내용상 차이가 없으며, 단지 십계명의 제 1, 2계명을 강조했다는 점에서 호렙산 언약과 구분이 된다.

쉼터: 낡지 않는 옷과 신?

이스라엘 백성들이 광야 40년 동안 한번 입은 옷이 낡아지지 않았다는 말인가?(신 29:5) 이 말에 대하여 어떤 학자들은 초자연적으로 한 벌의 의복, 한 켤레의 신이 낡아지지 않았다고 본다. 그러나 대부분은 학자들은 하나님께서 필요에 따라 알맞게 공급해 주셔서 닳고 떨어진 옷을 입지 않아도 되었다고 본다. 실제로, 이스라엘 백성들은 애굽에서 나올 때 많은 옷과 양, 소, 등을 가지고 나왔다. 광야 40년 동안 이스라엘 백성의 옷과 신이 낡아지지 않았다는 표현은 그의 백성을 향한 하나님의 돌보심과 인도를 보여 준다.

30장 순종 호소(생명, 복) *(Prosperity After Turning to the LORD)*

1. 위치설명: 30장은 'ㄱ' 에 표시
2. 맥 절: (19절), 맥 보충: (14, 15절)
3. 관주구절: "너희 섬길 자를 오늘 택하라"(수 24:15).
4. 찬송: 온유한 주님의 음성, 주께로 나오라, 내 임금 예수 내 주여
5. 해설: 모세는 그의 설교의 결론으로, 여호와를 사랑하고 그 말씀을 순종함으로 하나님의 약속하신 땅에 거하라고 하였다(30:20).

쉼터: 마음에 할례

출애굽했던 이스라엘 백성들은 다 할례 받은 사람들이었다(수 5:5). 아브라함에게 할례를 명하신 후부터 이스라엘 사람들은 반드시 할례를 행했다. 태어난 지, 8일 만에 행해지는 할례는 하나님의 언약 백성이라는 표시이다. 신명기 30장에서 모세는 하나님께서 "네 마음과 네 자손의 마음에 할례를 베풀어 주신다"고 했다. 마음의 할례는 마음을 다하고, 성품을 다하여, 하나님 여호와를 사랑하는 것(신 30:6)이다. 예레미야 선지자는 마음의 할례를 행하여, 하나님께 속하지 않는 자는 멸망당하고 말 것이라고(렘 4:4)말했다

31장 후계자(여호수아) *(Joshua to Succeed Moses)*

1. 위치설명: 31~33장까지는 중보자이므로 십자가에 신명기의 기의 'ㅣ' 자를 합하여 시계방향으로 표시
2. 맥 절: (3, 7절), 맥 보충: (30절)
3. 관주구절: "모세가 죽은 후 … 여호수아에게"(수 1:1)
4. 찬송: 어려운 일 당할 때, 너 주의 사람아, 주의 약속하신 말씀 위에서
5. 해설: 모세는 강하고 담대하라는 권고와 함께 여호수아를 세워 지도권을 위임하였다(1~8). 그런 후 언약궤를 메는 제사장들과 이스라엘의 모든 장로들에게 초막절에 율법낭독 의식을 명함으로써 율법책을 전수하였다(9~13절). 율법전수의 목적은 야훼 경외였으며(12, 13절), 이것이 바로 이 책 신명기의 주제가 되는 것이었다. 그러나 모세의 이러한 경고에도 불구하고, 이스라엘이 가나안에서 하나님을 버리고 우상을 섬길 것을 예고한 야훼께서는 모세로 하여금 노래를 지어 가르쳐서 부르게 하였다. 모세의 이 노래는 장차 하나님을 떠나 범죄 하게 될 이스라엘 백성을 깨우치기 위하여 만들어진 것이었다(19절).

쉼터: 긍휼

긍휼이라는 히브리어 '라함'은 '여성의 태', '자궁'이라는 뜻이다. 자궁은 생명을 안전하게 보호하고 양육하는 기관으로서 어머니의 희생적인 모습을 잘 대변한다. 따라서 긍휼은 하나님께서 사람들을 불쌍하게 여기시며, 무조건적으로 사랑하시는 속성을 잘 나타내 주는 말이라고 할 수 있다. 긍휼은 하나님께서 이스라엘과 맺으신 언약에 근거하여 성경의 여러 곳에서 드러나고 있다(신 13:17). 구체적으로는 젖을 빠는 아기에 대한 엄마의 반응(사 49:15)이나 아버지가 아들에게 보이는 반응, 연인이 가지는 감정(호 2:19) 등에 사용되었으며, 단순히 도움을 준다는 의미로 사용되기도 하였다(스10:6). 신명기 30:3에서 긍휼은 하나님께서 이스라엘이 그 죄에서 돌이켜 하나님께 돌아왔을 때, 용서해 주시는 은혜를 말한다(시 51:1, 79:8; 사55:7).

32장 모세의 노래 *(The Song of Moses)*

1. 위치설명: 31~33장까지는 중보자이므로 십자가에 신명기의 기의 'ㅣ' 자를 합하여 'ㅣ' 자 맨 위에 표시
2. 맥 절: (1절), 맥 보충: (46절) 기타 중요내용: (39절)
3. 관주구절: 모세의 노래(출 15장), 드보라의 노래(삿 5장), 한나의 노래(삼상 2장)
4. 찬송: 구원으로 인도하는, 어느 민족 누구게나, 오 놀라운 구세주
5. 해설: 노래의 주제는 하나님의 보살피심과 의로우심과 긍휼하심이다. 이 노래는 다음과 같이 크게 다섯 부분으로 나누어진다.

(1) 하나님의 위엄과 의로우심에 대한 선포(1~5절)

(2) 이스라엘을 돌보신 하나님의 은혜(7~14절): 야훼께서는 이스라엘을 황무지에서, 짐승이 부르짖는 광야에서 만나시고 호위하시며 보호하시며 자기 눈동자같이 지키셨다.

(3) 이스라엘의 배신(15~18절): "여수룬이 살찌매 발로 찼도다."

(4) 하나님의 진노(19~35절): "내가 재앙을 그들의 위에 쌓으며, 나의 살을 다하여 그들을 쏘리로다."

(5) 하나님의 긍휼과 자비(36~43절): "이제는 나 곧 내가 그 인줄 알라." 이 노래를 마친 모세에게, 야훼께서는 그의 죽음을 예고하셨다(48~52절).

쉼터: 흠이 있는 것은 악한 것

흠은 하나님의 자녀에게 속하지 않는다고 설명하고 있다. 우상숭배자들이 우상을 기리기 위해 자기 몸에, 특히 이마에 착용했던 어떤 부호일 것으로 추종된다. 소발이 욥에게 흠 없는 얼굴을 들게 된다고 말한 것도 이와 유사한 관습을 지적한 것으로 보인다(요 11:15). 요한계시록은 이마와 손에 한 우상숭배적 표시에 대해 여러 차례 언급하고 있다(계 13:16).

33장 모세의 축복 *(Moses Blesses the tribes)*

1. 위치설명: 31~33장까지는 중보자이므로 십자가에 신명기의 기의 'ㅣ' 자를 합하여 시계방향으로 표시
2. 맥 절: (1절), 맥 보충 절: (3절)
3. 관주구절: "야곱의 축복(창 49장), 여호수아의 고별사(수 23장)
4. 찬송: 찬양하라 복되신 구세주 예수, 존귀한 영광, 주의 친절한 팔에 안기세
5. 해설: 임종을 앞둔 모세는 이스라엘의 각 지파에게 유언적인 축복을 하는데, 그 성격은 예언적인 것이었다. 모세가 이스라엘에게 남겨준 영광스럽고도 가장 큰 유산은 하나님의 율법이었다(33:4). 모세의 축복 기도 가운데 시므온 지파가 빠져 있다. 그 이유는,

첫째, "시므온 지파가 흩어지리라"는 창세기 49:7의 말씀이 야곱의 예언 때문이며,
둘째, 시므온 지파가 유다 지파 속에 포함되어 땅을 차지했기 때문이다.

쉼터: 가나안 땅은 정말 젖과 꿀이 흐르는 땅이었는가?

실제로 가나안 땅은 인간이 마음대로 개간을 하거나 농경을 할 만큼 기름진 땅이 아니었다. 그럼에도 불구하고 성경에서는 왜 젖과 꿀이 흐르는 땅 이라고 말하고 있는가? 그것은 하나님께서 적당한 때에 이른 비와 늦은 비를 내려 주시기 때문에 '젖과 꿀이 흐를 정도'로 모든 것이 잘 된다는 뜻이다. 그러나 이것은 무엇보다도 이스라엘 백성의 순종을 전제로 한 것이다. 광야생활이 그러했던 것처럼 '약속의 땅' 가나안도 하나님만 바라보고 살아야 하는 땅임을 보여 준다.

34장 모세의 죽음 *(The Death of Moses)*

1. 위치설명: 31~33장까지는 중보자이므로 십자가에 신명기의 기의 'ㅣ' 자를 합하여 맨 마지막에 표시

2. 맥 절: (1, 7절), 맥 보충: (5, 8절)
3. 관주구절: "아브라함의 향년이 일백칠십오 세라"(창 25:7)
4. 찬송: 부름 받아 나선 이 몸, 충성하라 죽도록, 십자가 군병들아
5. 해설: 모세는 비스가산에 올라가 약속의 땅을 바라보았다. 모세는 죽을 때에 나이가 120세였으나 눈이 흐리지 아니하였고 기력이 쇠하지 아니하였다(7절).

쉼터: 신명기는 민수기와 여호수아서 사이의 다리 역할을 한다.

민수기	신명기	여호수아
모세가 옛 세대를 인도함	모세가 새 세대를 여호수아에게 물려줌	여호수아가 새 세대의 지도자가 됨
새로운 세대의 성장	새 세대가 율법을 받음	새 세대가 정복을 시작함
새 세대의 생활 터는 광야	새 세대의 위치는 광야와 가나안의 중간지점인 모압 평지	새 세대의 정착지는 가나안
만나와 메추라기를 먹음	젖과 꿀이 흐르는 땅을 약속받음	젖과 꿀이 흐르는 땅을 소유함
하나님의 진노의 계시	하나님의 사랑의 계시	하나님의 능력의 계시

*** 교훈 및 적용**

1. 신명기의 복이 그리스도 안에서 약속되어 있는 것을 깨닫고, 주의 계명에 순종함으로써 약속된 복을 받아 누리자.
2. 하나님을 잊지 말라는 모세의 경고를 교훈 삼아, 두렵고 떨리는 마음으로 우리의 구원을 온전히 이루자.

참고문헌

김기원, 「공관복음 강해」 서울 : 엘멘출판사, 2002

강도환, 「라이프 성경」 서울 : 기독지혜사, 1990

강병도, 「톰슨Ⅱ 주석성경 」 서울 : 기독지혜사, 1992.

강병도, 「호크마 종합주석」 서울 : 기독지혜사, 1989.

김중기, 「한권으로 읽는 복음서」 서울 : 도서출판 참가치 :2005.

민영진, 「성경전서」 서울 : 대한 성서공회, 1961.

박남수, 「계시록 아카데미」 : 서울 : 토서출판, 2008.

박대선 외 5명, 「성서백과 대사전」 서울 : 성서교재간행사, 1982.

박윤선, 「성경주석」 서울 : 영음사, 1982.

문대정, 「4단계 성경 연구」 : 대학사, 2008.

신주식, 「형통누림 성경의 맥관통」 서울 : 풍성, 2008.

송영태, 「비젼성경」 서울 : 두란노서원, 2004.

이상근, 「p.p.c.성경기억법」 서울

이애실, 「어? 성경이 읽어지네!」 서울 : 두란노, 2008.

이애실, 「어? 성경이 읽어지네! 지도자 지침서」 서울 : 두란노, 2008.

이 욥, 「바이블 맥 아카데미」 충남 : 바이블 맥 출판사, 2008.

원용국, 「성경 형성의 역사」 서울 경향문화사,1983.

원용국, 「오경의 기독론」 서울 한국 기독교 교육연구원, 1983.

윤대명, 「지도자 가이드북」 서울 :도서출판 미남, 2008.

정형철, 「셀프성경」 서울 : 아가페출판사, 1994.

정형철, 「열린노트성경」 서울 : 아가페출판사, 2008.

정형철, 「아가페 굿모닝 성경」 서울 : (주)아가페 출판사, 2006.

조용기, 「주해성경」 서울 : 서울말씀사, 2005.

조용기, 「하나님 말씀」 서울 : 서울 말씀사, 1996.

조성운, 「뜻이 하늘에서 이룬 것 같이 땅에서도 이루어지이다」 서울 : 참빛기획, 2001.
천종수, 「Q.A성경」 서울 : 성서원, 2008
R.A토래이, 「로고스성서주해」 서울 : 로고스 출판사,1984.
J.N.D켈리, 「고대기독교교리사」 서울 : 맥밀란,1983.

목록 아이콘 해설

천지창조	출생	죽음	족보	언약	홍수	홍수끝	바벨탑	이별	전쟁	중보기도	멸망	실수
모리아산	결혼	죽음,탄생	실수,언약	복	고향	하나님 만남	만남	꿈	감옥	술장관	1차방문	2차방문
은쟁반	고백	3차방문	통치									
고난	피,유월절	개구리	우박	메뚜기	경고	노래	만나	방문	율례	율례	절기	언약서
언약궤 (법궤)	휘장(성막)	번제단	제사장옷	제사장규례	십계명	십계명 돌판파괴	성막설계	성막	봉헌식			
화제	소제	화목제	속건제	제사장직무	제사장	제사장 위임식	제사	잘못된 제사	정한음식 부정한음식	산모규례	문둥병	문둥병 정경의식
대속죄일	혼인성결	거룩	간음	제사장 거룩	세원제	등잔	안식	저주,축복	서원 (십일조)			
인구조사	행진준비	레위인 직무	부정,보상 의심	약속	12지파	레위인 정결식	산지이동	불평	정탐	저주	여러규례	싹난 지팡이
대속죄일	모세범죄	불뱀	나귀	예언	여호수아	땅분배	요단땅	가나안 땅분배	도피성	여성법		
설교	우상	하나님	승리	십일조 정한음식	가나안 규례	왕규례	메시아	전쟁규례	여러가지 규례	성도덕 이웃사랑	총진자	결혼거부
십일조	선택											

GENESIS (창세기) 50

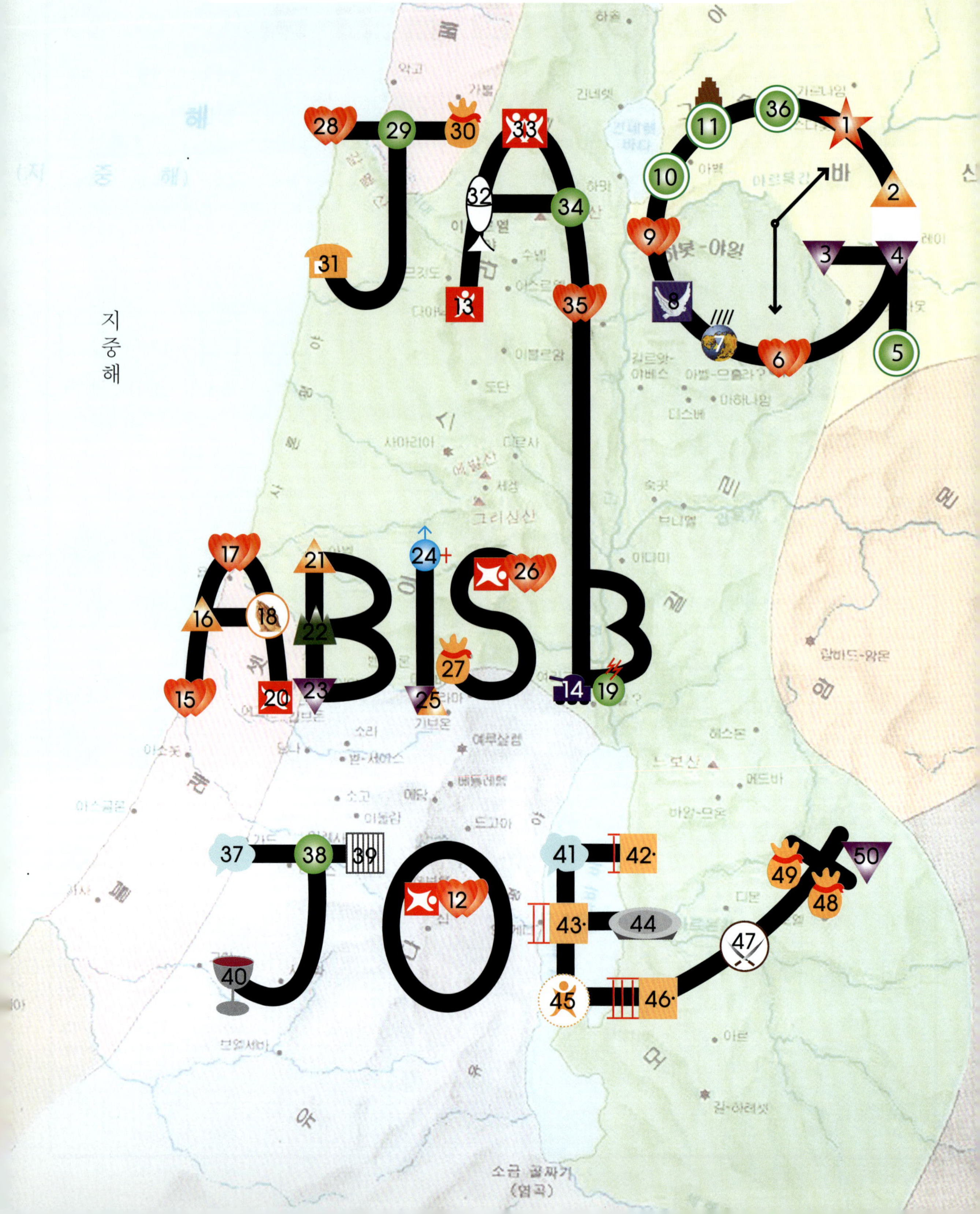

EXODUS (출애굽기) 40

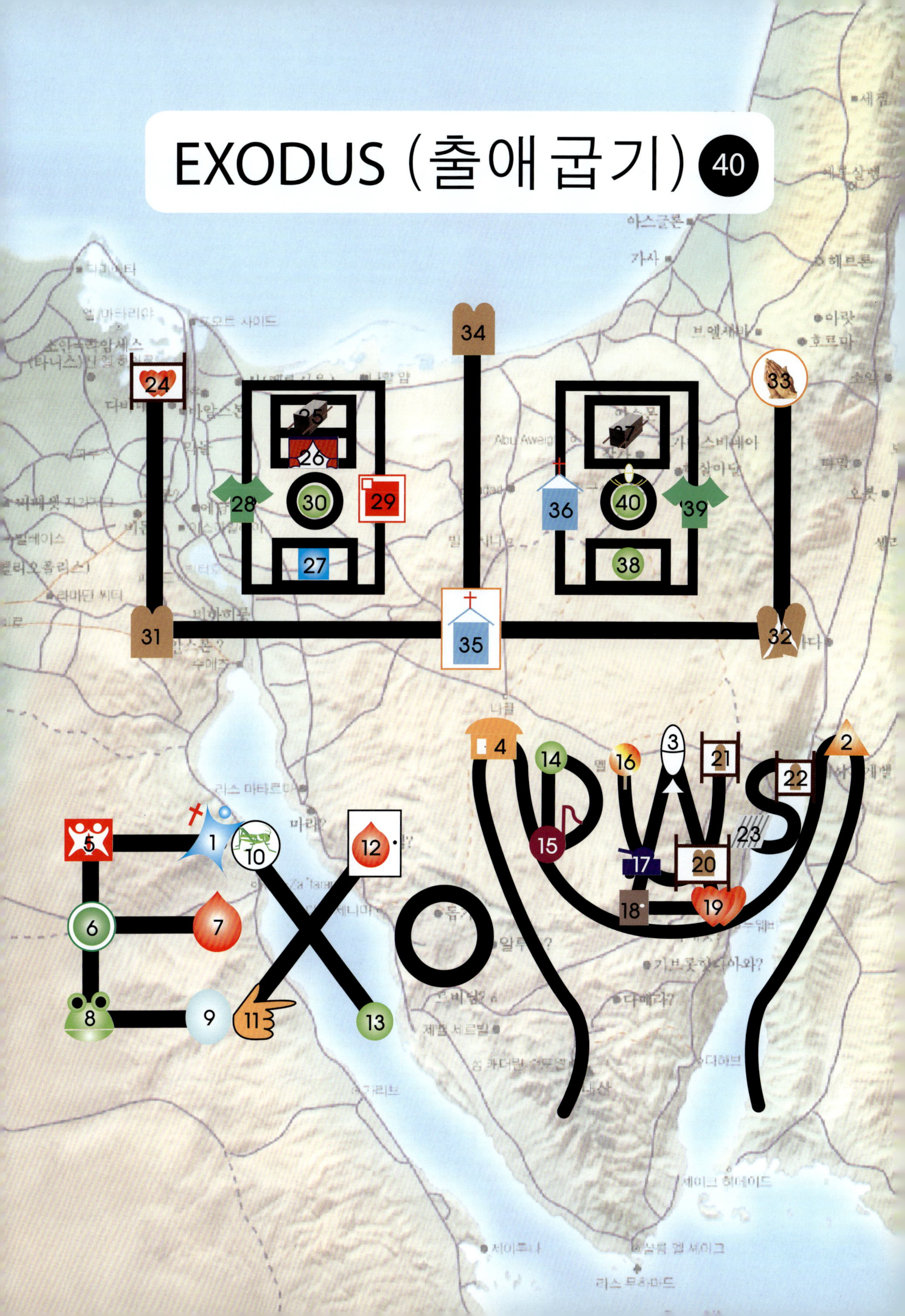

ELVITICUS (레위기) 27

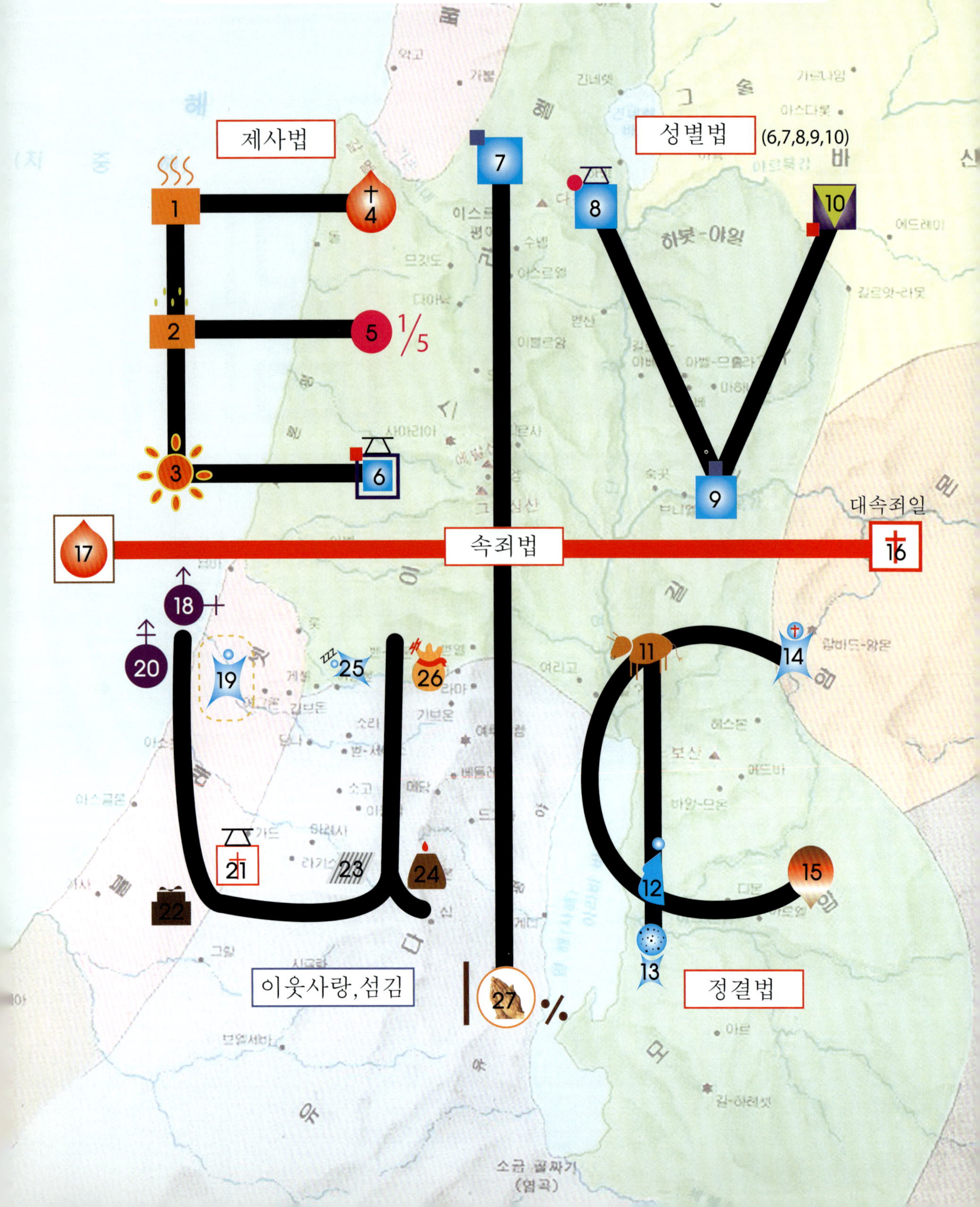

NUMBERS(민수기) 36

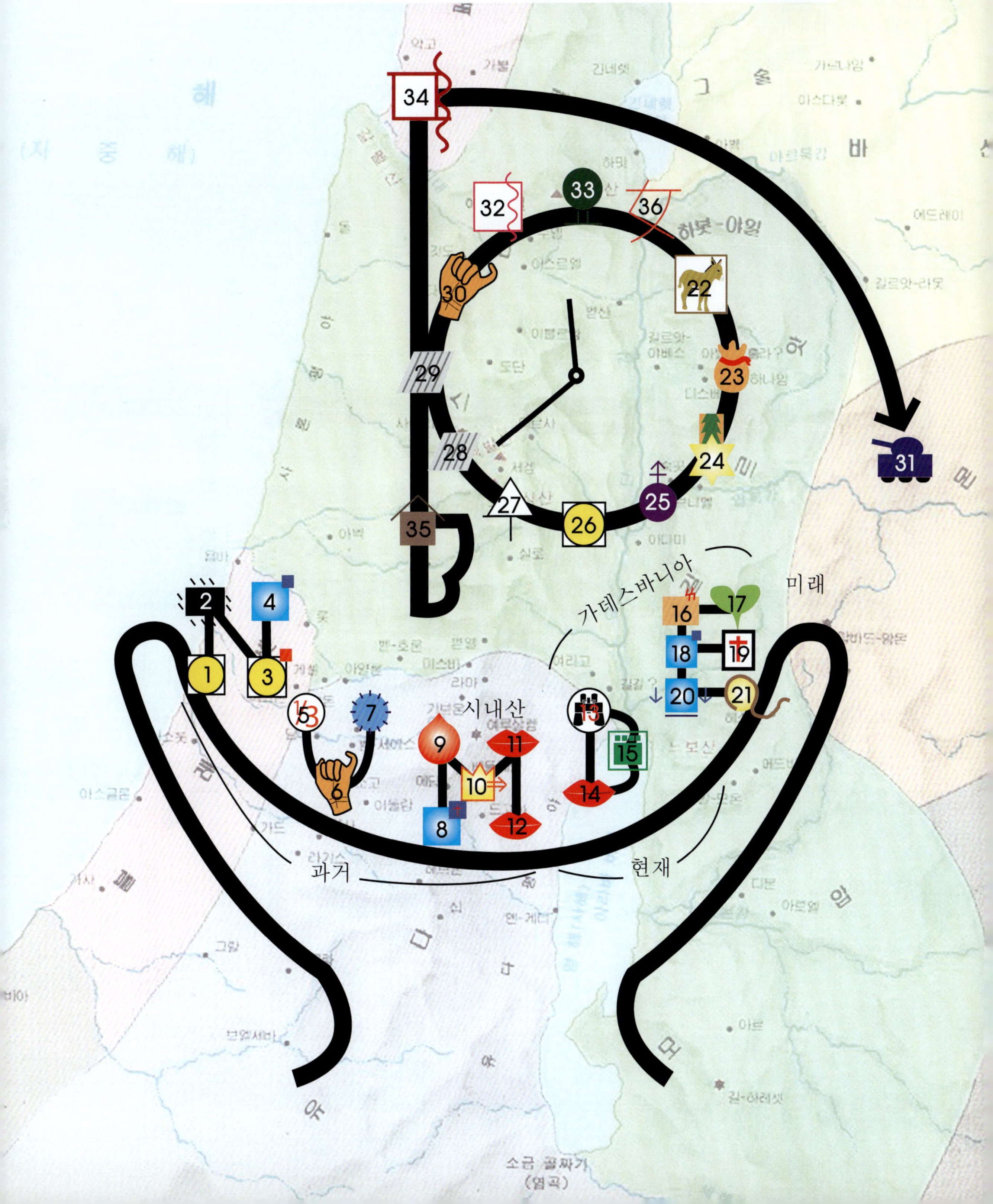

DEUTERONOMY(신명기) 34

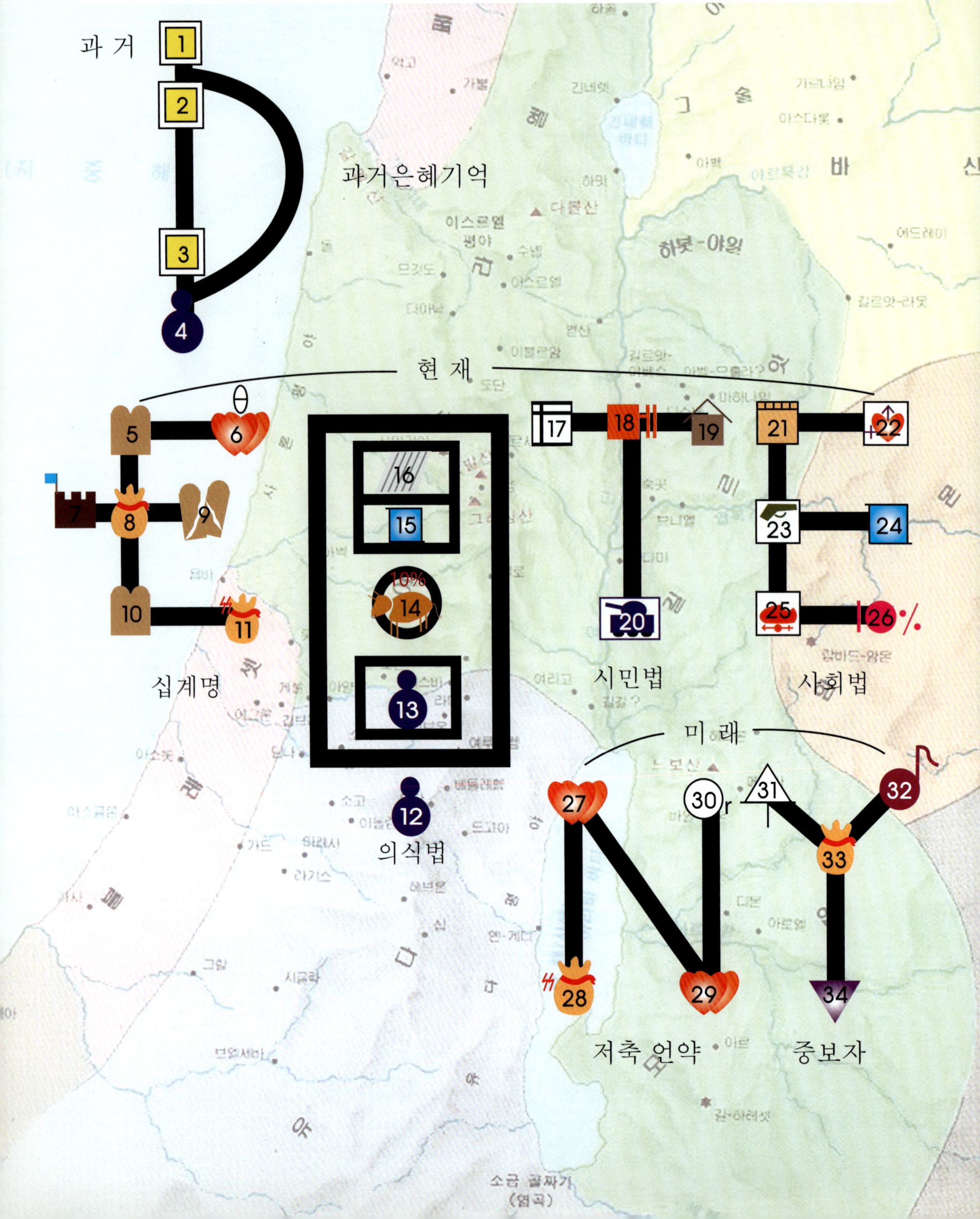